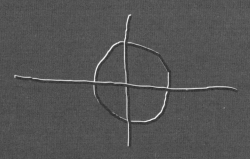

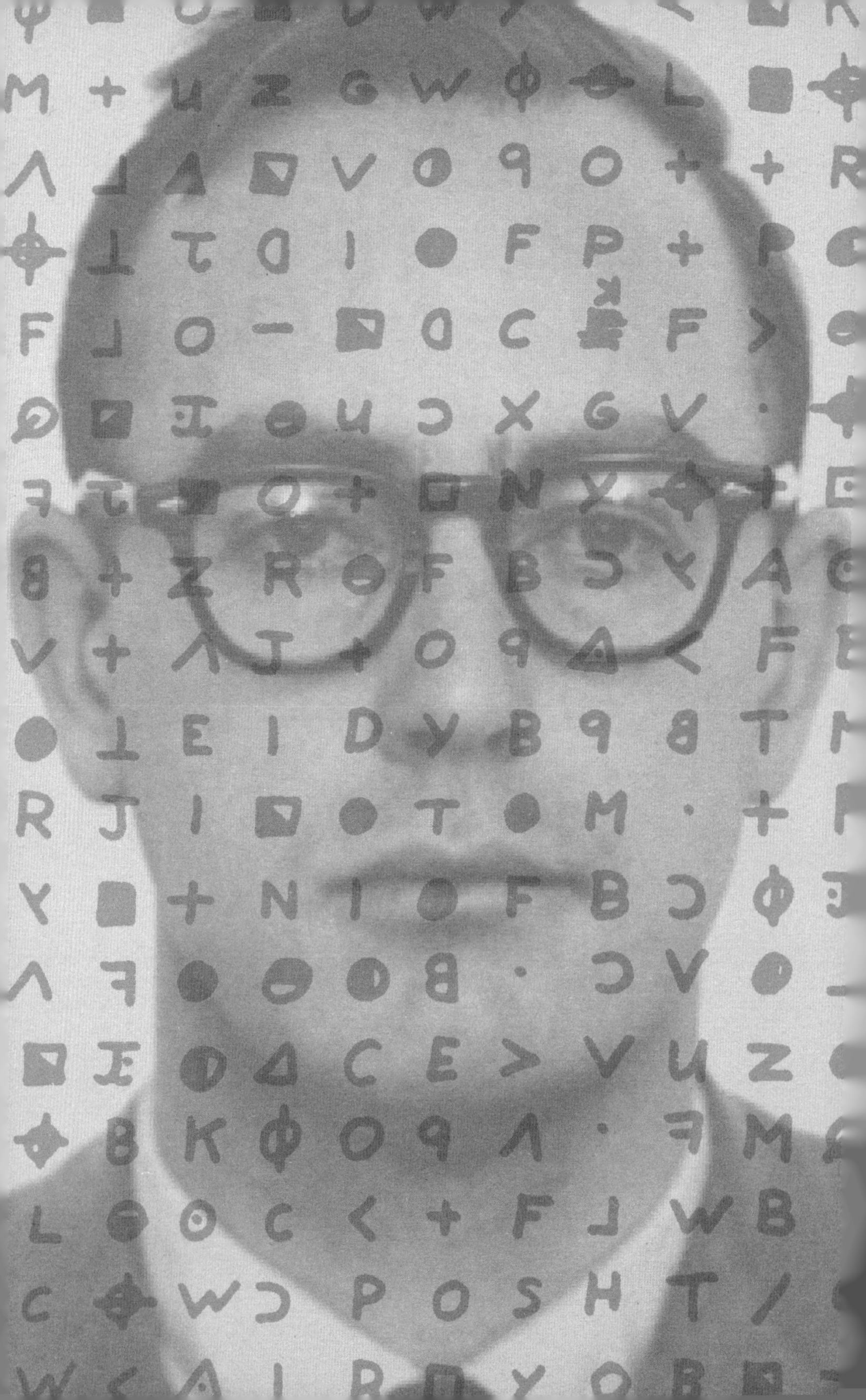

O ANIMAL MAIS PERIGOSO DE TODOS

EM BUSCA DE MEU PAI...
ENCONTREI O
ASSASSINO DO ZODÍACO

GARY L. STEWART
COM SUSAN MUSTAFA

TRADUÇÃO
Roberto Muggiati

BERTRAND BRASIL
Rio de Janeiro | 2016

Título original: *The Most Dangerous Animal of All*

Design de capa: Jarrod Taylor

Imagem de capa: cortesia do autor

Design de miolo: William Ruoto

Editoração: Futura

Texto revisado segundo o novo
Acordo Ortográfico da Língua Portuguesa.

2016
Impresso no Brasil
Printed in Brazil

Cip-Brasil. Catalogação na publicação.
Sindicato Nacional dos Editores de Livros, RJ.

S871a Stewart, Gary L.

O animal mais perigoso de todos / Gary L. Stewart, Susan Mustafa; tradução Roberto Muggiati. - 1. ed. - Rio de Janeiro: Bertrand Brasil, 2016.
il.; 23 cm.

Tradução de: The most dangerous animal of all
Inclui bibliografia e índice
ISBN 978-85-286-2063-4

1. 1. Homicídios em série - Estados Unidos - Estudo de casos. I. Mustafa, Susan. II. Título.

16-32599 CDD: 364.15230973
CDU: 343.9

EDITORA BERTRAND BRASIL LTDA.
Rua Argentina, 171 — 2º andar — São Cristóvão
20921-380 — Rio de Janeiro — RJ
Tel.: (0xx21) 2585-2000 — Fax: (0xx21) 2585-2084

Atendimento e venda direta ao leitor:
mdireto@record.com.br ou (0xx21) 2585-2002

Para o homem que adotou
o bebê abandonado na escada
e o criou como se fosse seu

SUMÁRIO

NOTA DO AUTOR

O caso do Zodíaco foi envolto em mistério por quase cinquenta anos. Quando comecei uma jornada para encontrar meu pai biológico, jamais imaginei que tal busca fosse me levar a uma série de assassinatos brutais que aterrorizaram os moradores da Califórnia nos anos 1960 e 1970. A ideia de que meu próprio pai tenha cometido tais atos é algo que me causa repulsa e tento ao máximo me desassociar dos crimes horrendos que ele perpetrou contra jovens inocentes. Depois de conhecer minha mãe biológica, eu queria apenas encontrar o homem responsável por me dar à vida. Queria conhecê-lo, amá-lo e até perdoá-lo pelo que fez comigo. Fui criado num lar adotivo, onde aprendi que o amor e o perdão são princípios pelos quais devemos nortear nossas vidas.

Eu vinha reunindo informações sobre meu pai por dois anos antes de começar a suspeitar que ele pudesse estar ligado de alguma forma aos assassinatos do Zodíaco. Na época, não queria acreditar no que meus instintos me diziam. Então decidi partir em busca da verdade para provar que meu pai não poderia ter sido um assassino em série. Os anos se passaram e mais e mais provas contundentes foram aparecendo, até que chegou o dia em que não pude mais negar que os meus piores temores eram verdade. Tal entendimento me levou a escrever essas memórias. Senti que era minha responsabilidade compartilhar os fatos que descobri, de modo a não deixar dúvidas sobre a identidade do assassino e os motivos pelos quais ele cometeu tais crimes.

Este livro de memórias é baseado nas pesquisas que fiz por um período de doze anos, pesquisas que registrei num diário enquanto passava pelo processo de descoberta sobre os acontecimentos da vida de meu pai. Por meio de conversas com o melhor amigo dele, com parentes e com minha mãe biológica, além de registros policiais, velhas cartas da família Best, certidões de matrimônio e divórcio e outros arquivos federais, consegui elaborar uma linha do tempo do período inicial da vida de meu pai, que constitui a Parte Um deste livro. A narrativa desse período é apresentada em forma de romance, pois foi a maneira mais coerente de contar sua história. Tomei algumas pequenas liberdades ao recriar os diálogos nesta seção do livro, mas até essas conversas se fundamentaram nas memórias de familiares e amigos do meu pai e nos fatos que me foram relatados sobre ele. Igualmente, os diálogos das Partes Dois e Três tiveram por base doze anos de investigação e os fatos que ela revelou. Devo destacar que todas as conversas ocorridas entre mim e outras pessoas, incluindo minha mãe biológica, o melhor amigo de meu pai e os detetives do Departamento de Polícia de São Francisco, foram citadas de maneira textual.

Os detalhes sobre a vida de meu pai cobrem cinco décadas e são complexos. O melhor parecia ser começar do princípio, de modo a oferecer ao leitor uma percepção real de como e por que meu pai se tornou um assassino em série.

GARY L. STEWART

Fevereiro de 1963

O som do choro de fome do bebê cortou a escuridão. O pai jogou as cobertas de lado com raiva e saiu da cama, correndo até a arca também usada como berço da criança. Furioso, bateu a tampa, fechando-a.

Lá dentro, o choro logo se transformou em arfadas, enquanto o bebê se esforçava para respirar.

PRÓLOGO

Maio de 2002

Trinta e nove anos. Foi esse o tempo que tive de esperar para ouvir as palavras. Trinta e nove anos passados me perguntando sobre meu nome, sobre o nome dos meus pais.

Finalmente descobri.

O nome da minha mãe era Judith.

Dava para ver que havia algo incomodando meus pais adotivos, Loyd e Leona Stewart, no dia em que a verdade me foi revelada. Eu os observava de soslaio enquanto mexia os lagostins, linguiças, milhos e batatas uma última vez antes de despejar a enorme panela sobre os jornais que cobriam a mesa no quintal dos fundos da minha irmã Cindy. Loyd não estava rindo e contando piadas com seu sotaque *cajun* francês, como de costume, e o belo rosto de Leona estava firme, como se algo de sério ocupasse sua mente.

Estava quente, a umidade da Luisiana já sugava qualquer frescor do ar primaveril, mas uma brisa leve tornava o calor suportável enquanto sentávamos à mesa, beliscando a carne das caudas e chupando os temperos picantes das cabeças dos apetitosos lagostins. Depois de terminar minha pilha, comecei a lavar a panela com uma mangueira. Pude observar quando Loyd e Leona acenaram com a cabeça um para o outro e vieram em minha direção.

Oh-oh. Dava para ver em seu modo cauteloso de caminhar que havia algo de muito errado. Perguntei-me quem teria morrido.

— Olá, Geg — disse meu pai.

Loyd nunca me chamava de Geg. Era uma abreviação do meu nome que só meus avós usavam. O emprego daquele apelido, somado ao fato de que ele parecia querer chorar, deixou-me ainda mais nervoso.

Joguei a toalha que tinha na mão sobre o ombro e perguntei:

— O que há de errado com vocês dois?

— Como não existe um jeito fácil de contar o que a gente tem para contar, então vou simplesmente contar — disse Loyd. — Duas semanas atrás, uma senhora de São Francisco nos telefonou e disse que era sua mãe.

Minha mãe? Como?

Leona deslizou o braço na minha cintura, e disse:

— Quando recebemos o pacote e a fotografia que ela mandou, eu não quis acreditar que pudesse ser sua mãe, mas seu pai falou que você parecia muito com a mulher da foto. Eu neguei com cada centímetro do meu ser. Até mesmo me recusei a olhar de novo para a fotografia por um dia ou dois.

Tentei engolir o caroço que se formara subitamente na minha garganta.

— Mas depois eu rezei — continuou ela — e o Senhor assentou em meu coração que aquela era sua mãe e que eu e seu pai devíamos ser honestos com você.

— Quando vi a fotografia pela primeira vez, soube de cara que ela era sua mãe — disse Loyd, entrando na conversa. — Contei para sua mama, mas ela não conseguia acreditar.

Ao ver as lágrimas que me subiam aos olhos, Leona me apertou de leve.

Não dava para acreditar. Depois de todos aqueles anos, eu finalmente teria uma identidade, um nome que fosse meu de verdade. Sentindo uma onda de empolgação percorrer meu corpo, fui até meu pai e minha mãe, e abracei os dois com força. Prometi que, independentemente do que acontecesse, eles sempre seriam meus pais. Naquele momento, eu não tinha como saber o quanto aquele dia viria a alterar o curso da minha vida.

Leona explicou que tinha recebido o telefonema em 1º de maio. Ela e Cindy estavam na sala de estar recebendo a mãe de Loyd, Evelyn, quando o telefone tocou e ela foi até a cozinha para atender.

— Alô — disse Leona, com seu doce sotaque do sul.

— Alô. Estou falando com Leona? — perguntou, nervosa, a voz do outro lado da linha.

— Sim, é ela. Com quem falo?

— Meu nome é Judith Gilford e moro em São Francisco. Acho que sou a mãe biológica de seu filho, Gary.

Por alguns segundos, Leona foi incapaz de falar.

Quando recuperou o fôlego, conseguiu dizer: — O que a faz pensar isso?

— Tenho informações do currículo profissional dele — disse Judith. — Veja bem, eu não quero interferir na vida de vocês — ela se apressou em dizer. — Quero apenas tornar essa informação disponível para Gary, de modo a dar a ele uma identidade, caso queira saber.

Leona ouviu enquanto a mulher explicava algumas das circunstâncias de sua vida e como ela acabara entregando o filho para a adoção.

— Nunca quis abrir mão dele e sempre quis me encontrar com ele — disse Judith bem no momento em que Loyd enfiou a cabeça na sala. Leona gesticulou para que ele saísse e entrou no quarto, fechando a porta atrás de si. Ouviu com atenção enquanto Judith lhe contava tudo pelo que passara para encontrar o filho nos últimos anos. Leona, sempre sintonizada com os sentimentos dos outros, não podia deixar de sentir compaixão pela mulher.

— Por favor, permitam apenas que eu envie a ele um pacote com uma carta e algumas fotografias — implorou Judith.

— Vou conversar com meu marido — disse Leona. — E vou falar com Gary.

Judith a interrompeu. — Por favor, não me faça promessa alguma. Vou apenas enviar a informação e confiar que o que tiver de acontecer vai acontecer.

Alguns dias depois, quando Leona recebeu a caixa da FedEx enviada por Judith, ela a virou para cima e para baixo, receosa de abri-la, temendo seu potencial de mudar a vida de todos nós.

Todas as festas de aniversário, os joelhos ralados, os machucadinhos que ela tinha beijado. Todas as lembranças que compartilhara comigo passaram por sua cabeça. Seria algum tipo de brincadeira cruel? Como aquela mulher ousava se intrometer na sua vida — na vida de seu filho — daquele jeito?

Com os dedos tremendo, Leona abriu a caixa. Uma fotografia presa a uma carta lhe chamou a atenção. A mulher que telefonara a encarava na foto 6 x 9. As lágrimas começaram a turvar a visão de Leona e em seguida rolaram por suas bochechas. Enquanto examinava a fotografia, tentava convencer a si própria que a mulher não era nada parecida comigo. Mas, por mais que se esforçasse em mentir para si mesma, a verdade a encarava pela fotografia.

Ela levou a foto para Loyd.

Ele segurou a mão de Leona enquanto examinava o retrato.

— Ele é mesmo parecido com ela — disse Loyd. Sua vontade era dizer à esposa que aquela mulher não podia de forma alguma ser minha mãe, mas sabia que precisava ser sincero.

Nos dias seguintes, não falaram de mais nada além da situação inacreditável em que subitamente se encontravam. Minha adoção fora sigilosa. Não era para isso ter acontecido. Deviam me contar? Deviam manter tudo em segredo? De mãos dadas, os dois rezaram juntos, pedindo a Deus que lhes mostrasse o que fazer.

Até que uma noite Loyd finalmente obteve sua resposta. Virou para a mulher e disse: — Ele merece saber quem é para então decidir o que quer fazer.

Leona sabia que o marido estava certo, mas tinha medo de que eu acabasse me magoando. Na semana seguinte, Leona e Loyd rezaram com mais força do que nunca para que Deus lhes desse coragem para serem altruístas e para que Ele os ajudasse a dar a notícia do modo certo.

E agora eu sabia.

Naquela noite, percorri os quarenta e cinco quilômetros de volta para casa em estado de choque, lembrando-me de todas as vezes que fantasiara sobre como seriam meus pais de verdade e me perguntando de quem teria herdado os cabelos ruivos. Como não sabia meu verdadeiro nome ou porque minha certidão de nascimento da adoção dizia que eu tinha nascido em Nova Orleans, passei a maior parte da vida lutando contra uma crise de identidade. Animado e ansioso para examinar o pacote que Leona me dera, pisei um pouco mais forte no acelerador, segurando na mão a fotografia da mulher. Não conseguia tirar os olhos dela e me peguei saindo da estrada diversas vezes. Enquanto guiava, pensei na reação que meu filho, Zach, teve diante da foto.

— Ei, pai, ele é igualzinho a você — disse Zach inocentemente ao ver o homem parado ao lado de Judith na fotografia que ela enviara. Todos riram.

O homem tinha claramente descendência indígena ou hispânica, mas Zach supôs que, se a mulher era minha mãe, o homem devia ser meu pai.

Quando cheguei em casa, acendi a luz do teto para que nenhum detalhe passasse despercebido enquanto eu peneirava as cartas dentro da caixa. Sentado na minha poltrona reclinável preferida, estudei o retrato da mulher que afirmava ser minha mãe.

Seus olhos.

Seu nariz.

Sua boca.

Eram como os meus.

Peguei a carta que Judith escrevera a todos os homens que conseguiu encontrar nascidos na Luisiana em minha data de nascimento.

As lágrimas me vieram aos olhos enquanto lia.

Na carta, ela explicava que tinha quinze anos e fugira da Califórnia quando eu nasci. Tinha se casado com meu pai, mas o casamento fora anulado por sua mãe porque ela era menor de idade. Judith continuou o relato, dizendo que ela e o marido foram detidos e mandados de volta para a Califórnia. A condição que sua mãe estipulou para que a filha voltasse a morar com ela era de que eu — à época com dois meses — fosse enviado para a adoção. Contava que tinha se casado outra vez aos vinte e seis anos e tivera outro filho.

Eu tinha um irmão?

Ela então dizia que me amava desde o dia em que nasci e que estive com ela todos os dias desde então. "Seria o dia mais feliz da minha vida se o telefone tocasse e meu filho me dissesse: — Eu acredito que você é minha mãe", escreveu.

Li e reli a carta e peguei o telefone. Quando comecei a discar o número que ela tinha fornecido, minha mão começou a tremer e desliguei. O que eu diria?

Meus pensamentos se voltaram para Leona. Eu sabia o quanto devia ter sido difícil para ela compartilhar a notícia comigo. O Dia das Mães era no dia seguinte e me senti culpado só de pensar em telefonar para essa mulher, depois de Leona ter sido uma mãe tão formidável para mim. Por toda a vida, passei aquele dia especial na igreja homenageando aquela mulher que vestia com orgulho o corpete que indicava que era uma mãe. Ela escolheu me amar, quando não tinha obrigação alguma de fazê-lo. Ela me levou com alegria para casa e me tratou tão bem quanto tratara sua filha biológica. Não merecia tal deslealdade.

Quando me sentei ao seu lado no banco da igreja na manhã seguinte, senti um enorme amor por ela, mas, enquanto apertava sua mão, não conseguia parar de pensar na outra mulher, aquela que me deu à luz quando tinha apenas quinze anos. Eu não conseguia compreender. Sentia compaixão pela jovem menina que se viu diante daquela situação tão adulta.

Ao final do dia, eu sabia o que tinha de fazer. Sempre acreditei que tudo acontece por um motivo e agora não havia diferença.

Quando cheguei em casa, entrei na sala de estar e sentei em minha poltrona preferida. Ainda segurando o retrato da mulher, peguei o telefone e comecei a teclar. Meu coração batia forte enquanto eu apertava os números. Prendendo a respiração, aguardei.

Um toque.

Dois toques.

Três toques.

E então ouvi a voz de um homem na secretária eletrônica. Com um sotaque distinto, dizia: "Você ligou para Judy Gilford e Frank Velasquez. Sua ligação é muito importante para nós, mas não podemos atender nesse momento. Por favor, deixe seu nome e número de telefone, junto de sua mensagem, e ligaremos de volta assim que pudermos."

A frustração percorreu meu corpo. Queria muito ouvir a voz dela. Hesitei por um instante.

Depois de respirar fundo, finalmente falei: — Esta mensagem é para Judith Gilford. Aqui é Gary Stewart e acho que você pode ser minha mãe. — Parei por um momento, endireitando a voz. — Se for minha mãe, gostaria de desejar um Feliz Dia das Mães... pela primeira vez. Se não for minha mãe, espero, mesmo assim, que tenha um Feliz Dia das Mães. Se quiser telefonar de volta, pode ligar para... — e deixei meu número.

Sem saber se tinha feito a coisa certa, afundei-me na poltrona, esgotado. Precisei dar tudo de mim para fazer aquela ligação. Estiquei o braço para acender o abajur e continuei sentado ali por horas olhando para o retrato dela.

* * *

Naquela noite, Frank Velasquez resolveu ligar para casa e checar as mensagens. Ele e Judy, como ela preferia ser chamada, estavam visitando parentes em Albuquerque, no Novo México. Embora não fossem casados, Judy frequentemente se referia a ele como seu marido. Os dois gostavam de viajar juntos e tinham planejado aquele passeio como um breve repouso.

Frank ouviu por um momento e então voltou à mensagem.

— Querida, você precisa ouvir essa — disse ele, passando o telefone a Judy. Ela ouviu a mensagem uma vez após a outra, chorando descontroladamente ao escutar minha voz pela primeira vez.

—Você tem de ligar para ele agora — insistiu Frank.

Judy não conseguia. Estava agitada demais.

— Não posso. Já é muito tarde — esquivou-se. — E acho que não temos muitos minutos no cartão telefônico.

Frank pegou o telefone de sua mão e discou um número, pagando por mais mil minutos antes de devolvê-lo a ela.

Judy ficou olhando para o telefone por um momento e então discou o número que eu tinha deixado na secretária.

Eu ainda estava sentado em minha sala de estar quando o toque estridente do telefone me deu um susto e me tirou dos meus devaneios.

— Alô — atendi, com a voz rachando enquanto tentava estabilizar as mãos, que tremiam.

— Oi — sussurrou Judy ao telefone. — Aqui fala Judy Gilford.

O som da voz dela percorreu meu corpo como uma corrente elétrica. Comecei a chorar. Não conseguia falar.

— Sei que você pode não acreditar em mim, mas eu te amo. Sempre te amei — disse Judy, com a voz trêmula. Como uma represa que acabara de ceder, nós dois começamos a falar de imediato. — Você tem um neto — contei a ela. — Ele tem dez anos e se chama Zach.

Conversamos pelo que pareceram ser horas, interrompendo um ao outro em nossa vontade de contar tudo. Senti como se estivesse num sonho — era como se aquilo acontecesse a outra pessoa, como se uma oração impossível estivesse sendo atendida. Concordamos em deixar o passado para trás e fazer da nossa nova relação o que quiséssemos. Animados, começamos a fazer planos para um encontro.

Quando desliguei, reclinei-me na poltrona, saboreando aquele Dia das Mães especial. Era um dia que eu nunca iria esquecer.

Não consegui dormir aquela noite. Então tentei traduzir meus sentimentos em palavras escrevendo uma carta para ela:

Mãe,

Hoje meu mundo mudou. Quando soube que você estava à minha procura fiquei completamente chocado. Depois, quando falei com você hoje à noite, soube de uma vez por todas que você era minha mãe. Não posso descrever com palavras o que meu coração está sentindo agora. O amor materno envolve muito mais do que a maioria das pessoas compreende. Por toda a vida, senti um vazio no coração que era impossível de se preencher. Essa parte que faltava era algo que eu não entendia; algo que eu nem sabia existir. Quando você disse aquelas palavras para mim hoje à noite, "Gary, eu te amo", o vazio se foi.

No dia 1º de junho de 2002, Zach e eu fomos ao Aeroporto Internacional de Nova Orleans e embarcamos num avião com destino a Oakland, Califórnia. Fiquei em silêncio, sentindo um nó no estômago, olhando pela janela para as nuvens brancas e fofas lá embaixo enquanto Zach conversava com Joe Dean, diretor de atletismo da Universidade Estadual da Luisiana, que viajava ao nosso lado. Zach percebeu o quanto eu estava nervoso e me deixou com meus pensamentos. O avião seguia seu itinerário para o outro lado do país e eu ficava cada vez mais receoso e animado.

Por mais que tivesse recebido amor e aceitação incondicionais no lar de meus pais adotivos, saber que meus pais biológicos não me quiseram foi algo que me importunou por toda a vida. Na minha cabeça eu sempre fui um joão-ninguém, um menino que fora descartado e recebera um novo nome de pais adotivos. Como consequência, tive problemas para confiar nas pessoas em minha adolescência e, mais tarde, em meus relacionamentos adultos. Vivia com medo de ser rejeitado a qualquer momento, pois nunca seria bom o bastante para que me quisessem por perto. Loyd e Leona fizeram o possível para que me sentisse amado e querido, mas todos os meus relacionamentos adultos com mulheres estavam destinados a falhar enquanto me sentisse um joão-ninguém em meu coração. Meu medo de ser descartado me tornou incapaz de amar por completo, pois sentia que não merecia ser amado. Afinal de contas, como alguém poderia me amar quando eu nem mesmo sabia quem era?

Embora tivesse me divorciado da mãe de Zach, meu relacionamento com ele era bem diferente. Eu podia não conhecer a mim mesmo, mas sabia que meu filho merecia mais de mim do que recebi de meus pais biológicos. Dediquei minha vida a garantir que ele nunca passasse pelo terror de se sentir indesejado e que sempre soubesse o quanto seu pai o amava.

Agora que eu sabia que Judy era uma menina quando me deu para a adoção, não sentia qualquer ponta de mágoa ao me preparar para o nosso encontro. Minha empolgação começou a crescer ao perceber que finalmente teria respostas para as perguntas que se acumularam durante toda a minha vida.

Quando o avião finalmente aterrissou, sequei o suor que passara das palmas das mãos para a calça. Tinha desejado aquele momento durante a vida inteira e, agora que estava ali, me sentia dividido.

Queria fugir.

Queria conhecer minha mãe.

Depois de alguns minutos, eu a avistei nos fundos do terminal, parada ao lado do homem na fotografia que enviara, e meu coração começou a bater a mil por hora. Ela era alta — mais alta que o homem ao seu lado. Os cabelos eram mais curtos e louros do que sugeria o retrato. Ela olhava ao redor, ansiosa. Mesmo à distância pude notar o mesmo medo e empolgação que eu sentia refletidos no rosto dela. Comecei a suar frio, mas meus passos aceleraram quando nossos olhos se encontraram pela primeira vez. A partir do momento em que vi seus olhos — azul-claros como os meus — não tive mais dúvida. Aquela mulher era minha mãe.

Quando a alcancei, larguei a mala, agarrei-a em meus braços e a abracei com força.

— Mãe — sussurrei em seu cabelo.

Judy deu um passo para trás, com as mãos em meus ombros, buscando meu rosto. As lágrimas lhe tomaram o rosto enquanto ela absorvia cada detalhe da minha aparência.

— Gary — disse ela, com a voz trêmula. — Meu filho.

Aquelas palavras soavam mágicas para mim.

Ainda com um braço em seus ombros, virei-me para apresentá-la a Zach. Enquanto eles se conheciam, Frank estendeu a mão e se apresentou a mim, conduzindo-nos em seguida até seu carro lá fora.

Enquanto Frank dirigia de Oakland para São Francisco, eu não conseguia deixar de lançar olhares furtivos na direção da minha mãe. Aos cinquenta e quatro anos, ela era esbelta e cheia de vida. Seus lindos olhos e cabelos eram embelezados por sua pele perfeita e bronzeada.

Em pouco tempo, chegamos a Fisherman's Wharf. Zach ficou maravilhado com os enormes caranguejos que povoavam os aquários na frente do restaurante Alioto, onde jantaríamos. Homens, em sua maioria imigrantes vestindo guarda-pós brancos, acendiam os caldeirões enquanto os turistas experimentavam coquetéis de siri servidos em copos de papel.

— Podemos comprar um, pai? — pediu Zach, animado. Nunca tinha visto um caranguejo daquele tamanho na Luisiana.

— Mais tarde, talvez. — sorri. — Vamos comer no restaurante primeiro.

Uma vez sentados, olhamos pela janela na direção dos barcos de pesca coloridos alinhados junto à doca, com seus cascos a oscilar para frente e para trás ao ritmo da baía. O cardápio, que incluía frutos do mar trazidos naqueles pesqueiros, me lembrava de casa.

— O que o atrai mais? — perguntou Judy.

— Tudo — sorri —, mas definitivamente temos de pedir lulas. Aposto que são muito mais frescas aqui do que na Luisiana.

— Às vezes os cardumes de lulas entram pela baía, mas normalmente são pescados logo na saída, já no Pacífico — disse Frank.

Mantivemos a conversa num tom de amenidades por todo o jantar. Nós dois queríamos dizer muito, mas percebemos que tínhamos de nos conhecer aos poucos. Depois do jantar, caminhamos pelo cais, olhando as vitrines e assistindo aos artistas de rua que dançavam e se exibiam com bambolês para os transeuntes.

— Aqui está ótimo — disse eu a Judy, curtindo uma brisa leve que soprava pela baía. — Nesta época do ano, mal dá para respirar na Luisiana por causa do calor.

— É assim o ano inteiro. Nós adoramos — disse ela, buscando minha mão. — Eu me sinto tão feliz por você estar aqui. Não vejo a hora de mostrar São Francisco para você.

Já era tarde quando chegamos ao apartamento que Judy e Frank compartilhavam. Depois que Frank e Zach caíram no sono, Judy e eu continuamos acordados até as três da manhã, às vezes conversando, outras vezes só olhando um para o outro. Nenhum dos dois acreditava que aquilo estava acontecendo de verdade. Até que finalmente não conseguimos mais conversar e pela primeira vez na vida dei um beijo de boa-noite em minha mãe.

Os ruídos pouco familiares dos ônibus na rua lá embaixo me acordaram na manhã seguinte. Zach ainda dormia no sofá quando entrei na sala de estar, me abaixei e beijei sua bochecha antes de atravessar a porta de correr de vidro da varanda da minha mãe, no terceiro andar, que dava para a cidade.

A vista de São Francisco era linda. Bem adiante dava para ver Noe Valley, um bairro de classe operária cheio de casas eduardianas enfileiradas em tons rosa, azuis e verdes. No meio do vale, os campanários gêmeos da Igreja Católica de São Paulo se erguiam pelo céu. Do outro lado da baía de São Francisco avistei as colinas de Oakland. À direita, o Candlestick Park entalhava uma forma oval na paisagem e, à esquerda, os carros se moviam rapidamente pelas plataformas inferior e superior da Bay Bridge. Entre a Ponte Golden Gate e a Bay Bridge surgia Alcatraz, assombrosamente serena. Fiquei ali parado por um instante, absorvendo tudo antes de me vestir.

Judy e eu tínhamos combinado de ir à igreja naquela manhã e à tarde fomos até Benicia, um pequeno vilarejo de pescadores que crescera e se transformara numa próspera cidade a cinquenta e seis quilômetros ao nordeste de São Francisco, para visitar a sede corporativa de uma empresa que recentemente me oferecera um cargo.

Minha carreira de dezessete anos como engenheiro elétrico trilhava uma subida instável pela escada do sucesso. Graduei-me pela Universidade

Estadual da Luisiana como bacharel em ciência em 1985 e ao longo dos anos fui progredindo em uma empresa e depois em outra, seguindo pelo rumo da administração antes de me tornar vice-presidente de serviços industriais para uma grande empresa. Como acontece com frequência no ciclo industrial de rápida ascensão e queda da Luisiana, essa empresa começou a dar sinais de encolhimento e passei a me preocupar com a estabilidade do meu emprego.

Um mês antes de Judy telefonar para minha mãe, a Delta Tech Service, em Benicia, entrara em contato comigo. A companhia procurava alguém para abrir um posto de serviços industriais em Baton Rouge. Extenuado pelos altos e baixos da indústria do petróleo, recusei a oferta e aceitei um trabalho como gerente de fábrica numa produtora de plástico. Eu devia começar no emprego na segunda-feira seguinte ao Dia das Mães, mas então Judy entrou na minha vida e tudo mudou. Aceitei o cargo na Delta Tech, animado com a perspectiva de viajar para São Francisco o tempo todo. Parecia uma intervenção divina que a oferta de emprego me fosse feita tão próximo de um período em que eu deveria estar na Califórnia com a maior frequência possível. Era perfeito. Eu podia visitar minha mãe sempre que precisassem de mim na sede da empresa.

Judy e eu viajamos juntos em seu Grand Am esportivo vermelho, enquanto Frank, querendo nos dar algum tempo a sós, seguiu com Zach num Mercury Sable azul. Durante o percurso, eu ia absorvendo a paisagem: as casas vitorianas coloridas subindo uma após a outra pelas colinas, os arbustos e árvores pouco familiares, a grama dourada. Tudo parecia tão surreal — uma vida inteira de emoções e experiências sendo condensadas em alguns dias curtos. Seguimos por algum tempo em silêncio. Judy pensava em quando eu começaria com as perguntas difíceis e eu tentava decidir o que perguntar primeiro.

— Não foi aqui que a ponte ruiu no terremoto de 1989? — falei.

— Foi sim. Na verdade — disse Judy, apontando pelo para-brisa para a parte de baixo da plataforma superior da Bay Bridge —, bem aqui onde estão os indicadores vermelhos fica o ponto exato em que a ponte cedeu.

— Lembro-me de assistir na TV como se fosse ontem — falei, antes de botar para fora a pergunta que estava louco para fazer. A gente vinha bailando em torno dela desde a minha chegada.

— Mas então, mãe... quem é meu pai?

Colocando as mãos sobre o volante, Judy limpou a garganta e se ajeitou na poltrona. Pude ver seu nervosismo.

— Lembra-se de quando falamos ao telefone pela primeira vez e você me pediu para ser completamente sincera?

— Sim.

— Bem, prometo que sempre vou te contar a verdade. A gente tem de construir nossa relação com base no amor, na verdade e na honestidade. Mas, querido, isso já faz muito tempo e você precisa entender que fui obrigada a esquecer tudo sobre o seu pai e você. Minhas lembranças daquela época foram gravemente reprimidas.

Judy começou a compartilhar comigo algumas das memórias que tinha do meu pai, que, na melhor das hipóteses, eram imprecisas. — Ele se chamava Van. Não me lembro do nome completo — disse, explicando que tinham se conhecido quando ela era muito jovem e haviam fugido juntos.

— De qualquer jeito, acabamos em Nova Orleans e eu engravidei. Um dia, quando você tinha três meses, eu acho, seu pai te levou para Baton Rouge. Lembro que ele te levou de trem, pois ainda não tínhamos carro. Ele te levou a uma igreja. Quando voltou sem você, larguei dele — continuou Judy. — Seu pai ficou bravo comigo por ir embora e me entregou para as autoridades.

Tive de me esforçar para entender o que estava ouvindo. *Eu tinha sido levado a uma igreja?*

— Então meu pai me levou para Baton Rouge e me entregou para uma igreja para em seguida entregar você às autoridades? — questionei, querendo me certificar de cada detalhe.

Judy hesitou e então acenou sua resposta com a cabeça. — Sim.

Fiquei em silêncio por um momento, absorvendo tudo. Até que finalmente falei: — Sabe do que mais, mãe? Acho que não quero saber de mais nada sobre o meu pai. Tenho uma família maravilhosa em casa, em Baton Rouge, e meu pai é o melhor do mundo.

O alívio de Judy era visível. Estava claro que ela também não queria que eu o encontrasse.

Eu queria que aquele tivesse sido o fim da linha para mim, mas nos meses que se seguiram, quanto mais pensava em meu pai biológico, mais eu queria conhecê-lo, ouvir a sua versão da história, talvez até perdoá-lo e dar início a um relacionamento. As lembranças de minha mãe eram limitadas. Talvez a memória dele fosse melhor e ele conseguisse me dar um motivo para ter me levado para Baton Rouge e me deixado ali.

No fim, resolvi tentar encontrá-lo. Queria descobrir a verdade sobre ele: que tipo de homem era, por que não me quis. Hoje sei que é melhor deixar algumas coisas no passado, que nem sempre saber é o melhor. Às vezes, a verdade é tão terrível que deve ser descoberta aos poucos, um tanto aqui e outro ali, absorvida lentamente, já que toda ela de uma só vez seria indecorosa demais para se suportar.

E às vezes a verdade muda tudo...

— PARTE UM —

O ROMANCE DA SORVETERIA

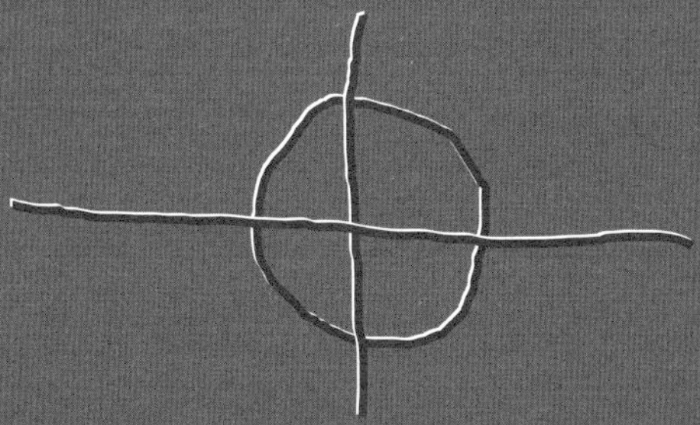

1

Outubro de 1961

Earl Van Best Jr. sentou-se num banco em frente à livraria do outro lado da rua da Sorveteria do Herbert. Ele aguardava enquanto o dono da loja calculava quanto lhe devia pelos livros antigos que trouxera da Cidade do México. Enquanto esperava, observou com atenção quando uma jovem e bela mocinha desceu do ônibus escolar que tinha acabado de parar na esquina da Nona Avenida com a Judah Street. Ao caminhar, seus cabelos louros brilhavam, refletindo o sol da tarde. Ele se levantou e parou bem no caminho dela, impedindo que atravessasse a rua.

— Olá — disse Van calorosamente, abrindo o sorriso charmoso que fazia dele um bom vendedor.

— Olá — respondeu ela, sorrindo de volta antes de se virar na direção da sorveteria.

Ele a seguiu.

— Meu nome é Van. Como você se chama?

— Judy.

Van abriu a porta para ela e os dois caminharam sobre o piso bege de mosaico azulejado até o balcão de vidro. Judy examinou a seleção de sorvetes antes de se decidir por uma casquinha simples de baunilha. Meu pai pagou pelo sorvete e perguntou se podiam se sentar à mesma mesa. Ele parecia um sujeito bacana, bem arrumado e elegante, e Judy concordou acenando a cabeça, lisonjeada pela atenção que lhe era concedida por um homem mais velho e bem-vestido. Foram até uma mesa num canto, do lado da parede xadrez em preto e branco.

Van se sentou e fitou os olhos azul-claros que o encaravam de volta com tanta inocência. Ele adorava belas garotas, quanto mais jovens, melhor, e essa era mais bonita que a média.

Lançando mão do sotaque britânico que gostava de simular, perguntou:
— Quantos anos você tem?

Parecia ter uns vinte anos, mas ele sabia que a menina acabara de sair de um ônibus escolar.

— Quase quatorze.

Van não acreditou. Era bela e madura demais para ser nova daquele jeito.

— Impossível — murmurou ele.

— É verdade. — sorriu ela, lambendo o sorvete, antes de acrescentar. — Meu aniversário é no dia oito de outubro.

Ele ficou ali parado por um instante, perguntando-se se devia ficar, mas foi só olhar em seus olhos sorridentes para que se convencesse de que a idade não importava. Embora tivesse vinte e sete anos, para meu pai foi amor à primeira vista, total e completo. Precisava conquistá-la. Ela era jovem, inocente, maleável.

Para Judy, Van parecia sábio e experiente, contando histórias sobre viagens ao México e como cresceu no Japão. Falava de música, arte e literatura, coisas sobre as quais os adultos em sua vida não falavam.

— Onde você mora? — perguntou Van.

— Perto do parque — respondeu Judy —, na Sétima Avenida.

— Com seus pais? — pressionou Van.

— Com minha mãe e meu padrasto, mas eu não gosto dele. Ele é mau — disse Judy.

— Eu também tenho um padrasto malvado — falou Van, acrescentando em voz baixa: — Eu nunca lhe faria nenhum mal.

Judy deu uma risadinha e se levantou. — É melhor eu ir para casa antes que me meta em encrenca.

Van a seguiu porta afora e ficou observando-a subir pelo morro até sumir de vista antes de voltar à livraria para receber o dinheiro que lhe era devido.

Satisfeito com o valor estipulado pelo dono da loja para seus livros, voltou para o distrito de Castro, logo atrás do Monte Sutro, onde morava com a mãe e o padrasto.

Na tarde seguinte, Van aguardou em frente à sorveteria pelo ônibus escolar que, esperava, traria novamente a garota mais linda que já tinha visto. Observou alguns pedestres que saíram do mercado asiático e entraram num pub irlandês ali perto. Outros paravam diante dos cafés na calçada, atraídos pelo aroma que saía de suas portas. O distrito de Sunset ficava sempre cheio de pedestres, em sua maior parte jovens alunos do ensino médio e universitários, além de moradores da área com idade mais avançada, homens de negócios que ajudaram a desenvolver a região, acreditando no sonho americano de uma vida melhor para empreendedores imigrantes que trabalhassem duro.

Meu pai almejava aquele estilo de vida empreendedor e era esperto o bastante para alcançá-lo. Ele se formou pela Lowell High School, uma escola que atendia crianças superdotadas, e frequentou o City College de São Francisco, mas suas notas depunham contra sua inteligência. Seus trabalhos eram tomados de "B"s e "C"s, exceto em Inglês e ROTC,[1] em que sobressaía. As duas eram as únicas matérias que o interessavam de verdade. Ele passara a maior parte da vida lendo tudo o que podia encontrar, mas gostava especialmente de literatura — do tipo que aborrece os supostamente menos inteligentes.

Ele logo avistou o ônibus escolar subindo a rua e observou uma série de crianças descer os degraus. E lá estava ela outra vez... dócil e linda.

Ele a chamou quando ela se virou para subir pela Judah Street. Quando o viu, abriu um sorriso enorme e alegre.

— Ei, o que você está fazendo? — perguntou ela.

— Esperando você. Deixa eu te acompanhar até sua casa.

— Ah, não. Minha mãe ficaria louca se me visse andando com um garoto.

— Bem, então não vamos deixar ela nos ver — sorriu Van, tomando Judy pelo braço e a conduzindo para o outro lado da rua. — Vamos cortar caminho pelo parque.

Judy sentiu um tremor excitante quando passaram pela rua onde morava e entraram no Parque Golden Gate. Suas experiências com homens não

[1] N. do T.: Corporação de Treinamento de Oficiais da Reserva (em inglês).

tinham sido boas, mas aquele parecia diferente. Sua mãe, Verda, divorciara-se de seu pai alguns anos antes porque ele era um disciplinador rígido e tratava as filhas com crueldade. Batia com frequência em Judy e em sua irmã, Carolyn, deixando marcas roxas em seus traseiros que as impediam de sentar. As surras finalmente acabaram com o divórcio, mas às vezes Judy sentia falta do pai.

Verda se mudara com as filhas para São José, onde tentou recolher os trapos e começar uma nova vida, mas lá as coisas não foram muito melhores. Seu primeiro encontro resultou num estupro e, em pouco tempo, Verda descobriu que carregava o filho do estuprador — um menino a quem deu o nome de Robert, nascido em 28 de maio de 1961. Verda sabia que não conseguiria criar o garoto. Seria uma lembrança constante do que tinha sofrido e ela já tinha outras duas bocas para alimentar. Assim, deu o filho para a adoção logo após o nascimento.

Recuperando-se da experiência, Verda voltou para São Francisco e se casou com Vic Kilitzian, um eletricista marinho que trabalhava no Estaleiro Naval de Hunters Point. Armênio da Grécia, Vic não falava inglês muito bem. Judy mal conseguia entender as palavras que ele dizia, a não ser quando lançava impropérios contra sua mãe. Ainda que não batesse nas crianças, fazia questão que todos soubessem que ele considerava Verda uma mulher burra. De certa maneira, aquilo era tão ruim quanto as surras para Judy, que não suportava ver a mãe ser tratada de tal modo. Para Verda, a vida estava pior que nunca. Ela trabalhava duro no Crocker Bank para ajudar a manter a família e à tarde voltava para casa para uma nova série de humilhações. Deprimida e desesperançada, sobrava-lhe pouco afeto para dar às filhas.

Aos treze anos, minha mãe estava louca para receber amor, e Van estava mais que disposto a dar à garota inocente a atenção que ela buscava. Judy sorriu de alegria, sentindo-se especial e crescida quando Van tomou seu braço no dele. O sorriso se abriu ainda mais quando ele beijou sua mão antes de deixá-la na saída do parque, a seis casas de onde ela morava.

Ela ficou torcendo para que ele a estivesse esperando quando descesse do ônibus na tarde seguinte.

E ele estava.

Van ficou assistindo Judy procurá-lo ao redor. Ele viu aquele lindo rosto se iluminar quando seus olhos se encontraram e partiu na direção dela, tomando-lhe a mão.

— Aonde vamos? — perguntou Judy, sem se importar de verdade. Não tinha medo. Van lhe transmitia segurança.

— É surpresa. Um dos meus lugares preferidos — respondeu Van, conduzindo-a na direção de um ponto de ônibus ali perto.

— A gente vai à igreja? — exclamou Judy quando o ônibus os deixou na Califórnia Street e Van apontou para a Catedral Grace.

— Você já entrou nessa igreja?

Judy balançou a cabeça, fitando a majestosa construção, com suas enormes torres e o altíssimo campanário que avançava rumo ao paraíso.

Lá dentro, Van apontou para suas obras de arte favoritas penduradas nas paredes da catedral, incluindo murais de Jan Henryk de Rosen, impressionando Judy com seu conhecimento sobre as peças.

Judy ficou fascinada — não só pela arte, mas também pelo homem que parecia saber tanto sobre a igreja. Nenhum adulto jamais conversara com ela daquela forma, como se os dois fossem iguais e sua opinião importasse. Van mostrou com orgulho o órgão da catedral, apontando para os longos tubos suspensos na parede. — Às vezes eu toco órgão aqui — disse ele.

Os dois chegaram aos vitrais retratando Adão e Eva, quando então meu pai resolveu que era hora de Judy ir para casa. No caminho de volta para o distrito de Sunset, Judy sugeriu que ele conhecesse sua mãe.

— Não acho que seja uma boa ideia — disse ele. — Seria diferente se você tivesse dezessete anos. Ela não vai gostar de mim. Vai dizer que sou velho demais para você.

Judy assentiu e concordou que seria melhor guardarem aquela amizade para si mesmos por um tempo. Ela gostava da ideia de ter Van como um segredo só seu.

— Vou te ver amanhã? — perguntou ele quando ela se voltou para a rua.

— Sim — respondeu Judy, sem ar. — Mal posso esperar.

Jogando a bolsa de livros sobre os ombros, Judy quase saltou a ladeira íngreme. Nunca tinha se sentido tão feliz. A menina não se perguntou por que um homem da idade de Van estaria interessado nela. Não pensou em perguntar sobre o passado dele. Na sua cabeça, o relacionamento dos dois parecia perfeitamente natural. Sentia uma vertigem quando ele a tocava, quando sorria para ela. Aquilo era tudo o que importava.

Logo ela viria a descobrir que havia muito mais em Van do que revelava seu exterior fascinante, que ele tinha um lado sombrio, um passado recoberto de dor que escondia cuidadosamente.

2

O pai de Van, Earl Van Best Sr., nasceu em 16 de outubro de 1904 numa carinhosa família cristã. Na época do nascimento de Earl, o nome da família Best era sinônimo de amor a Deus e ao país. Os ancestrais de Earl, começando por seu avô John James (J.J.) Best, haviam lutado bastante pelo que acreditavam, fosse certo ou errado. J.J. foi um capitão confederado na Guerra Civil, alocado no 9º Batalhão de Infantaria da Carolina do Sul, conhecido como Pee Dee Rifles. Em 1º de abril de 1865, J.J. foi ferido e capturado na Batalha de Dinwiddie Court House, sendo levado como prisioneiro de guerra para Johnson's Island, em Ohio. Em 18 de junho de 1865, dois dias antes que o último tiro da guerra fosse disparado, o capitão confederado assinou um termo de lealdade à União e foi solto.

Antes da guerra, J.J. tinha uma plantação de tabaco e era um senhor de escravos registrado. Depois do combate, voltou para sua fazenda em Galivants Ferry, na Carolina do Sul, e se juntou à mulher, Winnifred, e aos dois filhos do casal. Devido aos ferimentos que sofreu na guerra, alguns dos escravos permaneceram na fazenda para ajudá-lo, mesmo após terem sido libertados.

No ano seguinte ao fim da guerra, nasceu o terceiro filho de J.J., Earl Van Dorn Best, cujo nome era uma homenagem ao major general Earl Van Dorn. Herói de J.J., Dorn combatera valentemente, mas fora derrotado na Batalha de Pea Ridge, no Arkansas. Essa batalha causara uma reviravolta, pois fora ali que o Sul perdera o controle do rio Mississipi para os soldados da União.

Em 1880, J.J. doou parte do terreno da família Best para a construção de uma nova igreja metodista e depois cedeu mais espaço do outro lado da estrada de terra para ser usado como cemitério da igreja. Hoje ele é conhecido como Cemitério do Velho Sião, mas na época os moradores locais o chamavam de Cemitério Best.

Como seu pai, Earl abraçou a tradição sulista de plantar tabaco e passou a infância trabalhando naquela terra fértil. Já adulto, sua experiência no plantio e seu tino comercial fizeram dele um dos cidadãos mais ricos da pequena comunidade de Galivants Ferry. No final do século XIX, Earl atuou como braço direito e confidente de seu pastor e foi eleito, em 1902, superintendente escolar do condado de Horry.

Earl viria a se casar com Anna Jordan e o casal teve onze filhos, entre eles meu avô, Earl Van Best.

E então aconteceu a tragédia.

Earl Van Dorn Best foi alvejado e assassinado por um ex-escravo em 1907, quando meu avô tinha dois anos, e Anna, subitamente, se viu na condição de viúva, com uma ninhada para alimentar.

As histórias que lhe contaram sobre seu pai fizeram meu avô entrar para o sacerdócio e ele permaneceria comprometido com Deus pelo resto da vida. Na adolescência, muito antes de receber qualquer treinamento formal no sacerdócio, Earl se tornou um dos cavaleiros de circuito do bispo Francis Asbury, viajando a cavalo de cidade em cidade para pregar a qualquer um no condado de Horry, na Carolina do Sul, que quisesse ouvir suas mensagens de salvação. Earl veio depois a deixar sua família para frequentar a Universidade da Carolina do Sul, levando em frente os estudos com o parco salário de pregador. Quando conheceu a bela Srta. Gertrude McCormac, de Mullins, também na Carolina do Sul, Earl se apaixonou pela menina talentosa, que tocava piano tão bem que os anjos no céu pareciam estar cantando junto. Mas Gertrude não era uma garota fácil de entender. Ela disse que o amava, e Earl acreditou nela, mas, quando ele não estava a sua disposição imediata, ela o substituía sem pensar duas vezes. Aquela era uma lição que ela ensinaria a ele diversas vezes durante os anos que passaram juntos.

Em 9 de novembro de 1929, minha avó escreveu uma carta para meu avô, expressando sua gratidão por ele ter viajado recentemente para visitá-la.

Ela mencionava que iria a um festival de ostras e queria que ele estivesse com ela, mas que entendia o quanto era difícil para ele fazer a longa viagem para vê-la todos os dias. "Quero que você me entenda agora de antemão e que saiba que minha intenção sempre será de construir, nunca de destruir", escreveu ela, antes de acrescentar uma nota em 10 de novembro que dizia: "Me diverti bastante no festival de ostras. Nick foi gentil. Ele me trouxe para casa. Queria que você estivesse comigo no lugar dele."

A estratégia dela funcionou.

Earl correu de volta a Mullins para pedir a Duncan, pai de Gertrude, sua mão em casamento. Duncan deu sua bênção ao rapazinho sério.

— Quer casar comigo? — implorou Earl, ajoelhando-se galantemente na sala de estar diante dela, refastelada no sofá.

Gertrude fez beicinho e pensou por um instante.

— Eu adoraria — respondeu, sorrindo aos olhos do noivo.

Gertrude estava impressionada com a inteligência do pastor. Ele era o homem mais motivado e educado que ela já conhecera, ainda que fosse um pouco chato. A jovem tinha plena consciência do respeito que ganharia como esposa de um pastor. Era uma perspectiva bastante atraente.

Tudo correu bem no casamento durante alguns anos, até que o irmão de Earl, Austin Haygood Best, morreu em 1931, e sua esposa, Betty Wilmoth Best, também, mas em 1933, depois que os dois contraíram tuberculose no hospital onde Betty trabalhava. O casal deixou quatro filhos: Louise, Mildred, Aileen e Geraldine ("Bits"). Mildred foi morar com a irmã de Earl, Nan. Aileen e a caçula, Bits, foram para a casa de outra irmã de Earl, Estelle. Gertrude, por insistência de Earl, acolheu Louise contra sua vontade, na época com quatorze anos.

Meu avô não ganhava muito dinheiro e minha avó passou a ter de fazer valer cada centavo agora que tinham outra boca para alimentar. Por mais que mudar de uma cidade universitária para outra parecesse empolgante de início, ficar presa sem dinheiro algum com uma criança não se encaixava nos planos de Gertrude. — Por que Nan não pode tomar conta de Louise? — queixou-se Gertrude.

Earl, que frequentava a Universidade de Charleston, ergueu o olhar do papel no qual escrevia e soltou um suspiro. — Porque ela só tem dinheiro para criar uma — explicou ele mais uma vez.

— Mas não é certo. Mildred sempre diz que a família Best as separou como uma ninhada de gatinhas. Irmãs têm de ficar juntas.

— Bom, talvez, então, nós devêssemos trazer Mildred para cá — disse Earl, observando a reação de Gertrude com olhos que sorriam.

Ela calou a boca e saiu batendo o pé.

Earl riu e voltou a escrever. Às vezes, era como se sua esposa mimada implorasse para que a colocassem em seu devido lugar.

Pelo ano seguinte, Gertrude sofreu em relativo silêncio, temendo que Earl pensasse que criar as meninas juntas fosse a coisa certa a ser feita. Mas ela não era boa para a sobrinha. Earl, que crescera sem o pai, era um disciplinador rígido, determinado a educar Louise do jeito certo. Com o passar dos anos, Louise passou a odiar a tia e a se ressentir com o tio, que permitia que a esposa a tratasse como a órfã que era.

Caminhando para o fim de 1933, o ciclo menstrual de Gertrude atrasou e ela temeu estar grávida. Ela e Earl estavam morando em Wilmore, Kentucky, enquanto Earl estudava no Seminário de Teologia de Asbury, prestes a receber outro diploma que, segundo esperavam, pudesse aumentar a renda da família.

— Como vamos manter duas crianças? — lamuriou-se Gertrude depois de contar a notícia a Earl, esperando que isso o fizesse mandar a garota embora.

— Vamos dar um jeito, assim como fazíamos com uma só — Earl a tranquilizou.

Gertrude pôs na cabeça que queria uma menina — uma menina só dela. Talvez quando Earl tivesse sua própria filha se daria conta de que o lugar da outra não era ali. Começou a costurar vestidos com metros de pano e renda, sem que lhe viesse em mente nem por um instante a ideia de que o bebê poderia ser um menino. Aquilo simplesmente não aconteceria.

Em 14 de julho de 1934, Gertrude deu à luz um filho, Earl Van Best Jr. Earl resolveu chamá-lo de Van.

Quando a parteira tentou colocar meu pai nos braços de Gertrude, suas bochechas coraram e lágrimas jorraram de seus olhos.

— Veja, querida. É um menino lindo e saudável — incentivou Earl, tentando fazer Gertrude segurar o filho.

Gertrude não conseguia olhar para ele. — Levem-no embora — insistiu ela, virando na cama para a direção da parede.

Earl não entendia. Uma mãe devia amar o próprio filho.

Alguns dias depois, Gertrude ainda estava na cama quando o marido lhe trouxe o bebê outra vez.

— Não estou bem — disse ela quando Earl se aproximou com a criança nos braços.

— Apenas olhe para ele — implorou Earl. — Segure-o um pouquinho. Ele é um camaradinha adorável.

— Não. Me deixe em paz. Eu não quero.

Durante semanas, Earl levou o bebê todo dia para ela, que se recusava a segurá-lo. Até que um dia ele não aguentou mais. Estava cansado de lavar fraldas, dar comida ao filho a cada quatro horas, ouvi-lo chorar pedindo o conforto dos braços da mãe e fazer tudo o que Gertrude deveria estar fazendo. Mas agora já era demais.

— Levante-se — ordenou ele, depois de mais uma noite sem dormir. — Saia já dessa cama e vá cuidar do seu filho como uma boa mãe cristã. Não vou permitir que se comporte desse jeito. Levante-se!

Gertrude sabia que o havia levado ao limite. Levantou-se e com relutância assumiu o papel de mãe do menino. Dava-lhe de comer. Trocava e limpava suas fraldas. Dava banho. Mas não fazia mais do que o estritamente necessário.

Contente por ver que sua mulher tinha melhorado, Earl a deixou com seus afazeres. Em uma carta que enviou à mãe, explicava que ele e Gertrude tinham ideias bem definidas sobre como educar um filho. "O deixamos chorar até esgotar as lágrimas", dizia. "Quando está bem, tentamos deixá-lo quieto e sozinho. Na minha opinião, ficar andando em círculos e tentar animá-lo quando ficam roxos de tanto chorar é uma das piores coisas que se pode fazer. Ele vai se tornar um bom menino se não o ficarmos amparando e afagando toda hora, pois aí, sim, vai virar um maricas de primeira."

Em 1935, meu avô foi decretado pastor metodista e aceitou um trabalho de missionário no Japão, levando sua mulher e o filho de um ano com ele. Louise ficou feliz em se juntar às irmãs na casa de Estelle. O trabalho de Earl era ajudar a criar uma igreja cristã universal no Japão que incorporasse todas as denominações. Como representante do Conselho

Metodista de Missões, meu avô foi convidado para conhecer o imperador Hirohito (o Mikado), além de representantes de outras denominações cristãs, para discutir a transferência de mais missionários americanos ao Japão. Earl viria mais tarde a descrever seus esforços em sua tese de mestrado. Levou cinco anos, mas em 1941 a união da igreja se tornou uma realidade no Japão.

Earl tinha muito orgulho de fazer parte daquela missão, mas o ponto alto de sua estadia em Tóquio foi conhecer o Mikado e ele gostava de impressionar Van com histórias do encontro. Ele levou o filho para assistir à ópera *O Mikado*, de Gilbert e Sullivan, entre outras, e enviou os programas das peças para as sobrinhas nos Estados Unidos.

Em 1940, Van era um garoto de seis anos que já demonstrava sinais de se tornar um polímata, para deleite de meu avô. Aprendera japonês sem qualquer dificuldade, assim como o alemão, o qual Earl ocasionalmente usava para falar com ele. Enquanto as outras crianças americanas aprendiam a escrever do lado esquerdo do papel para a direita, Van aprendia a escrever em três alfabetos japoneses — kanji, hiragana e katakana —, partindo da direita para a esquerda, em colunas. Earl insistiu para que Van aproveitasse a oportunidade única que viver no exterior lhe proporcionava. Gertrude alimentava seu lado artístico, ensinando-o a tocar piano e órgão e a desenhar — mais para se manter ocupada do que por carinho pelo menino. Ela não lhe dava beijos na bochecha ou abraços afetuosos. Não sentia compaixão quando Van se machucava. — Sacode a poeira. Você é homem. Precisa ser forte — dizia Earl. Com certa perversidade, Gertrude decorava as roupas de Van com golas rendadas e babados, fazendo o máximo para transformá-lo num "maricas de primeira".

Van tentava ser forte. Tentava agradar ao pai, mas a filosofia de Earl que dizia que "poupar a vara é mimar a criança" resultava em chibatadas até por pequenas infrações. Quando Van chorava, a vara se tornava mais feroz.

Van descobriu logo cedo que aprender era algo primordial para seu bem-estar, então estudava para evitar encrenca. Ele aprendia. E deixava seu pai orgulhoso.

Earl tinha expectativas igualmente altas em relação à Gertrude, mas ela precisava de atenção constante e lutava contra os laços restritivos do casamento. Meu avô tinha suspeitas sobre suas atividades quando ele não estava por perto e vez ou outra as declarava, mas Gertrude sempre garantia que ele estava sendo bobo. Querendo acreditar no melhor, Earl permitia que ela o reconfortasse. Poucos homens podiam resistir ao charme de Gertrude, e seu marido não era exceção.

Diante dos flertes da mulher e da instabilidade na região, meu avô resolveu que era quase hora de mandar Gertrude e Van de volta para casa. O Japão tinha estabelecido uma aliança com a Itália e a Alemanha, e Earl concluiu que aquilo não era um bom presságio para uma solução pacífica acerca das tensões que vinham crescendo pelo mundo. Minha avó não via a hora de ir embora. Ela não almejara o estilo de vida rígido que tinha de suportar como mulher de um missionário no Japão. Por cinco anos, ela e Earl viveram em Aoyama Gakuin, uma universidade fundada em 1874 pela Igreja Episcopal Metodista. Sua vida podia ter sido mais suportável, mas ela era uma artista e música de espírito livre, e Earl e seus ideais cristãos eram rígidos demais para sua alma criativa. Gertrude gostava de se divertir. Earl tinha responsabilidades e as levava a sério — isto é, salvar as almas pagãs do fogo do inferno.

Em 28 de outubro de 1940, Earl se despediu da mulher e do filho numa doca de Kobe. Os dois embarcaram no transatlântico *Tatuta Maru*, com destino aos Estados Unidos. Em janeiro de 1941, eles estariam de volta ao Japão. O retorno fora induzido pela família de Earl, que não hesitou em lhe informar que devia acompanhar sua mulher mais de perto.

3

Em 7 de dezembro de 1941, a Marinha Imperial Japonesa bombardeou Pearl Harbor. Dois mil quatrocentos e dois americanos perderam a vida no ataque e mais de mil e duzentos ficaram feridos. Os Estados Unidos responderam no dia seguinte com uma declaração de guerra. Meu avô mandou meu pai e minha avó para casa no primeiro navio a deixar o

Japão. Gertrude e Van esperaram ansiosamente pelo retorno de Earl a São Francisco e ficaram aliviados quando ele finalmente chegou algumas semanas depois.

Earl não pensou duas vezes nos seis anos que passara no Japão. Seu país fora atacado de surpresa pelos japoneses e ele queria dar o troco por tal traição. — Decidi entrar para a Escola de Capelães do Exército Americano — disse a Gertrude. — Você e Van podem voltar para a Carolina do Sul e ficar com Estelle até eu terminar. Vou me juntar ao exército.

Gertrude apelou para que Earl permitisse que ela e Van continuassem na Califórnia, mas ele recusou. — Não. A gente não sabe o que vai acontecer. Eles podem atacar outra vez. Quero que vocês fiquem com a minha família, onde estarão em segurança.

No dia seguinte, os três alugaram um carro e partiram da Califórnia rumo à casa de Estelle, em Conway, Carolina do Sul. Earl manteve uma conversa contínua com Van, que adorou a atenção, enquanto Gertrude ficou de cara amarrada durante todo o trajeto de uma ponta a outra do país. Seu humor piorou alguns dias depois, quando pararam diante da entrada da casa de Estelle e ela viu Bits e Aileen brincando do lado de fora. Ali ela se deu conta de que teria de ajudar a tomar conta delas.

— Não vou tomar conta dessas pirralhas — informou ao marido.

— Fique calma, Gertrude — disse Earl. — Estelle não pode continuar cuidando das três crianças sozinha. Ela foi muito gentil ao aceitar Louise quando fomos embora. Somos cristãos. Essas meninas são da nossa família. Temos de agir como cristãos e ajudá-la.

— Que se danem os cristãos! — gritou Gertrude, marchando para dentro de casa e batendo a porta atrás de si.

Depois de tirar as malas do carro, Earl abraçou a irmã.

— Não dê bola para Gertrude — falou. — Ela vai ficar bem.

Estelle não estava assim tão certa. Amava o irmão e queria ajudar, mas sabia muito bem que Gertrude era mimada e petulante. Louise se queixara muitas vezes que Gertrude a tratava mal quando moravam juntas.

Com sua família acomodada, Earl enviou sua requisição à Corporação e aguardou ansiosamente pela carta de admissão. Enquanto esperava, Earl foi conhecendo seus novos paroquianos, muitos dos quais não hesitavam em visitá-lo em busca de orientação e de orações ao verem seus filhos partindo para a guerra com orgulho e medo.

Earl logo recebeu sua carta de admissão e partiu para Williamsburg, na Virgínia, onde acabaria recebendo seu diploma da Escola de Capelães do Exército Americano. Ele então entrou para a Marinha como capelão, determinado a oferecer orientação espiritual e aconselhamento aos jovens soldados que colocavam suas vidas em risco pela América. Não demorou para que subisse de cargo, assumindo a posição de tenente, e ser alocado no *USS Altamaha*, um porta-aviões de escolta sob o comando do almirante "Bull" Halsey. Sua função primordial era oferecer conforto e inspiração por meio de mensagens de esperança e redenção.

Quando não estava pregando, Earl trabalhava como oficial da inteligência, incumbido de rastrear e decifrar as mensagens codificadas do inimigo. Como sabia ler e escrever em japonês e alemão, Earl se tornou um trunfo em sua unidade. Durante a Segunda Guerra Mundial, o Exército e a Marinha dos Estados Unidos utilizaram uma complexa máquina de cifras chamada SIGABA para escrever os códigos americanos. Essa máquina mostrou ser de grande valor, pois os códigos SIGABA eram indecifráveis, ao passo que os dos japoneses, chamados PURPLE, e dos alemães, escritos com uma máquina chamada Enigma, podiam facilmente ser descobertos pelos americanos. Os militares dos Estados Unidos tinham outra vantagem quando transmitiam mensagens que não deviam chegar aos olhos inimigos: índios americanos que falavam em código, incluindo indígenas das tribos Navajo, Cherokee, Choctaw e Comanche, entre outras, que usavam a misteriosa linguagem de seus antepassados para criar códigos intrincados. Havia tantos dialetos dentre aquelas línguas que ninguém nas forças do Eixo conseguia decifrar os códigos.

Earl adorava servir seu país. Já em casa, irritada por seu marido tê-la deixado com a cunhada e as meninas, Gertrude se mostrava furiosa. Assim como aconteceu com Louise alguns anos antes, Aileen e Bits logo aprenderam a não ficar em seu caminho. Van fez o mesmo. Ele se escondia em seu quartinho nos fundos da casa, torcendo para que o pai voltasse logo. Não gostava das primas. Elas riam de seus livros e de suas músicas.

Minha avó, louca para se divertir, começou a elaborar uma desculpa ou outra para se afastar de casa durante as tardes. Estelle não caía na conversa ao ver os cabelos de Gertrude presos com um laço e os belos vestidos que ela usava. A notícia de que sua mulher estava fornicando com outros homens da congregação logo chegou aos ouvidos de Earl, mas ele tinha um serviço a cumprir em nome de Deus. Cuidaria dela assim que encerrasse sua obrigação com os militares.

Alguns meses depois, Earl voltou para a Carolina do Sul para dar um jeito em sua esposa errante.

—Veja bem, Gertrude — berrou Earl, colocando a Bíblia diante dela —, bem aqui no Livro de Hebreus, capítulo treze, versículo quarto, diz: "Que o casamento seja honrado por todos e que a cama matrimonial permaneça imaculada, pois Deus há de julgar os sexualmente imorais e os adúlteros." Queres ser julgada como adúltera?

Gertrude balançou a cabeça com lágrimas nos olhos. — Não sei o que me dá — choramingou.

Earl também não sabia.

— Pelo amor de Deus, eu sou um pastor. Minha esposa deveria ser um bastião da comunidade.

Ele implorava e apelava para que a mulher lhe fosse fiel. Quando isso não adiantava, ele gritava com ela. Mas nada do que fazia importava. Gertrude ansiava por mais atenção que seu marido poderia lhe oferecer.

As coisas ficaram tão ruins que Gertrude chorava quando Earl chegava pela entrada de carros. Era uma estranha dicotomia. Aos domingos, ele subia ao púlpito para pregar a palavra do Senhor enquanto Gertrude sentava ao piano, tocando hinos esplendorosamente, sorrindo ao louvar Deus. Pareciam uma família feliz, mas ninguém se deixava enganar. Earl não precisava perguntar quais dos homens sentados nos bancos da igreja tinham dormido com sua mulher. Ele sabia. Dava para dizer pelo modo como evitavam seus olhos quando se voltava para eles e falava sobre pecar. Ele fez o máximo para perdoar Gertrude por suas transgressões, mas ela continuava a desrespeitá-lo.

Para afastar os problemas da mente, Earl concentrou sua atenção em meu pai. Na época, a maioria das crianças não tinha uma televisão para ocupar seu tempo. Então ficavam do lado de fora jogando bola ou dentro de casa brincando com jogos de tabuleiro, jogos de palavras, jogo da velha ou damas. Quando meu avô estava em casa de licença da Marinha, começou a ensinar

Van como escrever e descobrir códigos simples usando números, símbolos japoneses e inscrições em inglês e alemão. Van era um ótimo aluno e geralmente decifrava as mensagens codificadas de seu pai com rapidez. Earl ficou impressionado e se empenhou para fazer cada novo código ainda mais difícil que o anterior. Em pouco tempo, Van passou a criar seus próprios códigos e a pedir para que seu pai os decifrasse. Van assistia do canto enquanto Earl estudava as letras, números e símbolos. O que começara como um jogo de aprendizado se tornou uma competição entre pai e filho, que tentavam constantemente ser um mais esperto que o outro. Van adorava o desafio e a atenção que recebia do pai durante esse passatempo.

Earl não podia saber que um dia Van usaria aquele jogo para executar o trabalho do diabo e atrair atenção numa escala muito maior.

4

Depois que a guerra acabou, sem poder suportar mais tamanha humilhação, Earl se mudou com Gertrude e Van para São Francisco, esperando que a mulher se sentisse mais feliz ali e se endireitasse. Mas São Francisco oferecia a Gertrude uma legião de novos homens com quem flertar e Earl, sabendo bem que o divórcio era inaceitável na religião metodista, fez o impensável: pediu o divórcio à mulher.

— Quero que você preencha os papéis, pois não quero que meu filho cresça achando que o abandonei. Vou deixá-lo com você, porém — disse Earl. — Um filho precisa da mãe. Você pode mandá-lo para mim nos meses de verão.

Por mais infeliz que estivesse, Gertrude não apreciava a ideia de se tornar uma mulher divorciada. Ela gostava de desfrutar o melhor dos dois mundos: ter todos os homens que quisesse e a segurança e o respeito que o posto de mulher de pastor lhe concedia.

— Eu vou melhorar. Prometo — choramingou, como fizera tantas vezes antes. — Por favor, Earl, pense na humilhação — disse ela, abraçando-a.

— Eu *estou* pensando na humilhação — rebateu Earl, afastando os braços dela. — Eu tentei perdoar. Eu tentei esquecer. Mas continua acontecendo. Que Deus me perdoe, mas não posso viver assim.

Quando meu avô se recusou a ceder, minha avó pediu o divórcio.

Van implorou ao pai que o levasse com ele, mas Earl insistiu que seria melhor que morasse com a mãe. — Você vai ficar bem — disse ele ao filho.

Van sabia que não ficaria bem. Assim como Earl, e seu coração estava apertado quando embarcou no trem que o levaria de volta à Carolina do Sul, a mais de três mil e duzentos quilômetros de seu filho de nove anos.

Gertrude e Van se mudaram para o número 514 da Noe Street, situada numa ladeira íngreme no coração do distrito de Castro. A casa vitoriana da virada do século, com seus dois andares, era dividida em dois apartamentos: um em cima e outro embaixo. Gertrude e Van ocupavam o piso inferior. A casa fora uma das poucas que se salvara durante o terremoto de 1906. A Noe Street, diferentemente de muitas ruas de São Francisco construídas sobre dunas de areia, tinha uma fundação sólida de rochas, o que poupou as casas da destruição.

O quarto de Van logo se tornou seu refúgio e sua prisão. Ele o preencheu com seus adorados livros e, quando não estava na escola, escondia-se ali enquanto sua mãe dava aulas de piano para as crianças da vizinhança. Ele podia ouvir o som das crianças rindo na sala de estar ao lado e sua mãe rindo com elas ao tocarem as teclas do piano.

Gertrude fazia o que tinha de fazer por Van — ela se certificava de que ele estava comendo e frequentando o colégio. Fora isso, ignorava o menino. Ela abraçou de vez a liberdade recém-encontrada e logo um bando de homens passou a visitar sua casa com frequência.

Às vezes, Van podia ouvir a cabeceira da cama batendo e os gemidos e suspiros que penetravam pelas paredes. Ele deixava o som da sua música — das flautas, violinos e clarinetes — girar ao seu redor e aumentava o volume do fonógrafo para abafar as batidas. Enquanto ouvia *O Mikado*, a estória de luxúria e traição capturada na ópera imitava sua própria vida, e ele a ouvia uma vez após a outra, memorizando cada palavra.

Em outras ocasiões ele ocupava o tempo criando códigos, desejando que o pai estivesse com ele tentando decifrar o significado. Van sentia falta do pai. Por mais que fosse rígido, meu avô lhe dera atenção, desafiara-o e fizera com que se sentisse importante. Em São Francisco, Van sentia como se fosse apenas um estorvo, invisível.

Um ninguém.

Earl se arrependeria pelo resto da vida por permitir que o único filho vivesse com sua ex-mulher, mas na época acreditava que uma criança ficaria melhor se fosse criada pela mãe.

5

No dia em que o divórcio de Gertrude se consolidou, Earl se casou com Eleanor "Ellie" Bycraft Auble, uma viúva doze anos mais jovem. Conhecera Ellie dois anos antes, quando recebeu a incumbência de informar-lhe que seu marido, George Coleman Auble, tinha morrido numa explosão enquanto carregava bombas de profundidade no *USS Serpens* em 10 de março de 1943. Ellie apreciara o conforto que lhe foi dado pelo capelão e, quando Earl voltou de São Francisco, aquelas duas almas em busca de consolo num mundo injusto atraíram uma à outra de imediato. Nenhum dos dois merecera tal sina, mas juntos suas feridas podiam ser curadas. Earl se apaixonou pelos modos distintos e pela firmeza de Ellie. Ali estava uma mulher que lhe seria fiel, uma mulher que serviria como modelo para Van.

Após o matrimônio, o casal se mudou para Indianápolis, de modo que meu avô pudesse lecionar sobre inteligência militar e negócios na Escola de Finanças do Exército Americano no Forte Benjamin Harrison. Ele fora excomungado da Igreja Metodista por causa do divórcio, mas logo foi acolhido pelo sacerdócio dos Discípulos de Cristo em Indianápolis.

No ano seguinte, Earl fez Van voar de São Francisco a Chicago para as férias de verão. Quando desembarcou do avião, Van correu para os braços de Earl, animado por vê-lo depois de tanto tempo.

— Van, essa é Ellie, sua nova mãe — disse Earl, arrancando os braços do menino de seu pescoço. — Ela agora é minha esposa e você deve obedecê-la e respeitá-la como a mim.

Van se virou lentamente e olhou para a bela jovem ao lado de seu pai. O sorriso que surgira em seu rosto quando avistou Earl se transformou numa carranca tremulante.

Ellie estendeu a mão.

Van hesitou, mas acabou apertando sua mão quando Earl o empurrou para a frente.

— Olá, Van. É um grande prazer te conhecer. Seu pai falou muito sobre você.

Van não respondeu.

— Está pronto para ir à praia? — perguntou ela.

Van acenou com a cabeça e se virou para acompanhá-los na direção do carro que os aguardava. Todo ano, os Bests se reuniam na casa de praia da família no número 302 da Ocean Boulevard, em Myrtle Beach, Carolina do Sul, para as férias de verão. Van tinha esperado por meses pela viagem e agora aquela mulher havia arruinado tudo. O menino se jogou no banco de trás e ficou olhando pela janela, lançando um olhar ou outro na direção da mulher que conquistara a atenção de seu pai.

— Está gostando de São Francisco? — quis saber Ellie.

— Não — respondeu Van.

— Preste atenção, rapazinho — alertou Earl.

— Foi ela que perguntou. Eu não gosto de lá.

— Por que não? — insistiu Ellie.

— Minha mãe tem muitos namorados — disse Van, esperando que o choque de suas palavras fizesse com que o deixasse em paz.

Funcionou.

Ellie desistiu e passou as quatorze horas seguintes da viagem ignorando Van, que falava com o pai em japonês para que Ellie não entendesse. Quando Earl insistiu para que ele falasse em inglês, Van fechou o bico.

Quando enfim chegaram à casa de praia, a animosidade que meu pai sentia pela nova madrasta atingira seu auge. Agarrando sua mala, ele subiu os degraus até a porta batendo o pé e ignorou Louise, Aileen e Bits quando elas disseram olá. Correu para o quarto onde normalmente ficava, bateu a porta, jogou-se na cama e começou a chorar. Ainda estava chorando quando Earl entrou.

— Eu esperava que você tivesse amadurecido um pouco e aprendido a se comportar de maneira correta, mas aparentemente sua mãe não vem te disciplinando — disse Earl, tirando o cinto. — Você vai tratar minha esposa com respeito. Agora vire-se — acrescentou severamente.

Aileen e Bits ouviam e riam do corredor. — Ele acabou de chegar. O que você acha que aprontou? — perguntou Bits.

— Não sei, mas deve ter sido sério. O Tio Earl parece bem bravo — respondeu Aileen.

Na manhã seguinte, Aileen o esperava no corredor. — Como está o traseiro? — perguntou, rindo. Van lhe deu um soco no braço. Com força.

Não demorou até que as primas de Van recomeçassem de onde haviam parado quando ele se mudou. No café da manhã, as garotas começaram a caçoar dele por ler à mesa. Quando Aileen acidentalmente derrubou leite em seu livro, Van se desesperou.

— Não chore pelo leite derramado — zombaram as primas.

— Vocês não sabem de nada. Essa era uma primeira edição — choramingou Van, agarrando o livro e correndo para a cozinha para enxugar cada página cuidadosamente.

As garotas passaram o verão o provocando sem piedade. Certa tarde, quando Van estava sentado sozinho no corrimão da varanda do segundo andar, lendo, Ellie pediu que ele fosse ao carro buscar seus óculos de sol. Compenetrado no livro, Van se assustou e caiu da grade, desabando de cabeça em frente à família inteira. Ellie soltou um grito quando Van bateu na areia, fazendo um barulho seco. Por um instante, todos acharam que tivesse morrido. Constrangido, meu pai continuou ali deitado e atordoado por um tempo até se levantar, sacudir a areia da roupa e desaparecer num quarto dos fundos da casa para chorar. Sabia que aquilo daria mais munição para as primas. Ele era diferente e não se encaixava. E não se importava tanto a ponto de tentar mudar. Preferia remexer num velho baú que encontrara no sótão, examinando os papéis amarrotados e os vestidos de batismo amarelados que alguém enfiara ali anos antes, a participar de brincadeiras idiotas. Ele não queria correr na praia com as primas ou nadar em Withers Swash. Queria que o deixassem em paz com seus livros, sua válvula de escape da família.

Sua prima Mildred já havia escapado.

Ela desgraçara a família Best no ano anterior ao dar à luz uma menina chamada Joyce fora do casamento. Sem perder tempo, Mildred partiu para Hollywood com um aspirante a ator cubano, deixando a filha aos cuidados da tia, Estelle. Joyce cresceria acreditando que as suas tias — Bits, Louise e Aileen — eram suas irmãs, e sua tia-avó, Estelle, era sua mãe.

O verão foi passando e Van começou a sentir saudade de São Francisco. Seu quarto escuro e solitário era mais suportável que aquilo ali.

Earl percebeu desde o princípio que seria inútil tentar forçar um relacionamento entre Van e Ellie. Van não fazia a menor questão de esconder seu ódio pela madrasta e tentava constantemente fazer com que Earl visse que ela era má com ele, na esperança de que o pai a mandasse embora.

No caminho de volta da praia, as coisas finalmente degringolaram. Ellie estava falando com Earl, e Van a interrompeu, sorrindo, pois sabia que aquilo a deixaria irritada.

— Van, alguém o convidou para a conversa? — disse Ellie.

— Eu não precisava de convite para falar antes de você aparecer — respondeu Van, marotamente.

Earl pisou fundo no freio e parou no acostamento da pista. Ele pegou Van, arrancou-o do carro e bateu nele diante das primas e de todos que passavam por ali. Humilhado, Van se afundou no canto do banco de trás, ignorando as risadas das primas e lançando olhares fulminantes para a parte de trás da cabeça de Ellie. Ficou aflito com a ideia de passar as semanas seguintes com a madrasta e as primas, que por decisão de Earl passariam o restante das férias de verão em Indiana.

De volta à estrada, meu avô foi parando em todos os estados pelo caminho — Carolina do Norte, Tennessee, Kentucky, Indiana — deixando que as crianças guiassem por alguns metros, só para poderem contar aos amigos que tinham dirigido em diferentes estados. Van queria se recusar a participar, mas o olhar no rosto de Earl quando chegou sua vez o convenceu do contrário. Foi guiando devagar, sentado no banco do motorista ao lado de Ellie, com os nós dos dedos empalidecidos sobre o volante.

Do banco de trás, Bits observava Van e quase sentia pena dele. Quase.

6

Depois daquele verão lastimável com Ellie, Van quase ficou feliz ao rever a mãe quando voltou a São Francisco. Ele correu para o quarto que abrigava seus bens mais preciosos, sentindo-se leve pela primeira vez em meses. Ali ele estava a salvo do mundo lá fora, a salvo das provocações das outras crianças. Sua sensação de felicidade foi efêmera, no entanto.

Gertrude havia encontrado um novo namorado enquanto Van estivera fora. Num espaço de meses, ela se casou com John Harlan Plummer, um homem que tinha pouca paciência com Van e demonstrava ciúme de qualquer atenção que Gertrude dedicasse ao filho. Meu pai logo aprendeu a não ficar no caminho de Harlan. As únicas ocasiões em que via a mãe eram na mesa de jantar e quando tocava piano. Ela surgia na sala de estar às vezes quando o ouvia tocar, sentava ao seu lado e lhe dava instruções. Era nesses momentos que Van sentia um laço com a mãe, mas então Harlan a chamava e ela desaparecia. Novamente sozinho, Van descarregava sua mágoa nas teclas do piano.

Foi então que conheceu William Vsevolod Lohmus von Bellingshausen e tudo mudou.

O medo percorreu o corpo de Van na primeira vez que atravessou as portas duplas da Lowell High School. Ele observou as belas meninas rindo e brincando com rapazes que pareciam despreocupados com a enormidade da escola média, sabendo que não demoraria muito até que descobrissem os segredos que ele guardava, com sussurros que ecoavam pelos corredores entre as lições. *A mãe dele é uma puta. Já viu os óculos que ele usa? Qual o problema dele, afinal? Ele se acha tão esperto.*

— *Guten Tag* — disse Van em alemão quando um garoto sentou ao seu lado na cantina no primeiro dia de aula. Aquela era sua maneira de dizer olá e estabelecer sua superioridade diante de qualquer um que conhecesse.

— *Guten Tag* — respondeu inesperadamente o menino. — *Wie heißt du?*

— Meu nome é Van. Você fala alemão? — perguntou Van, surpreso com aquele garoto de aparência normal que lhe pegara no contrapé.

— Me chamo Vsevolod von Bellingshausen. Sou alemão. E chinês. Meio a meio. Mas aqui nos Estados Unidos atendo por William Lohmus.

Torna as coisas mais fáceis — disse o garoto a Van, rindo do olhar estampado em seu rosto.

William e meu pai rapidamente se tornaram amigos e logo começaram a planejar suas aulas juntos. Na aula da Corporação de Treinamento para Oficiais da Reserva, fizeram amizade com Bill Bixby, que mais tarde ganharia fama por seu trabalho nas séries de televisão *Papai precisa casar* e *O incrível Hulk*. Os três participavam de treinamentos três vezes por semana e às segundas e sextas estudavam história, estratégia e teoria militar. Nas manobras de verão, faziam parte da Companhia C e assumiam o papel do inimigo, escondendo-se em arbustos até que a única sentinela passasse para então correrem feito um raio e conquistarem a bandeira e a vitória. Van ocasionalmente telefonava para Earl para conversar sobre o que estava aprendendo, confiante de que sua aquisição de conhecimento militar impressionaria o pai.

Depois das aulas, Van trabalhava como voluntário no Museu de Young, no Parque Golden Gate. No salão de Armamentos Antigos, apurou suas habilidades ao limpar, cuidar e preservar armas medievais. Foi naquele museu cheio de relíquias que se tornou fascinado por armas e pela arte de matar.

William e Bill perceberam que Van era diferente, mas também que era muito inteligente, e os dois gostavam de ouvi-lo discorrer sobre um assunto ou outro. Ele sabia um pouco sobre quase tudo. Ficaram impressionados também com seu talento musical.

— Onde aprendeu a tocar assim? — perguntou William certa tarde quando Van estava se exibindo no piano da sala de estar.

— Minha mãe me ensinou — respondeu Van. — Também ouço bastante música clássica e ópera. Vou mostrar para vocês.

Van apresentou a William a *Tosca*, de Giacomo Puccini, outra história de luxúria e morte da qual Van gostava em particular. — Puccini adaptou "Miya Sama, Miya Sama" do Segundo Ato de *O Mikado*, de autoria de Gilbert e Sullivan, explicou Van. Em pouco tempo William se tornou fã e os dois garotos passavam as noites recitando as palavras de *O Mikado* um para o outro, até que William passou a conhecê-la tão bem quanto Van.

Na escola, eles falavam durante a maior parte do tempo em alemão, irritando e excluindo os demais alunos. Mas Van então se juntou à União da

Língua Inglesa, uma organização que tinha por fim preservar a linguagem e a cultura da pátria mãe, e começou a cultivar um verdadeiro sotaque inglês e a chamar a todos pelo sobrenome, o que irritava seus colegas da mesma maneira.

— Você sabe, Bellingshausen, as raízes da minha família provêm da Inglaterra e da realeza — vangloriava-se Van. — Meu pai me disse que sou um parente distante da rainha Elizabeth.

William não sabia se podia acreditar nele, mas deixou que contasse a história, pois as coisas eram sempre dúbias com Van. Quando ouvia o sotaque forçado do amigo, como se estivesse em meio a um diálogo entre Sherlock Holmes e Dr. Watson, William apenas sorria. Deixou que Van continuasse com aquilo também.

Mas quando Van mudava o assunto para uma caixa de escravo asiática, um cubo de dez centímetros feito de lenha escura que William certa vez lhe mostrara, William ficava um pouco nervoso. Van acreditava que algumas culturas guardavam as almas de seus escravos para a vida após a morte em caixas como aquela e ficou fascinado com a ideia de matar alguém para guardar em sua caixa. Às vezes, quando desciam juntos pelos corredores entre uma aula e outra, Van apontava para uma bela garota. — Aquela ali seria perfeita, não acha? — dizia, abrindo um sorriso.

William sabia o que Van queria dizer e às vezes temia que ele não estivesse brincando.

7

Depois de se formar em 1953, William partiu de São Francisco para passar alguns meses no México, velejando num iole de sessenta e oito pés. Van tinha outros planos. Fez amizade com Alexander Victor Edward Paulet Montagu, membro do Parlamento Britânico, num encontro da União da Língua Inglesa. Montagu, popularmente conhecido como visconde de Hinchingbrooke, ficara impressionado com o conhecimento de Van sobre a Inglaterra e se divertia com seu jeito britânico correto e severo. Ele passou a gostar de Van e convidou o jovem amigo americano para passar um tempo na casa de seu pai na Inglaterra, a Casa de Hinchingbrooke, com a promessa de um encontro com a rainha. Animado com aquela perspectiva, Van convenceu meu avô a lhe comprar uma passagem para a Inglaterra como presente de formatura.

Em 4 de maio de 1953, o *RMS Ascania* adentrou com segurança no porto de Liverpool, na Inglaterra, e Van desembarcou para dar início a sua aventura.

O visconde mandara um carro para levar Van até a propriedade da família, bem na saída de Huntingdon, Cambridgeshire, três horas a sudeste de Liverpool. Embora Victor tivesse uma residência em Londres, ele fizera os preparativos para que Van tivesse o prazer de experimentar a vida no campo em alto nível. A enorme residência fora construída originalmente para ser uma igreja, por volta do ano de 1100. Depois funcionou como convento de freiras antes de se tornar propriedade de Richard Williams (também conhecido como Richard Cromwell) em 1536. Cromwell e os filhos acrescentaram diversos cômodos, uma imponente entrada medieval e a Grande Janela Curvada, que deu à Casa de Hinchingbrooke sua personalidade distinta. As dívidas forçaram os Cromwell a vender seus estimados bens à família Montagu em 1627. Os Montagus continuaram com as melhorias e, quando se tornou propriedade do conde de Sandwich, John Montagu, a Casa de Hinchingbrooke passou a se tornar famosa por suas festas suntuosas, oferecidas pelo conde e sua amante, enquanto a esposa passava a vida enfurnada num sanatório.

Quando entraram no terreno da mansão, Van reparou no brasão da família. As palavras *Post tot naufragia portum* (um refúgio após tantos naufrágios) serviam como lema para a família.

Dentro da majestosa residência, meu pai reparou no forte odor do mofo que havia se infiltrado por séculos em cada fenda e rachadura da construção. Pinturas imensas que cobriam as paredes, mobílias requintadas, candelabros perfumados — nada conseguiu ofuscar aquela primeira impressão. Van fungou e cobriu o nariz.

— Meu amigo americano — disse Victor Montagu emergindo de um corredor sombrio para recepcionar Van. — Como foi a viagem?

— Boa, sir Montagu — respondeu Van, erguendo o olhar para o homem que se aproximava dele.

Aos quarenta e seis anos, o visconde era uma figura admirável — alto, esbelto e de ombros largos. — Bem-vindo à residência da minha família — falou, instruindo o criado a levar Van a seus aposentos.

Nas semanas seguintes, Van recebeu uma aula completa sobre a história e a política inglesa enquanto ele e o visconde alternavam os dias entre Hinchingbrooke e Londres. Victor Montagu se envolvera bastante com o mundo da política quando jovem e trazia consigo uma riqueza de conhecimento, a qual transferia ao seu convidado. Trabalhara como secretário particular de Stanley Baldwin, respeitado presidente do conselho, e escrevera vários livros quando Van o conheceu. Tinha também servido na Segunda Guerra Mundial antes de ser eleito ao Parlamento. Van absorvia cada palavra dita pelo visconde, guardando todas as novas informações na memória, que depois seriam compartilhadas com William, especialmente o fato de que a rainha Elizabeth e o rei Jaime I tinham dormido debaixo daquele teto.

Mas Van teve dificuldade para dormir sob aquele teto. Toda noite ele ouvia atentamente o som de velhas tábuas chiando e rangendo, como se algo ou alguém estivesse caminhando pelos corredores. Os ruídos ficavam cada vez mais próximos e mais altos, fazendo Van se encolher debaixo da coberta no canto do quarto. Vigiando.

Esperando.

Por horas.

E então amanhecia e o sol lançava sua luz tranquilizadora pelo cômodo. Só aí que Van conseguia fechar os olhos e dormia até que o café fosse servido, quando costumava comer apenas uma ou duas fatias de bacon com chá.

— Não está com fome? — perguntou Victor, devorando linguiças, feijão assado, bacon, ovos e pão frito.

— Minha mãe quase nunca prepara café, por isso não estou acostumado a comer muito de manhã.

— Americanos — disse Victor, sorrindo. — Não sabe o que está perdendo. Bom, pelo menos o chá vai lhe dar energia.

Van acenou com a cabeça. Ele gostava do chá inglês, quando não porque fazia parte da cultura que tentava desesperadamente adotar.

— Tenho algo especial para você — anunciou Victor. — Vamos a Londres para a coroação da rainha.

Van ficou extasiado. A família Montagu, por meio de suas conexões com a realeza, alimentava seu apetite pela anglofilia e o estimulava a adotar o jeito de falar, andar e se vestir de seus anfitriões de sangue azul. E assim, em 2 de junho de 1953, meu pai se encontrava em Trafalgar Square entre as hordas de aduladores que tinham se amontoado para assistir a Elizabeth II passar numa magnífica carruagem que a levaria à Abadia de Westminster, onde, no palco da coroação, recebeu a coroa na mesma poltrona em que foram coroados os reis desde Eduardo, em 1274. Para Van, aquela foi uma emoção inesquecível, ainda que mais tarde viesse a expressar seu descontentamento a William por ter ficado do lado de fora, junto aos plebeus, em vez de se sentar junto à família do visconde. Afinal de contas, insistiu, ele fazia parte dela.

Voltando à Casa de Hinchingbrooke no mês seguinte, Montagu retomou a tutela de seu amigo americano.

— Tenho de organizar umas cartas e documentos antigos que meu pai guardou. Quer ajudar?

— Sim, senhor — disse Van. — Eu adoraria.

Van seguiu o visconde rumo a um escritório mobiliado com mesas pesadas de madeira e estantes que cobriam as paredes. Examinou os livros com grande reverência, instigado pelas capas de couro e o papel-manteiga no interior.

— Pode tocar neles — disse Victor, notando a expressão de Van.

Van tirou um livro da estante. Abriu-o com cuidado, passando os dedos pela textura das páginas. Prestou atenção em tudo: na impressão, na encadernação e no amarelecimento. Victor deixou Van folhear o exemplar enquanto colocava pilhas de cartas sobre uma mesa e começava a examiná-las. — Veja só isso — disse ele.

Van foi até ele e pegou a carta que Victor lhe entregou. Fora escrita pelo capitão James Cook e endereçada a John Montagu.

— John foi o quarto conde de Sandwich. Como sabe, o sanduíche ganhou seu nome por causa dele — disse Victor, soltando uma risada. — Era um sujeito execrável, mas foi o financiamento às explorações do capitão Cook que lhe rendeu sua fama. Sabia que existem ilhas batizadas com o nome dessa casa e de John Montagu na costa australiana?

Van fez que sim com a cabeça. Tinha lido tudo o que podia sobre a família antes de sua chegada.

— Ele era mesmo membro do Clube do Inferno? — Van tomou a liberdade de perguntar, levando a conversa ao assunto que mais queria debater. Descobrira aquela informação em suas leituras.

Percebendo o interesse de Van e deleitado pelo fascínio de seu público, Victor levantou-se e fechou a porta. Ele e Van conversaram por horas, falando sobre a história do clube e os rumores que circulavam sobre seus membros. — Ninguém sabe o que de fato é verdade e o que não é — disse Victor.

Nos dois meses seguintes, Van aprendeu tudo o que podia sobre o clube e cada vez mais se animava com a perspectiva de compartilhar seu conhecimento recém-adquirido com William quando voltasse para casa. Ele interrogava o visconde impiedosamente, guardando cada detalhe para ser saboreado mais tarde. Entretido, Montagu alimentava as fantasias de Van, inspirando involuntariamente um maior interesse de seu jovem amigo pelo oculto. O clube supostamente era formado por cavalheiros ingleses do século XVIII, que sacrificavam animais e às vezes ninfas em homenagem a Vênus e Baco. Van adorava os rumores que falavam de orgias, devassidão e sacrifícios feitos por nobres como sir Francis Dashwood e o quarto conde de Sandwich. O lema do clube, *Fais ce que tu voudras* ("Faça o que quiser"), significava que não havia limites. Tudo o que Van ouvia era a antítese dos ensinamentos do pai e ele sabia que Earl não ficaria muito contente se soubesse como o filho vinha empregando seu tempo na Inglaterra.

Os dias foram se passando rapidamente e Van detestava a ideia de voltar aos Estados Unidos.

Foi então que certa noite, deitado em sua cama sem conseguir pegar no sono mais uma vez, Van ouviu murmúrios ancestrais ecoando pelo quarto. O frio do ar úmido que invadia a casa e o medo dos espíritos que na sua cabeça certamente o espreitavam de perto fizeram com que ele se enrolasse na coberta. Quando ouviu o ruído ameaçador das tábuas rangendo no corredor, ficou ainda mais tenso. Dessa vez parecia mais alto, mais claro. Ele pulou da cama e correu para o canto do quarto. Usando a coberta como escudo, jogou-se no chão torcendo para que o barulho parasse.

O que aconteceu. Bem diante da sua porta.

Van ficou olhando aterrorizado quando a porta se abriu lentamente. Um brilho laranja misterioso vindo do lampião na parede do corredor se espalhou pelo quarto, iluminando um vulto sombrio.

Na manhã seguinte, ele resolveu abruptamente encurtar a viagem e voltar para casa.

Antes de sua partida, Victor mostrou a Van a coleção de armas antigas de sua família. Ele presenteou Van com uma clava de bronze, na forma da cabeça de um touro. A boca se abria numa careta ameaçadora e Van sentiu um odor acre quando tentou olhar dentro dela. Meu pai educadamente agradeceu ao visconde pelo presente incomum e por convidá-lo para ficar em Hinchingbrooke, mas não via a hora de dar o fora do castelo e de seus segredos obscuros.

No início de setembro, meu pai embarcou no *RMS Franconia*, com destino a Quebec, carregando sentimentos conflitantes — tristeza por deixar para trás o estilo de vida real que tanto o fascinava e alívio por ficar longe dos fantasmas que o assombravam à noite.

Em 1962, com a morte do pai, Victor Montagu vendeu Hinchingbrooke ao Conselho do condado de Huntingdon e Peterborough, acabando com cinco séculos de propriedade familiar privada, e em 1964 renunciou ao cargo de décimo conde de Sandwich depois de apenas dois anos. Nos anos seguintes, Victor perderia sua proeminência no governo e ganharia reputação por suas excentricidades.

Já em São Francisco, William percebeu que Van havia mudado. O amigo andava obcecado por espíritos. Van falava sem parar sobre o quarto conde de Sandwich e o Clube do Inferno. — Os encontros eram cheios de adoração ao diabo e rituais satânicos. Ouvi dizer que também sacrificavam escravos. Eu queria fazer parte de um desses encontros só para pegar um escravo.

— Seu pai teria um ataque do coração se ouvisse você falando assim — disse William.

Van abriu um sorriso. — Ia mesmo. E foi ele que pagou pela viagem.

— Recebeu alguma notícia de Montagu desde que voltou?

— Não, e não acho que isso vai acontecer.

— Por que não?

Van mostrou certo desconforto, hesitando antes de abrir a boca. — Ele deu em cima de mim quando eu estava lá — confessou.

— O que ele fez? — perguntou William.

— Não quero falar sobre isso — disse Van.

William não perguntou sobre o incidente outra vez, mas não acreditara completamente no amigo. Van costumava distorcer suas fantasias em realidade.

— O que aconteceu com a sua cabeça? — perguntou William, percebendo subitamente uma grande protuberância na testa de Van.

— Aquela maldita clava — disse Van, mudando o apoio de um pé para o outro, agitado. Tinha mostrado a clava a William antes. Van a pendurara inclinada sobre a cama, apoiada num suporte de metal, com o cabo preso a uma haste improvisada. — Quando eu estava dormindo ontem à noite, senti algo me acertar a cabeça. Doeu como o diabo. Quando sentei, a clava estava na cama. Não foi a primeira vez que isso aconteceu. Estou falando, William, tem algo de sinistro naquela clava. Ela está possuída por espíritos medievais. Eu sei que está. Dê uma olhada e me diga o que acha — insistiu Van, passando a arma do crime ao amigo.

William fez um exame completo da clava e então levou a boca do touro ao nariz, fazendo uma careta ao sentir o odor nauseabundo. — Tem cheiro de sangue seco — falou.

— Preciso me livrar disso. Vai acabar me matando — disse Van, com medo evidente nos olhos. — Quer ela para você?

— Não, obrigado — disse William, decidido.

Van passou os meses seguintes em busca de alguém, qualquer um, que tirasse a clava das suas mãos. Até que finalmente encontrou um colecionador e se livrou do espírito maligno que o atacara à noite.

8

A Guerra da Coreia provocara uma ameaça inquietante nos anos de ensino médio de meu pai. Por mais que William, Van e Bill gostassem de brincar de guerra nas aulas da ROTC, nenhum dos rapazes tinha vontade alguma de viajar para o estrangeiro depois da formatura e participar de um combate de verdade. Decidiram desde o princípio que se matriculariam no City College of San Francisco, uma universidade preparatória de dois anos que não oferecia aulas de ROTC, mas os manteria fora do alistamento caso seus nomes fossem chamados. Para sorte dos garotos, a guerra terminou em 1953. No entanto, eles se matricularam na instituição do mesmo jeito. Van e William optaram por criminologia, enquanto Bill escolheu artes cênicas — ele já tinha em mente que queria se tornar ator e estava decidido a alcançar seu objetivo. William queria virar detetive profissional, enquanto Van simplesmente gostava da ideia de se aprofundar no estudo forense. Seu verdadeiro interesse era por música, mas ele já estava bem à frente do que uma universidade podia lhe ensinar e achava as aulas de música monótonas e repetitivas. Gertrude fez o máximo para que isso acontecesse.

Naquela época, Van era um organista habilidoso e um aficionado por música clássica, especialmente Bach. Às vezes, passava seu tempo livre tocando órgão na Catedral Grace, uma igreja episcopal gótica francesa na California Street. Foram precisos trinta e seis anos para que a catedral fosse construída, mas, uma vez terminada, uma obra-prima da arquitetura passou a receber os pecadores que atravessavam seus portões.

Vitrais retratando Jesus e seus discípulos, Maria e outros personagens bíblicos irradiavam um espectro de luz pelo teto arqueado sobre a cabeça de Van, sentado diante do órgão, a lhe acariciar as teclas. À sua esquerda, um círculo com uma cruz no meio enfeitava o piso de mármore.

Quando Van tocava, as pessoas que passavam por perto paravam, atraídas para a bela igreja em razão do som mágico ecoando pelo vasto espaço livre. Construído em 1934, o órgão contava com aproximadamente sete mil e quinhentos tubos, todos contribuindo para a sonoridade esplendorosa do instrumento. Até mesmo Van se sentia submisso ao ouvir a música que seus dedos criavam.

Embora tivesse pedido à mãe mais de uma vez, Gertrude se recusava a ir à igreja ouvi-lo tocar. Tampouco permitia que o rapaz tocasse o piano da sala de estar, pois Harlan não queria mais a presença de Van naquela casa. Louco para se livrar do filho de Gertrude, Harlan fazia tudo ao seu alcance para tornar a vida caseira de Van o mais difícil possível.

Precisando de outro refúgio além da igreja, Van descobriu a taverna Lost Weekend no número 1.940 da Taraval Street. O lugar em si não parecia ter nada de especial. Era longo, em forma cilíndrica, com mesas e cadeiras alinhadas à parede da direita. Um bar espelhado cercado de mogno cobria a parede à esquerda. O piso de mosaico com azulejos amarelos e pretos, tão comum nos prédios construídos na São Francisco dos anos 1930, dava ao estabelecimento uma aparência familiar. Mas foi o órgão Wurlitzer saindo do meio do bar que chamou a atenção de Van. Posicionado sobre uma plataforma, os tubos do órgão se alargavam para o alto até a beirada de um círculo de madeira no teto.

— Vocês estão procurando por um organista? — perguntou ele ao barman certa tarde, enquanto apreciava o enorme órgão.

— Já temos um — respondeu o barman. — Um cara chamado LaVey. Você devia aparecer aqui para ouvi-lo nas noites de sexta. O lugar muda de cara, amigo.

Na sexta-feira seguinte, Van e William sentaram-se aos fundos do bar, com um drinque nas mãos, esperando para ouvir o som do Wurlitzer. Os dedos de Van coçavam para tocar as teclas de marfim. Quando o bar começou a lotar, achou que não precisaria esperar muito tempo ainda. Ficou intrigado ao observar que o público se juntava na pista num círculo ao redor do órgão, enquanto mesas e cadeiras permaneciam vazias. Dava para sentir a empolgação que começava a tomar conta do ambiente.

E então ele chegou.

O organista se curvou levemente para a plateia antes de ocupar seu lugar diante do Wurlitzer.

— Sejam bem-vindos. Meu nome é Anton Szandor LaVey — proclamou, com a voz reverberando pelo microfone. — Lembrem-se: "evil" (o *mal*) é "live" (viver) de trás para frente.

Seus asseclas, amontoados na pista, aplaudiam com entusiasmo.

Van ouviu com atenção as primeiras notas que flutuaram pelos tubos. Clássico moderno. Não era o que esperava. LaVey era bom. Mas Van sabia que era melhor.

Passou o primeiro ato em silêncio, ouvindo cada acorde que reverberava nos canos.

Ele esperava conhecer LaVey durante o intervalo, mas isso não aconteceu. Quando a música parou, o organista começou a falar e Van observou que o lugar ficou em absoluto silêncio. Só se ouvia o som da voz de LaVey. O público estava hipnotizado.

Van ficou impressionado. Aquele homem incomum, todo vestido de preto, tinha a plateia na palma da mão e explicava a ela que devia se permitir todos os tipos de prazer.

Van ouviu e assistiu pelo que pareceram ser horas. Ninguém foi embora.

Até que LaVey finalmente se levantou. Os espelhos do bar às suas costas multiplicaram sua imagem quando ele se curvou antes de descer de seu trono.

Van acenou para o barman.

— Você se importa se eu tocar um pouco? — perguntou, passando-lhe uma nota de cinco dólares.

O barman deu de ombros. — Pode ir em frente, mas não pense que vão prestar atenção. Todos vêm por causa dele.

Van esperou o público se dispersar antes de se posicionar na frente do órgão. LaVey, sentado numa mesa junto à parede, estava cercado pelo que sobrara de seus admiradores, todos tentando se aproximar. Ninguém prestou atenção quando Van sentou diante do órgão. O público não se virou quando ele deu início à *Tocata e Fuga em Ré Menor* de Bach.

Mas LaVey, sim.

Van podia sentir os olhos de LaVey voltados para ele, questionando-se. Quando a nota final emudeceu, Van se levantou e voltou para seu banco no bar.

LaVey se levantou, empurrando o público de lado ao caminhar na direção de Van e William.

— Quem é você? — perguntou, olhando para Van.

— Van.

— Onde aprendeu a tocar assim? — indagou LaVey.

Van abriu um sorriso. — Com a minha mãe.

LaVey sorriu e seus olhos escuros se estreitaram sob as sobrancelhas pontiagudas. — Meu nome é Anton LaVey.

— Eu ouvi — respondeu Van.

LaVey deu um cartão a Van. — Venha me visitar uma hora dessas, mas ligue antes.

Van examinou o cartão assim que LaVey foi embora. Ele listava o número 6114 da California Street como endereço.

Algumas semanas depois, Van bateu à porta da discreta casa que ocupava o endereço dado por LaVey. Posteriormente, a casa seria pintada de preto, as janelas passariam a viver fechadas e o interior ganharia tons macabros, mas LaVey ainda não tinha chegado àquele ponto.

A porta abriu e uma moça conduziu Van pelo corredor até uma sala de estar. O olhar de Van foi atraído imediatamente por duas estantes de livros apoiadas em paredes roxas. Ele caminhou na direção delas e parou ao avistar uma placa que ameaçava amputar quem mexesse nos livros. Van achou graça.

Ele entendeu.

Seus olhos esquadrinharam os títulos sobre as estantes.

— Nada mau — falou em voz alta.

— Que bom que você aprova — disse LaVey, entrando na sala.

Van se virou e deu de cara com o organista, novamente vestido de preto.

— Adorei sua apresentação — disse ele.

— Quer tocar comigo uma hora dessas? — ofereceu LaVey.

— Sim — respondeu Van, contente.

Naquela tarde, os dois conversaram sobre música, literatura e até comportamento criminoso, quando LaVey descobriu que Van estudava ciência forense. Na época, a filosofia de LaVey ainda estava em desenvolvimento, mas Van apreciava sua atitude rebelde contra as normas sociais e religiosas. LaVey gostava de saber que o pai de Van era pastor, enquanto Van apreciava descobrir que tudo em torno daquele rapaz carismático era uma antítese da ideologia de seu pai. Um se sentiu atraído pelas ideias e pelo talento do outro. Embora Van jamais tenha feito parte do Círculo Mágico — grupo formado por um núcleo de seguidores de LaVey, muitos dos quais viriam mais tarde a fundar a Igreja de Satã —, ele compreenderia seus ensinamentos melhor do que a maioria e frequentemente se apresentava com LaVey na Lost Weekend. Van contava sobre essas conversas para William, que alertava meu pai para que tivesse cuidado com ideias assim tão heterodoxas.

9

Durante a universidade, Van resolveu se dedicar a um novo interesse. Sua experiência na biblioteca de Hinchingbrooke despertara uma fome por livros antigos e ele foi ao México com o intuito de procurar algo de valor histórico entre os livreiros de lá. As livrarias que visitou, muitas das quais localizadas em mercados ao ar livre na Cidade do México, estavam repletas de documentos pré-coloniais e livros que datavam de séculos. Van folheava suas páginas grossas e amareladas com reverência nos dedos. Selecionou uma série de exemplares que seu dinheiro podia pagar e voltou para São Francisco louco para descobrir que tipo de lucro podia fazer com aquelas aquisições.

Entrou em contato com um homem chamado Henry von Morpurgo, que, na condição de ex-aluno da Lowell High School, prometeu ajudá-lo a vender seus livros.

Van ligou para William para contar de Morpurgo.

— Esse cara está fugindo da lei — disse a William. — Foi indiciado por se apropriar de recursos da Fundação Irmã Kenny e acusado de fraude. Ele me garantiu que consegue vender alguns dos livros e quer que eu o encontre em Los Angeles. Quer ir comigo?

— Mas é claro — respondeu William. — Não me sinto bem em deixar você lidar com esse cara sozinho. Parece um charlatão.

Van e William partiram para Los Angeles de carro alguns dias depois e se hospedaram num quarto que Morpurgo lhes reservara no Hotel Roosevelt, onde ficavam muitas celebridades da época. Quando se encontraram com Morpurgo à noite, ele disse a Van que não conseguira despertar qualquer interesse pelos livros.

— Permita que eu faça algo para compensar o contratempo — disse Morpurgo, entregando um pedaço de papel a Van. — Ela vai cuidar de você.

William voltou para o quarto e Van foi até outro aposento do Roosevelt, listado no papel que Morpurgo lhe dera. Uma garota de programa de alto custo, paga por Morpurgo, esperava por ele.

Na manhã seguinte, ao ver o amigo todo desgrenhado, William perguntou o que tinha acontecido.

— Não quero falar disso — respondeu Van, claramente aborrecido.

William, surpreso com a conduta de Van, não ousou levantar o assunto outra vez.

No ano seguinte, 1956, Gertrude, desesperada para se livrar do filho, resolveu que era hora de Van se casar. Ela recorreu à ajuda de sua melhor amiga, Ruth Williamson, cuja filha, Mary Annette Player, era bela, dócil e suscetível. Ruth concordou que Van e Annette formariam um casal perfeito.

Ruth e o marido tinham se divorciado quando Annette ainda era pequena e a criança passara a vida de um lado para o outro entre a casa da mãe, em São Francisco, e a do pai, em Stockton. Os pais brigavam constantemente e Annette muitas vezes se via em meio às discussões. Ela queria morar com o pai, mas Ruth era uma mulher dominadora e se recusava a conceder ao marido o controle sobre a filha. Como consequência, Annette, aos dezessete anos, sofria de crises de melancolia provocadas por sua vida desarmoniosa. Quando Ruth e Gertrude decidiram apresentá-la a Van, Annette estava madura para ser colhida.

Gertrude e Ruth organizaram o primeiro encontro com uma série de cuidados. Gertrude sabia que, se dissesse a Van que traria uma garota para apresentar a ele, o filho se recusaria a aparecer. Então, esperou pelo momento certo, até que finalmente decidiu convidar Ruth e Annette para aparecerem numa noite em que Van tocaria na Lost Weekend. Ela queria que ele estivesse bem arrumado, e Van sempre se vestia bem quando ia tocar.

As duas mulheres estabeleceram a data, e Ruth apareceu pontualmente com a filha, que também não fazia ideia de que estava caindo em um golpe. Gertrude e Ruth conversaram com Annette na sala de estar, esperando que Van saísse do quarto. Até que finalmente ouviram o barulho da porta se abrindo.

Van parou de maneira abrupta quando entrou na sala. Sentada no sofá estava a menina mais linda que já tinha visto. Por alguns instantes, olhou sem piscar para suas sobrancelhas grossas e escuras, arqueadas sobre profundos olhos castanhos desenhados com perfeição. Percebeu um toque de ruivo permeando os cabelos castanhos ondulados que enquadravam seu rosto esculpido. Parecia Audrey Hepburn.

Annette se mostrou inquieta diante do minucioso exame de Van, mas sorriu timidamente quando Gertrude os apresentou.

No dia 19 de agosto de 1957, Earl Van Best Jr. e Mary Annette Player se casaram. O plano funcionara.

Ruth insistiu para que o pai de Annette não fosse avisado sobre o matrimônio e este ficou furioso quando descobriu que sua filha menor de idade se casara sem seu consentimento, mas ficou de boca fechada porque a menina parecia bastante feliz.

Van passou os primeiros meses cortejando sua jovem noiva. Os dois alugaram um pequeno apartamento de um cômodo no número 415 da Jones Street, em Nob Hill, e decidiram mobiliá-lo com o dinheiro que Annette economizara. Van ganhava alguns trocados tocando órgão, mas não o bastante para pagar todas as contas. Ele então convenceu Annette a investir o resto de suas economias — mil e noventa dólares — numa viagem ao México.

— Quando estive na Inglaterra, havia uma infinidade de livros antigos em Hinchingbrooke que deviam valer uma fortuna — disse ele a ela. — Sei que posso ir ao México, procurar livros e documentos antigos, comprá-los barato e vender aqui. Já fiz isso antes. Só preciso do capital para começar.

De início Annette demonstrou resistência, mas aos poucos meu pai a venceu pelo cansaço.

Ele foi até a Cidade do México, onde conheceu um velho livreiro que concordou em lhe vender documentos pré-coloniais a quilo. Van examinou tudo, selecionando um aqui e outro ali, e comprou tantos exemplares quanto seus fundos lhe permitiram. Quando voltou a São Francisco, foi até a Holmes Book Company, na esquina das ruas Third e Market, e vendeu alguns dos livros, o que lhe rendeu um lucro considerável. Feliz consigo mesmo, ele correu para casa a fim de contar a Annette.

Em pouco tempo, Van passou a viajar com frequência para o México e seu amor pela literatura antiga subitamente se tornou uma empreitada de sucesso. Comprava tudo o que achava que podia ser rentável: primeiras edições britânicas, revistas em quadrinho raras, velhos pergaminhos. Gostava não só de caçar raridades, mas também de pechinchar pelo melhor preço que conseguisse. Já o casamento, no entanto, não lhe parecia tão gratificante.

Aborrecida pela tensão que o matrimônio causara entre ela e o pai, Annette se mostrava cada vez mais melancólica, mas Van pouco se importava com o estado emocional da mulher. Ela o ignorava exatamente como a mãe o fez a vida inteira, e aquilo, para ele, era uma traição. Em vez de consolar a esposa, ele a desmerecia, gritava com ela e por fim passou a agredi-la fisicamente.

No ano que se seguiu, cada pequeno deslize da mulher era retribuído com um tapa, um soco e, em pouco tempo, com surras que deixavam a jovem com hematomas que duravam semanas. Temendo por sua vida, Annette finalmente contou a Ruth e a Gertrude o que vinha acontecendo, mas as duas também não deram muita importância e insistiram para que ela se esforçasse mais para fazer o casamento funcionar.

Annette procurou ser forte. Tentou de tudo para agradar a Van. Nada adiantou. Meu pai tinha um excesso de raiva dentro de si e ela estava ao seu alcance.

Annette aguentou o máximo que pôde, mas depois de uma briga particularmente violenta na noite de ano-novo em 1959, seu medo de morrer se tornou maior que o medo de decepcionar a mãe. Annette telefonou para o pai quando Van saiu para tocar num de seus locais habituais.

H.S. Player ficou furioso ao ver os hematomas e cortes no rosto da filha. Ele a ajudou a fazer as malas e a tirou às pressas do apartamento. No dia seguinte, ligou para o escritório de advocacia de Felix Lauricella e marcou uma hora.

Em 4 de janeiro, Mary Annette Best pediu o divórcio, alegando excesso de crueldade e tratamento desumano. O casamento com meu pai durara um ano, quatro meses e dezesseis dias. Ela mal conseguiu escapar com vida.

Van perdeu a cabeça quando soube que a mulher tinha ido embora, mas não havia nada que pudesse fazer.

O divórcio foi concedido em 8 de abril de 1960 e ficou decidido que Annette ficaria com a mobília e o dinheiro que investira no negócio de Van. O tribunal ordenou que ele pagasse a ela setenta e cinco dólares por mês até que sua dívida fosse quitada.

Annette voltaria a se casar em 1961.

Van voltou para seu quartinho na Noe Street.

10

Van bebericava um coquetel Zumbi enquanto aguardava por William no Salão Tonga, no Hotel Fairmont. O bar, conhecido por seus drinques exóticos e sua decoração incomum, tornara-se um de seus locais preferidos.

Enquanto a orquestra organizava os instrumentos numa barcaça que flutuava para a frente e para trás numa lagoa de vinte e dois metros no meio do bar, Van não tirava os olhos do documento que levara consigo.

— Desculpe o atraso — disse William, puxando uma cadeira. — Onde está LaVey?

— Não pôde vir — respondeu Van, acenando para o garçom. — Parece que não vem conseguindo se desvencilhar de seu rebanho ultimamente.

— E como você está? — perguntou William, curioso para saber o que Van tinha para lhe mostrar. Ele parecia animado quando telefonou e insistiu para que se encontrassem naquele dia.

— Espere só até ver isso. — Ele então levantou o documento para que William o visse. — Veja só o brasão espanhol. E dê uma olhada aqui — disse Van, apontando para a assinatura. — Rei Filipe II.

— Onde conseguiu isso?

— Na Cidade do México. Tem uma livraria caindo aos pedaços no mercado de La Lagunilla, perto da velha Igreja de Santa Catarina. O proprietário é um velho que passa o dia todo chamando os clientes para dentro. Um dia eu entrei e começamos a conversar. Ele me levou ao quarto dos fundos da loja e me deixou dar uma olhada em tudo o que tinha. Paguei uma ninharia por isso aqui.

— É algo importante? — perguntou William.

Van pôs o drinque numa prateleira ali perto e limpou a mesa com o guardanapo antes de colocar o documento sobre ela. — É uma autorização para que um jovem tenente vá a Nueva España recrutar soldados entre os índios mexicanos nativos no século XVI. Aparentemente, esse tenente era de linhagem nobre, a julgar pelo nome e pelo cuidado com o qual o escriba preparou essa ordem. E dê uma olhada aqui: o brasão do próprio rei está do lado do brasão da Espanha. Não é todo dia que se vê um documento desses. Posso vendê-lo por um belo preço.

William ficou impressionado. De início pensara que meu pai tinha enlouquecido quando começou a viajar para o México. — Não é um bom modo de se manter uma família — disse ele a Van na época. — Não é uma fonte estável de renda. — William havia aberto um negócio lucrativo de investigação particular e tinha esperança de que Van se juntasse a ele. Meu pai recusou a oferta, preferindo se arrastar até o México em busca de tesouros.

— Fico feliz por você — disse William.

— Obrigado. Estou precisando mesmo disso nesse momento.

William percebeu que havia algo de errado. — Como está Annette? — perguntou.

— Foi embora.

— Embora?

— Sim. Foi para a casa do pai no mês passado e pediu o divórcio. Disse que eu era cruel com ela. Acredita numa coisa dessas?

William acreditava, mas balançou a cabeça. — Ela era muito jovem para você, de qualquer forma.

Van sorriu. — É assim que eu gosto.

Os dois pediram seus pratos enquanto a orquestra tocava os primeiros acordes. A noite foi passando e uma chuva desabou sobre a lagoa. Relâmpagos e trovoadas acompanhavam a banda. Fazia tudo parte de um show para transportar passageiros aos Sete Mares. Totens ameaçadores se misturavam aos convidados, criando um clima de mistério e empolgação para os casais que dançavam com a música sob o brilho laranja dos lampiões e lustres em forma de globo.

Van gostava do Salão Tonga por causa de sua cozinha asiática, cujo cardápio fazia com que se lembrasse dos pratos suculentos que comia em sua infância no Japão. Ele e William conversavam enquanto comiam, falando sobre o que acontecera enquanto Van estivera no México.

— Viu só o que está acontecendo em North Beach? — perguntou William.

— O quê?

— O bairro está ficando cheio de beatniks. Estão por toda parte. Ouvi dizer que chegam de cada canto do país.

— Ah, sim. Lembro que Herb Caen escreveu um artigo sobre eles no *Chronicle* há alguns anos. Parecia estar fazendo graça deles.

— Eu acho interessante — disse William. — Esses garotos estão vomitando poesia e citando Kerouac como se soubessem do que estão falando. Sei bem no que vai dar, mas pelo menos estão lendo alguma coisa. E a música por lá anda melhor. Estão tocando bastante jazz nos bares.

— A gente devia dar uma olhada uma hora dessas — disse Van.

William concordou com a cabeça e Van acenou para o garçom outra vez.

— Deixe comigo — disse Van quando o garçom chegou com a conta.

— Vai ficar rico — brincou William.

— Depois te digo como foi.

Van acabaria conseguindo uma quantia considerável pelo documento. Não teve tanta sorte em outras viagens, porém, e logo se viu sem dinheiro, com o quarto abarrotado de documentos e livros velhos sem qualquer valor no mercado de antiguidades de São Francisco.

Van decidiu que deveria ampliar seu campo de ação e começou a viajar para cima e para baixo da costa da Califórnia, parando pelo caminho em livrarias que pudessem se mostrar interessadas em comprar seus livros. A renda que conseguia dava para cobrir alguns gastos, mas nunca era o bastante.

Buscando um modo alternativo de fazer dinheiro, Van comprou pena e nanquim e se pôs a copiar a caligrafia de um dos documentos de sua coleção sobre algumas folhas de papel-manteiga que tinha largadas pelo quarto. Colocou a data de 1629. Ao chegar à assinatura, pegou um livro antigo de sua coleção pessoal e folheou as páginas até encontrar o que procurava. Treinou por alguns minutos antes de assinar o documento: *Rei Filipe IV*.

Vendeu o papel no dia seguinte, voltando de vez aos negócios.

Van continuou as suas viagens ao México à procura de documentos autênticos. Sem encontrar nada de valor, tornou-se adepto da falsificação. Os donos das livrarias confiavam nele; suas descobertas sempre tinham sido genuínas. Então não examinavam o que trazia com o cuidado que deveriam.

Por volta do outono de 1961, as coisas tinham melhorado para Van. Trabalhava para a IBM, além de continuar a vender antiguidades legítimas e algumas falsificações por fora. Encontrou-se para almoçar com William no restaurante Schroeder's, na Front Street, no final de setembro. Fundado em 1893, o restaurante trazia no cardápio alguns baluartes da cozinha bávara, como *Wiener Schnitzel*, *Bratwurst*, *Sauerbraten* e panquecas de batata, o que agradava o lado alemão de William. Van, por sua vez, gostava do lugar porque não permitiam a entrada de mulheres na hora do almoço. Aquele era um restaurante para cavalheiros, onde os homens ficavam à vontade para rir e conversar sem a presença restritiva das damas. Homens de negócio, com seus paletós, sentavam-se no bar de jacarandá e fumavam charutos. Van sentia-se importante ao entrar no Schroeder's, como se seu lugar fosse ali, ao lado daqueles cavalheiros elegantes. Muitas vezes ele olhava por cima de sua enorme caneca de cerveja para os murais de Hermann Richter que dominavam as paredes, admirando seu uso das cores. Num deles, uma apetitosa meretriz loura com seios avantajados sentava alegremente no colo de um jovem agitado, vestindo shorts, camisa de colarinho branco e colete vermelho. Num outro, um grupo de senhores estava sentado ao redor de uma mesa, discutindo as questões políticas da época com gestos grandiosos.

Van pediu um chope alemão exótico e observou o barman, que tentava acertar no colarinho. Ele passou um charuto a William. Abrindo-o com cuidado, William percebeu a insígnia cubana. — Vou gostar desse aqui — falou. Van costumava trazer-lhe charutos e outros presentes do México.

Van sorriu, acendendo o seu. — Isso é que é vida, hein? — disse em alemão. Normalmente ele e William eram os únicos no bar que sabiam alemão e os dois gostavam da sensação de superioridade por falar a língua ali naquele local.

— Sim, é mesmo — respondeu William. — Achou alguma coisa de valor na última viagem?

— Uma ou outra. Algumas cartas do século XVII que podem despertar interesse — respondeu Van, omitindo o fato de que as tinha criado em seu quarto. William era um investigador particular, um homem de moral. Ele não entenderia.

— Quando vai voltar lá? — perguntou William.

— Não sei. Mês que vem, talvez. Estou ficando entediado aqui. Preciso de um pouco de agito — disse Van.

E então meu pai conheceu Judy Chandler.

11

Van montava guarda impacientemente atrás de uma árvore na beirada do Parque Golden Gate, com os olhos apontados para a Hugo Street. Judy morava a umas seis casas dali, na Sétima Avenida, onde a rua chegava ao fim. Com a visão privilegiada que tinha do alto da ladeira, Van podia enxergá-la quando saía de casa. Torcia para que a mãe da menina não a seguisse. Judy contara à mãe sobre o relacionamento dos dois e Verda vinha fazendo todo o possível para impedir que a filha o visse. Judy achava excitante a ideia de sair às escondidas e encontrava Van sempre que possível, na maioria das vezes para comer um hambúrguer depois da escola ou assistir a um filme ou outro.

Ele viu quando a porta da frente se abriu e sua namorada saiu. Judy gostava quando ele a chamava de namorada. Fazia com que se sentisse adulta. Quando viu a mala na mão dela, soltou a respiração. Ele não estava certo de que ela iria até o fim. Queria correr até lá para ajudá-la a subir a ladeira, mas não podia arriscar que Verda o avistasse. Então esperou que ela chegasse até onde estava.

— Depressa. Temos que ir — disse ele, dando-lhe um beijo rápido antes de tomar a mala de sua mão.

Costeando os limites do parque, o casal caminhou apressado até uma rua próxima, onde William estacionara o carro, esperando para levá-los ao aeroporto.

— Entre aí — disse Van, jogando a mala dela no banco de trás.

— Ela parece meio jovem, Van. Não é como a outra, é? — perguntou William, referindo-se à ex-mulher do amigo.

— Não, não. Ela tem dezenove anos — respondeu Van, mentindo.

— Estou tão empolgada — disse Judy, pulando para cima e para baixo no banco, sem saber que William a fitava, desconfiado. — Não acredito que a gente vai mesmo fazer isso.

Tinham planejado tudo alguns dias antes. Van acompanhava a menina até sua casa, quando a puxou para trás de uma árvore. — Não quero que você vá para casa — disse ele. — Detesto cada minuto que passo longe de você.

— Eu também — disse Judy —, mas não quero arrumar encrenca.

Van a abraçou, puxando-a para perto de si. — Me beija — ordenou. Judy se aconchegou em seus braços e fez o que lhe fora mandado.

— Fuja comigo — disse Van. — Vamos nos casar.

Judy se afastou, surpresa.

— Está falando sério? — perguntou.

— Nunca falei tão sério. Eu te amo. Temos de ficar junto e depois que nos casarmos ninguém vai poder nos deter. Quer casar comigo, Judy?

— Mas quando? Como?

— Não se preocupe. Vou dar um jeito em tudo. Encontre-me na sexta de manhã, por volta das sete. Vou esperar no parque. Faça a mala com um vestido bonito e o máximo de roupas que conseguir enfiar. Vamos viver uma aventura. Você topa?

Judy pensou por um momento e então jogou os braços sobre os ombros dele. — Estou dentro. Eu topo — disse ela, sorrindo. — Minha mãe vai ficar furiosa. Ela não gosta de você.

— Não se preocupe com ela — disse Van. — Vejo você na sexta?

— Sim — concordou Judy.

Van a beijou com gosto mais uma vez e então ficou olhando Judy saltitar rua abaixo.

Era cedo na manhã de 5 de janeiro de 1962 quando Judy, aflita mas animada, enfiou seu vestido preferido numa mala e partiu para sua grande aventura. Conhecia Van havia apenas três meses, mas estava certa de que ele a amava. Ela não sabia ao certo se amava o rapaz, mas gostava da sensação de estar em seus braços fortes, de se sentir protegida. Ele a tratava melhor que qualquer outro homem que conhecera antes e a mocinha não tinha dúvida de que estava trocando a família por uma vida melhor.

No aeroporto, o estômago de Judy palpitou de animação e ansiedade quando Van a conduziu pelos degraus que levavam à aeronave. Após a decolagem, Judy ficou encantada com as nuvens fofas, primeiro em cima, depois embaixo dela. Nunca tinha voado na vida e mal conseguia ficar parada, pois não queria perder nada. Van ria de seu comportamento, feliz em vê-la empolgada.

Quando aterrissaram em Reno, Nevada, ele correu com ela para a igreja, louco para se unir pelo sagrado matrimônio àquela menina encantadora, que tanta luz e beleza trouxera a sua vida. Quando chegaram, Judy pediu licença e foi ao banheiro para colocar o vestido rosa-shocking e escovar os cabelos, enquanto Van preenchia a certidão de casamento e outros documentos necessários, mentindo sobre a idade de Judy, como planejado.

— Quantos anos tem, senhorita? — perguntou o pastor.

— Dezenove — respondeu a menina de quatorze anos, exatamente como Van a instruíra.

O reverendo Edward Fliger não insistiu na pergunta. Ela parecia ter aquela idade e ele não tinha qualquer motivo para desconfiar.

As testemunhas contratadas por Van — Birdie M. Nilsson e A. S. Belford — permaneceram em silêncio enquanto meu pai e minha mãe trocavam seus votos na Igreja Metodista Unida de São Paulo em 5 de janeiro de 1962.

— O senhor aceita esta mulher como sua legítima esposa, prometendo amá-la e respeitá-la, na saúde e na doença, até que a morte os separe? — perguntou o reverendo.

— Sim — respondeu Van, apertando a mão de Judy com força.

— A senhorita aceita este homem como seu legítimo esposo, prometendo amá-lo e respeitá-lo, na saúde e na doença, até que a morte os separe?

— Sim — respondeu Judy, respirando fundo e sorrindo para Van.

— Pelo poder a mim investido pelo estado de Nevada, eu aqui vos declaro marido e mulher. Pode beijar a noiva.

Van puxou Judy para seus braços.

Ainda de braços dados, os dois deixaram a igreja. A ansiedade só aumentava e Van chamou um táxi.

Van e Judy passaram a noite consumando o matrimônio — o homem de vinte e sete anos iniciava sua noiva adolescente e inocente na arte de fazer amor.

Passaram o dia seguinte em Reno — Judy desfrutando de sua liberdade recém-descoberta e Van desfrutando de Judy — antes de voltarem a São Francisco para encarar a realidade. Judy ficou aliviada quando telefonou para a mãe e contou que tinha se casado. Verda, por algum motivo, pareceu estranhamente compreensiva.

O casal se mudou para um apartamento em Clay Street, animado com a perspectiva de compartilhar suas vidas, mas, em 9 de janeiro, Judy acordou com dores severas no estômago. Sem saber o que fazer, Van ligou para a mãe da menina.

— Chame uma ambulância — disse Verda, furiosa, anotando depressa o endereço do apartamento. Assim que desligaram, Verda discou o número do Departamento de Polícia de São Francisco para fazer uma denúncia contra o homem que se casara com sua filha menor de idade.

— Você pode se meter numa grande encrenca por estar com uma menor — um oficial avisou Van depois que Judy foi colocada nos fundos da ambulância. — A mãe dela fez uma denúncia contra você.

— Nós somos casados — informou Van, antes de subir na ambulância. — Temos de ir. Não vê que ela está passando mal?

O oficial deixou que partissem.

Enquanto Judy tinha o apêndice removido, Van se mudou para o número 765 da Haight Street, esperando que Verda não o encontrasse lá. Verda ficou de olho em Judy durante sua estadia no hospital e, assim que a menina recebeu alta, ela a colocou no Centro de Assistência à Juventude — uma subdivisão do Centro de Justiça Juvenil na Woodside Avenue —, esperando dar uma lição à filha desobediente.

— Mãe, você não pode fazer isso. Eu amo Van! — choramingou Judy quando recebeu o privilégio de fazer um telefonema. — Ele é meu marido!

— Ele não é seu marido. É um molestador de crianças — rebateu a mãe.

No Dia dos Namorados, Verda conseguiu que o casamento fosse anulado. Van enfureceu-se, mas Verda tinha a lei ao seu lado.

Judy ficou arrasada. Encolheu-se na cama e chorou histericamente, como só meninas adolescentes que sofrem por amor conseguem chorar.

Uma semana depois, sem que desconfiasse de nada, Van foi preso pelo estupro de uma menor de idade.

Ele pagou fiança, arrumou as malas e partiu para a Cidade do México, determinado a fazer dinheiro rápido. Dessa vez obteve sucesso e quando voltou a São Francisco conseguiu entrar escondido no Centro de Assistência à Juventude para fazer uma visita a Judy. Ela dava risadinhas enquanto ele contava seu plano.

— Posso fazer isso que está me pedindo — garantiu.

Na noite de 28 de abril de 1962, Judy amarrou seus lençóis numa corda improvisada, saiu pela janela de seu quarto no piso de cima e desceu até uma saliência do andar de baixo. Van ficou esperando para segurá-la quando se jogasse da altura de alguns poucos metros até o chão. Junto, o casal escapou despercebido em meio à escuridão.

— Aonde vamos? — perguntou Judy quando os dois se ajeitaram no carro de Van.

— Para o aeroporto. Vamos pegar um voo para Chicago — disse ele, segurando sua mão. — Meu pai é pastor em Indiana. Vou pedir para ele nos encontrar lá e nos casar.

Judy deu uma risadinha. — Minha mãe vai ficar louca.

— A gente não vai precisar se preocupar com isso. Você é minha e eu não vou deixar sua mãe tirar você de mim.

Minha mãe se aconchegou melhor nos braços do homem com quem estava prestes a se casar pela segunda vez.

Quando chegaram a Chicago, Van telefonou para o pai. Mas Gertrude fora mais rápida e informara Earl via telefone que Van tinha sido preso por se casar com a menina de quatorze anos, avisando que os dois tinham fugido outra vez.

— Leve-a de volta aos pais — rosnou Earl ao telefone antes que Van pudesse começar a falar.

— Mas, pai, preciso que você nos case. Estamos em Chicago.

— Sem chance. Ela tem quatorze anos. Você perdeu a cabeça? — gritou Earl.

Earl passara os vinte anos precedentes construindo uma reputação e uma carreira das quais qualquer um podia se orgulhar e não estava disposto a deixar o filho inconsequente arruinar tudo porque se apaixonara por uma menina. Na condição de capelão nacional dos Veteranos de Guerras Internacionais dos Estados Unidos, Earl tinha de responder ao governo e ao público e sabia muito bem que os atos de Van podiam refletir de maneira negativa sobre ele.

— Por favor, pai. Não quero viver de maneira pecaminosa — disse Van, esperando que a menção ao pecado convencesse o reverendo.

— Leve-a para casa, Van. Agora. Antes que seja tarde demais — insistiu Earl.

— De jeito nenhum. Eu amo Judy e vou me casar com ela, com ou sem a sua ajuda — rebateu Van.

— O que aconteceu com você? — perguntou Earl, com a voz baixa. — Sabe que isso não é certo.

— Eu amo Judy. O que há de errado nisso?

— Ela tem quatorze anos! — berrou Earl. — É esse o problema.

— Como sempre, posso contar com você — disse Van, sabendo o efeito que as palavras provocariam em seu pai.

— Leve-a de volta — implorou Earl — antes de arranjar mais confusão.

— Não. Não vou levar.

— Por favor, filho. Nada de bom pode nascer disso.

Van desligou o telefone.

— Vamos procurar alguma coisa para comer — disse Van a Judy. — Conheço um lugar — falou, conduzindo-a para fora do aeroporto até um táxi.

— O que aconteceu? — perguntou Judy no caminho.

Van balançou a cabeça. — Não quero falar disso.

Vendo as lágrimas que se formavam nos olhos dela, ele deu um tapinha na perna da menina. — Vai ficar tudo bem. A gente vai dar um jeito.

Quando já estavam acomodados no Gene & Georgetti, um dos melhores restaurantes de carne de Chicago, Judy tentou mais uma vez fazer com que Van contasse o que seu pai dissera, mas ele a ignorou.

— Use esse garfo para a salada e esse outro para o prato principal — disse ele, colocando o guardanapo no colo dela. — Deixe que eu peço. Você precisa experimentar a carne. Só existem três lugares no mundo onde se encontra carne dessa qualidade: Chicago, Kansas City e Kobe, no Japão.

Van permaneceu pensativo durante o jantar, planejando o passo seguinte.

— A gente não vai voltar — falou. — Eles não vão tirar você de mim.

— Para onde vamos? — indagou Judy, incerta.

Van sorriu.

— Para o México. A gente pode se casar lá.

12

A Cidade do México era exatamente como Van prometera. Judy seguia Van, encantada. Ele a arrastava de um mercado a outro, em busca de livros e documentos que pudesse revender, absorvendo as visões, sons e odores de um mundo que lhe era estranho. Van parecia em casa, perscrutando pilhas de papel e rolos de documentos, aparentemente entendendo os hieróglifos do período pré-colonial da ocupação espanhola da grande cidade construída numa ilha no lago.

Num momento de folga do trabalho, Van a levou para visitar a Catedral Metropolitana, no Zócalo, onde Judy assistiu de queixo caído a um coral de meninos que cantavam em louvor com suas vozes angelicais, emitindo os sons mais belos que já ouvira na vida. Quando Van a levou para ver as pirâmides de Teotihuacan, construídas por volta de 300 a.C. ao norte da Cidade do México, minha mãe pensou que jamais vira algo tão impressionante.

— Veja como elas foram construídas — disse Van, apontando de uma pirâmide para outra. — Os astecas que vieram depois acreditavam que os deuses haviam nascido ali. Essa é a Pirâmide do Sol e aquela outra ali é a Pirâmide da Lua. Os guerreiros teotihuacanos caçavam pessoas e as sacrificavam para os deuses, pensando que o fim do mundo estava por vir. Achavam que esses sacrifícios os salvariam dos terremotos que, segundo eles, matariam a todos.

— O que aconteceu com eles? — perguntou Judy.

— Simplesmente desapareceram um dia. A cidade inteira sumiu. Ninguém sabe o porquê.

— Como sabe dessas coisas?

— Eu sei de um monte de coisas — disse Van, sorrindo.

Na manhã seguinte, Van decidiu que era hora de se casarem.

— Arrume a mala — disse a ela. — Vamos para Acapulco. Tem um resort lá chamado Las Brisas, onde eles pegam as pessoas com jipes cor-de-rosa e levam para conhecer a cidade. Você vai adorar. Conheço uma igrejinha ali perto onde podemos nos casar.

Judy, curtindo toda aquela aventura, rapidamente colocou as poucas peças de roupa que Van comprara para ela e em pouco tempo já estava pronta para partir.

Quando chegaram a Acapulco, Van correu com Judy para a igreja. Teve, no entanto, uma enorme decepção ao descobrir que não poderia se casar com a menina sem o consentimento dos pais.

— O que vamos fazer agora? — perguntou Judy.

Decidido, Van respondeu: — Agora a gente sai em lua de mel.

Como o Las Brisas não tinha quartos disponíveis, os dois tiveram de se contentar em ficar num complexo de muitos andares na Baía de Acapulco. Passaram os dias seguintes como se estivessem em lua de mel: tomavam sol na praia durante o dia e faziam amor à noite.

Em 11 de maio de 1962, um leve tremor acordou Van e Judy do sono. Foi um pouco mais alto que os rumores dos ônibus matinais, aos quais já estavam acostumados, tendo passado suas vidas em São Francisco. Quando Van esticou o braço para pegar os óculos na mesa de cabeceira, aconteceu. Um terremoto com magnitude de 7,1 tirou seu equilíbrio. Judy gritou quando Van caiu no chão e a cama começou a deslizar. Os quadros da parede despencaram pelo chão. Judy tentou se aproximar de Van enquanto o prédio chacoalhava pelo que pareceu uma eternidade, mas na verdade não passou de um minuto.

Quando acabou, os dois foram até a varanda e inspecionaram o prejuízo. Algumas das varandas em cima deles oscilavam perigosamente, presas apenas por um pedaço de vergalhão. Van levou Judy para dentro com pressa, acendendo uma vela para que ela pudesse enxergar. Ele então voltou para calcular a destruição lá fora, enquanto Judy recolhia os vidros quebrados do chão.

Nos dias seguintes eles foram forçados a ficar no hotel, uma vez que os destroços que cobriam a cidade tornavam qualquer deslocamento impossível. Van inspecionava os documentos que comprara na Cidade do México, e Judy ia à praia, contemplando os belos corpos dos rapazes bronzeados que surfavam e jogavam voleibol. Não havia mais nada para fazer. Van, incomodado com a ideia de Judy ficar sozinha na praia, observava com ciúme de sua janela lá no alto.

Em 19 de maio, um segundo tremor, com magnitude de 7,0, atingiu a cidade. Meu pai resolveu que era hora de voltar para os Estados Unidos.

Não precisava de nenhum outro sinal dos deuses. Ele e Judy fizeram as malas e embarcaram num avião, felizes, sem saber que a semente da desgraça do casal fora plantada no México.

13

Pouco depois de chegarem a Los Angeles, Van passou mal e foi a um hospital. Lá recebeu um diagnóstico de hepatite infecciosa, provocada por um vírus comum no México e contraída frequentemente por meio do consumo de água ou comida contaminada.

— Vou ficar bem — garantiu Van a Judy, que estava sentada a seu lado e se recusava a ir embora.

— Quer que eu ligue para seus pais? — perguntou ela, preocupada.

— Não. De maneira nenhuma — disse ele. — O médico disse que logo vou receber alta.

Quando Van saiu do hospital, os dois voltaram a São Francisco e alugaram um apartamento num prédio de cinco andares no número 585 da Geary Street, nas ladeiras ao sul de Nob Hill. O apartamento de um quarto tinha uma grande janela saliente que dava para o Hotel Califórnia, do outro lado da rua. Uma escada de incêndio subia pelos cinco andares na frente do edifício. Dos dois lados da entrada, uma luminária circular branca com bordas pretas formava uma cruz no centro.

Van não mencionou a Judy que vivera a um quarteirão dali, na Jones Street, com sua ex-mulher. Apenas conduziu a garota pelo saguão e escada acima, até chegarem a sua nova morada.

Van e Judy passaram o mês seguinte se fingindo de casados e esperando que Verda não os encontrasse. Em julho, Judy também caiu de cama. Temendo que ele a tivesse contaminado com hepatite, Van a levou ao Hospital Geral de São Francisco no dia 30 de julho.

Judy recebeu o diagnóstico de hepatite, mas o médico também informou à menina de quatorze anos que ela estava grávida.

Quando recebeu alta do hospital, Judy, tomada pelo nervosismo, telefonou para Verda.

— Mãe, preciso contar uma coisa a você — disse ela.

— O que foi agora? — ralhou Verda, irritada pelo fato de Judy não ter dado notícias desde que fugira. — Por onde a senhorita andou? Quase morri de preocupação.

— Fomos ao México, mas tivemos de voltar depois do terremoto — explicou Judy, agitada. — E eu engravidei. Três meses. Mãe, eu estou com medo.

O tom de voz de Verda se tornou calmo e persuasivo e ela pediu a Judy que fosse para casa para que pudessem conversar sobre a questão. — Traga umas roupas para passar a noite. Temos de pensar no que fazer.

— Está bem — disse Judy. — Vou pedir para Van me levar.

Quando Van e Judy pararam o carro diante do número 1.245 da Sétima Avenida, Verda os aguardava. Embora Van tivesse esquadrinhado a área, ele não percebera os carros de polícia escondidos na esquina da casa. Os policiais esperaram que Van saísse do carro para confrontá-lo.

— Earl Van Best, o senhor está preso sob acusação de sequestro de menor — disse um policial, segurando Van e colocando seus braços para trás. Judy se engalfinhou com o policial, que apertava as algemas nos pulsos do meu pai.

Chorando, ela viu o oficial levá-lo embora.

— Como pôde fazer isso? — gritou para a mãe, que a arrastava para casa.

— Como *você* pôde fazer o que fez? — respondeu Verda.

Minha mãe foi mandada de volta para o Centro de Assistência à Juventude.

Meu pai foi colocado numa cela no sexto andar do Salão de Justiça. Estava sentado na cama, refletindo sobre seus próximos passos, quando um belo rapaz se aproximou.

— Sr. Best, posso trocar uma palavra com o senhor?

Van olhou para ele, intrigado, sem saber se era um advogado. — Meu nome é Paul Avery, do *San Francisco Chronicle* — falou. — O senhor se importaria de responder a algumas perguntinhas?

—Van balançou a cabeça.

Avery puxou seu bloco de anotação. — Onde conheceu Judy? — perguntou.

— Na Sorveteria do Herbert. Ela estava ali... linda e meiga — teria dito Van, segundo Avery.

— Mas ela só tinha quatorze anos — argumentou Avery.

— Não importa.

Em meia hora, Van contou a Avery a história toda.

"Ele encontrou o amor numa sorveteria", dizia a manchete do *San Francisco Chronicle* de 1º de agosto de 1962. Os retratos de Van e Judy estampavam as páginas, acompanhados de um artigo detalhando o romance do casal. "Naquele instante, uma série de barras de ferro e mais de um quilômetro e meio de distância separavam Van de sua antiga esposa, Judy Chandler", escreveu Avery, descrevendo como o homem, agora com vinte e oito anos, se apaixonara por uma adolescente.

Van ficou furioso ao ler o artigo. Ele não gostou do jeito como Avery o retratara, como se fosse um velho careca que molestava crianças. Avery batizou o caso de "O Romance da Sorveteria". Van jamais o perdoaria por zombar de seu amor por Judy.

Outros jornais seguiram no rastro.

O *San Francisco Examiner* informava que "o filho bem-educado e de óculos de um pastor do Meio Oeste se encontrava ontem numa cela na prisão municipal a chorar por sua esposa: loura, quatorze anos e grávida".

Em 7 de agosto de 1962, Van foi indiciado por sequestro de criança, estupro e por colaborar com a delinquência de uma menor.

Verda prestou depoimento diante do Grande Júri, contando indignada aos jurados como Van tinha levado sua filha até Reno e se casado com ela. Ela declarou que conseguira anular o casamento, mas que Van sequestrara Judy do Centro de Assistência à Juventude.

William Lohmus foi chamado para depor por ter levado Van e Judy ao aeroporto quando o casal fugiu pela primeira vez.

Judy também foi forçada a depor, mas quando saiu da sala do júri trazia um enorme sorriso estampado no rosto.

Aqueles que a viram não entenderam o motivo.

Logo o país inteiro descobriria.

Sentado no saguão do tribunal, meu avô, que pegara um voo até São Francisco assim que recebeu o telefonema de Gertrude, abaixou a cabeça e rezou pelo filho quando soube que Van fora indiciado.

Van já havia sido libertado sob fiança e estava tranquilo.

No dia seguinte, Judy voltou a fugir do Centro de Assistência à Juventude.

Van a esperava.

Em 9 de agosto, a polícia de São Francisco os encontrou e Judy foi mandada para a ala de segurança máxima do Centro de Assistência à Juventude. Van foi algemado e levado ao sexto andar do Salão de Justiça pela terceira vez. As acusações agora eram mais graves: conspiração criminosa, aliciar uma menor para que fugisse de casa e estupro de uma menor de dezoito anos.

Dois dias depois, Earl pagou a fiança do filho.

Em 24 de agosto, Judy passou mal outra vez e a hepatite que pegara de Van fez com que fosse hospitalizada. Ela foi colocada numa ala isolada do Hospital Geral de São Francisco.

Em 31 de agosto, Van voltava a um tribunal de São Francisco para uma audiência do seu caso. Como depois seria revelado num vídeo do processo, Van, vestido com camisa branca com as mangas enroladas à altura pouco abaixo dos cotovelos, colete bege e calças cáqui bem passadas, caminhou confiantemente até o púlpito. Seu rosto não demonstrou qualquer tipo de expressão quando o juiz estabeleceu a data do julgamento.

Van deixou o tribunal e foi ao Crocker Bank para retirar todo o dinheiro que tinha e fechar a conta. Em seguida, fez uma visita inesperada a William.

— O que você vai fazer? — perguntou William. Não estava gostando do olhar determinado no rosto de Van.

— Não posso contar — respondeu Van, dando quinhentos dólares a William. — Guarde isso para mim caso eu volte um dia ou precise de dinheiro às pressas.

— Van, você tem de parar com isso — implorou William. — Ela não vale a pena.

— Vale, sim — disse Van. — Por favor, não diga a ninguém que estive aqui. Não quero que se envolva nisso.

Naquele mesmo dia, por volta da meia-noite, meu pai, disfarçado de médico, entrou no Hospital Geral de São Francisco à procura de minha mãe. Não estava disposto a permitir que ninguém ficasse no caminho dos dois. Passados alguns minutos, o médico e sua paciente deixavam o hospital despreocupadamente sem levantar qualquer suspeita. Do lado de fora, Judy e Van correram para o carro alugado que ele deixara por perto.

Às três e quarenta da manhã, a enfermeira que fazia o plantão no andar percebeu a cama vazia de Judy e deu o alarme, avisando o Dr. N. L. Swanson da fuga. O médico telefonou para a polícia, que imediatamente lançou um comunicado de alerta em busca do casal.

"Procura-se a noiva do sundae", dizia a manchete do *San Francisco News-Call Bulletin* na manhã seguinte. "Os oficiais na fronteira do México foram alertados para que ficassem de olho na noiva da sorveteria, de quatorze anos, e impedissem — se possível — sua terceira fuga."

"A menina desapareceu na madrugada de sexta-feira do Hospital Geral de São Francisco e, menos de doze horas depois, um veículo com manchas de sangue foi encontrado abandonado próximo a King City", informava o *Examiner*.

Os jornais de todo o país reproduziram a história, especialmente a parte do romance ilícito. Teve início uma caçada em âmbito nacional, mas Judy e Van tinham desaparecido.

Na saída do hospital, os dois pegaram a Highway 101 a caminho do México, mas Van dormiu ao volante e saiu da estrada.

Judy soltou um grito quando o carro despencou numa vala.

Van, acordando com o berro, saltou para fora do carro. — Vamos nessa! — gritou ele, ignorando a preocupação de Judy com o sangue que cobria o ponto onde sua cabeça acertou o volante. — A gente tem de sumir daqui antes que os policiais apareçam.

Judy o seguiu pela estrada. — O que vamos fazer?

Van esticou o polegar quando um carro se aproximou.

Só precisaram de duas caronas para chegar a Sacramento. Já naquela noite os dois dividiam um milk shake de chocolate num quiosque em Williams, ao norte da cidade. Passaram a noite num hotel de beira de estrada fazendo planos. Van sabia que a polícia suspeitaria que iriam para o México. Então decidiu seguir para o Canadá.

No dia seguinte, o *Examiner* publicou outro artigo: "Judy Chandler, a ex-noiva de quinze anos desaparecida, foi vista dividindo um milk shake com seu ex-marido na noite de sexta-feira na cidade de Williams, no Vale do Sacramento". Mas o jornal errava: Judy tinha ainda quatorze anos.

O texto continuava: "O dono de um quiosque de beira de estrada na Highway 99 e seus dois funcionários viram a fotografia do casal desaparecido na primeira página do *Examiner* ontem e ligaram para o jornal. A polícia interrogou os três na noite passada e informou que eles mostraram convicção ao identificar o casal."

Na manhã de domingo, meus progenitores em fuga pararam num restaurante para tomar café. Van avistou sua fotografia olhando de volta para ele de uma banca de jornal e arrastou Judy para fora dali às pressas. Sabia que não chegariam à fronteira sem serem reconhecidos.

— Estou com fome. Por que não podemos comer? — perguntou Judy.

Van não respondeu e os dois seguiram para uma farmácia Longs situada atrás do restaurante. Ele mandou a menina esperar do lado de fora.

Van foi até a seção de cosméticos, examinou os produtos por um tempo e então surrupiou uma caixa de tinta de cabelo feminina para debaixo do suéter. Seguiu até o balcão e comprou um maço de Lucky Strike. Judy continuava esperando do lado de fora, agitada.

Quando voltaram ao hotel, Van insistiu para que tingisse os cabelos.

— Mas eu não quero, Van — choramingou Judy.

— Nossa fotografia está por toda parte. Você precisa pintar — insistiu ele. — Quer terminar na cadeia? Alguém vai te reconhecer.

Com lágrimas nos olhos, Judy viu pelo espelho suas belas mechas louras se transformarem em pretas. A pessoa que a encarava era uma estranha — uma estranha grávida de cabelos escuros. Em meio às lágrimas, ela percebeu o sorriso retorcido de aprovação de Van. Pela primeira vez, ela se deu conta de que os dois estavam em apuros. Engoliu um caroço de medo que se formou na garganta.

Van resolveu voltar, certo de que ninguém reconheceria Judy agora. Estava preocupado com a própria aparência, mas acreditava que os óculos serviriam como disfarce. A maioria das fotos dos jornais foi tirada quando ele não os estava usando. Tinha razão: ninguém os reconheceu ao viajarem de carona até Los Angeles, onde esperavam passar despercebidos em meio à cidade grande.

Em pouco tempo Van alugou um apartamento numa área industrializada próxima a Torrance e insistiu para que Judy procurasse trabalho, pois não podia arriscar ser reconhecido. Cobrindo o volume na barriga do melhor jeito que podia, ela conseguiu um emprego num restaurante fino ao norte de Los Angeles, perto de Hollywood. Depois que o gerente se deu conta de que ela não sabia preparar nem um Bloody Mary, Judy foi despedida em menos de uma semana.

No final de setembro, Van e Judy partiram para o sul, na direção de San Diego. Agora não tinha mais como esconder o bojo na barriga de Judy e suas chances de conseguir um emprego eram ainda menores. O dinheiro de Van começava a escassear, mas ele conseguiu convencer uma mulher ingênua a trocar um cheque sem fundos no valor de trezentos dólares. Ele sabia que os dois tinham de ir embora da Califórnia. Num bar, Van persuadiu um cliente bêbado a lhes dar uma carona até Tucson, no Arizona. Ele ainda acreditava que se chegassem ao México estariam a salvo. Tinha cruzado a fronteira inúmeras vezes — em Tijuana, Tecate, Mexicali e El Paso. Para ele, El Paso seria a rota mais segura. Podiam seguir para Ciudad Juárez e estariam livres.

Sensibilizados, alguns camaradas de bebedeira providenciaram transporte ao longo do caminho. A Missão de Resgate de El Paso forneceu alojamento.

Judy sentia-se infeliz. Todas as manhãs, para tomarem café de graça, ela e Van tinham de frequentar a missa e as sessões de oração. O café da manhã diário, que consistia em ovos com sangue visível na gema, deixava a menina, já sentindo enjoos, ainda mais nauseada. Depois de se obrigar a comer certa manhã, Judy sentiu dores nas costas e começou a ter problemas para urinar. Quando ela se curvou no chão, Van chamou uma ambulância.

Judy foi diagnosticada com infecção nos rins e Van, sem condições de pagar a conta do hospital, fez amizade com uma mulher chamada Belle e lhe pediu que trocasse um cheque de cem dólares. Belle deu o dinheiro a ele, que retribuiu com um cheque sem fundos, assinando como John Register, apenas um de sua crescente lista de nomes falsos. Antes que Judy pudesse ser liberada, Van a tirou às pressas do hospital sem pagar a conta.

Preocupado com a companheira, Van passou a noite cozinhando uma refeição da qual Judy jamais esqueceria: carne moída e uma batata assada. O prato não tinha nada de especial; tudo estava no modo carinhoso como ele tentou cuidar dela, o fato de que tinha preparado a comida. Desde que começaram a fugir, Van não tinha mais sido atencioso como nos dias em que iam da sorveteria para casa ou quando viveram como turistas na Cidade do México. Ele se tornara impaciente. Irritadiço.

Cruel.

Naquela noite ela havia restaurado sua fé no homem por quem se apaixonara.

No estado de confusão em que se encontrava, ainda sentindo dores por causa da infecção, Judy só foi perceber mais tarde o que Van já sabia.

A data era 8 de outubro, seu aniversário de quinze anos.

14

O plano de meu pai para atravessar a fronteira perto de El Paso foi por água abaixo quando alguém no hospital juntou os fatos depois que o casal partiu sem pagar a conta e os identificou como a noiva da sorveteria e seu marido fugitivo. Os noticiários da noite anunciavam que o casal desaparecido planejava cruzar a fronteira em El Paso. As tropas que trabalhavam na fronteira foram mobilizadas, uma vez que a Polícia de Fronteiras dos Estados Unidos e as forças da lei locais competiam para capturar o casal de fugitivos.

O pai de Van estava determinado a impedir que aquilo acontecesse. Ele estava em São Francisco quando Van escapara outra vez com Judy e voltou a Indiana com dor no coração.

Quando dois cavalheiros de terno bateram a sua porta e lhe mostraram seus distintivos, Earl não ficou surpreso.

— Nós gostaríamos de monitorar seu telefone — disse um dos homens a ele, que não teve outra opção a não ser concordar.

O pastor ouviu educadamente enquanto lhe explicavam como o aparelho funcionava. Quando finalmente foram embora, o pai de Van, com lágrimas nos olhos, entrou em seu carro e foi até a casa de seu superior. Subitamente, o pastor precisava de alguém para fazer seu papel de conselheiro.

Depois que Earl se confessou, o pastor deixou que ele usasse o telefone. Earl ligou para seus familiares na Carolina do Sul. Informou-lhes que Van estava numa grande encrenca e em fuga. — Espalhem por aí — disse ele. — Se Van e a garota aparecerem, vou pagar por qualquer ajuda que receberem.

Sem opções no Texas, meu pai se oferecia a assinar um cheque para qualquer um que desse a ele e a sua esposa grávida (como ele a chamava) uma carona até o Mississipi. Não foi difícil. O estado de Judy despertava compaixão.

Rufus, irmão de Earl, recebera a mensagem e não ficou surpreso quando Van e Judy bateram a sua porta em Meridian, Mississipi, famintos e esfarrapados. Ele concordou em ajudar o casal temporariamente.

A fazenda dilapidada de Rufus ocupava alguns acres no bosque, fora da cidade. Era meados de novembro e as temperaturas giravam em torno de sete graus, mas não havia aquecimento central na casa, só uma fornalha a lenha feita de ferro e alguns aquecedores espalhados pelos cômodos. Uma casinha funcionava como banheiro, e Judy, grávida de seis meses, tinha de fazer inúmeras vezes o percurso até a construção fedorenta e caindo aos pedaços.

— Quero ir para casa — disse Judy a Van na primeira noite, tentando se acomodar no sofá-cama cheio de caroços que Rufus montara para eles.

— Pare de reclamar e fique quieta — disse Van. — A gente tem sorte de estar aqui. Pelo menos estamos em segurança.

Judy não via as coisas daquele jeito.

Embora Rufus tivesse concordado em escondê-los ali, ele não se mostrava muito à vontade com a ideia. Temia que as pessoas descobrissem que abrigava fugitivos e lembrava constantemente ao casal a encrenca em que estava se metendo por causa deles. Tinha prometido a Earl que cuidaria dos dois. Mas não que faria de sua estadia uma experiência agradável.

— Se quiserem comer, cacem sua própria comida — disse ele a Van. — Não posso alimentar a família inteira.

— Pode vir comigo — disse Van a Judy. — Vou te ensinar a caçar.

— Não — pôs-se a chorar Judy. — Não quero que você mate nada.

— Não quer comer? Então vamos.

Van apanhou uma espingarda do lado da porta, verificou se estava carregada e saiu porta afora rebocando Judy.

— É só mirar e disparar — disse ele, posicionando a espingarda no ombro dela.

— Mas eu não quero — implorou Judy, com lágrimas nos olhos.

— Dispare essa porcaria. É só mirar e puxar o gatilho — falou Van.

Ela deu um tiro e devolveu a arma a ele, tentando esconder o tremor nas mãos esfregando o ombro no ponto onde tinha apoiado a espingarda.

Assistiu horrorizada quando um esquilo saltou de trás de um arbusto e Van mirou nele, disparando.

— Viu só? — disse ele, segurando o roedor ensanguentado triunfalmente diante de Judy. — Um só tiro. E ele estava correndo.

Judy não queria ver, mas Van aproximou o esquilo do rosto dela e sorriu quando ela deu a entender que iria vomitar.

No jantar, Judy implorou para que ele não a fizesse comer o bicho, mas Van insistiu e seu tom de voz não deixava espaço para argumentações. Judy colocou a carne na boca e tentou não vomitar.

Todo dia, com o corpo cada vez mais pesado pelo crescimento do bebê, Judy seguia Van hesitantemente pelo bosque, rezando para que não disparasse contra outro animal. Mas as balas de Van sempre acertavam o alvo.

Três semanas depois, Van decidiu que era hora de seguir em frente. Judy era só felicidade. O Van que ela viu nos bosques não era o rapaz encantador que conhecera. Ela não gostava daquele Van.

Rufus deu um pouco de dinheiro a eles e uma velha arca de família para levarem seus pertences. Van a reconheceu de seus tempos de infância. — Como conseguiu essa arca? — perguntou.

— Seu pai me deu muitos anos atrás — respondeu Rufus.

Van a abriu com cuidado, mas os vestidos de batismo e os documentos de família não estavam mais ali. Inalou o odor familiar de cedro antes de colocar nela os artigos que ele e Judy haviam trazido.

Em voz baixa, Rufus deu graças a Deus por estarem indo embora quando meus pais partiram rumo a Jackson, no Mississipi, onde Van alugou um quarto barato num hotel frequentado por prostitutas. Era bem diferente do hotel em que se hospedaram em Acapulco, com a varanda que dava para o Oceano Pacífico e o serviço de quarto que levava cestos de fruta todos os dias.

Quando o dinheiro acabou, Van ficou desesperado.

— Sabe, tem um jeito de a gente conseguir dinheiro rápido nesse hotel — disse ele a Judy. — Todas as garotas fazem. É grana rápida e não acredito que alguém vai se importar por você estar grávida. Tem homens que até curtem esse tipo de coisa.

Judy não conseguia acreditar no que estava ouvindo. — Quer que eu durma com outros homens por dinheiro?

— Só até a gente juntar o bastante para dar o fora daqui — tentou convencê-la Van.

— Não — gritou Judy. — Não vou fazer isso. Como pode me sugerir um negócio desses? Eu estou grávida!

— Eu sei — rebateu Van. — Foi isso que nos meteu nessa confusão — e saiu do quarto botando fogo pelas ventas, batendo a porta atrás de si.

Judy se jogou na cama e começou a chorar. Não tinha pedido nada daquilo. Van lhe prometera aventuras. Disse que cuidaria dela. Pensou em ligar para a mãe, mas não queria ir para o reformatório juvenil e tinha medo do que Van faria.

O humor de Van estava melhor quando voltou. Tinha conhecido um homem, com quem trocara um cheque sem fundos de quarenta e cinco dólares.

— Arrume as malas — disse a Judy. — A gente vai para Nova Orleans.

15

O casal mais procurado da América chegou a Nova Orleans alguns dias depois do Natal de 1962, a época mais sorumbática do ano para estrangeiros na Cidade Hostil. Van, usando o pseudônimo Harry Lee, passou um cheque sem fundos para um homem que conheceu, chamado Morris Stark, arrancando dinheiro suficiente do bondoso cavalheiro para alugar um apartamento em estado precário no número 1.215 de Josephine Street, a dois quarteirões e meio da St. Charles Avenue, no Distrito de Garden. A área, que antes abrigara a aristocracia de Nova Orleans, passara por um período de declínio durante a Grande Depressão, quando abastados proprietários de terras foram forçados a vender seus terrenos adjacentes para manter sua posição na sociedade. Apartamentos baratos, construídos sem muito cuidado devido à escassez de dinheiro, brotavam por todas as ruas que margeavam a St. Charles Avenue, e suas linhas faziam um surpreendente contraste às obras-primas arquitetônicas da rua ao lado. Os pobres da classe operária e os vagabundos se amontoavam em bandos pela zona, atraídos pelo preço baixo dos aluguéis e pelo transporte barato oferecido pelos bondes da St. Charles.

Passando a maior parte do dia em seu minúsculo apartamento e saindo apenas à noite para passeios curtos, Van e Judy conseguiram não despertar a atenção naquela área movimentada de Nova Orleans. Vez ou outra, algum estranho comentava sobre a barriga de Judy ou perguntava para quando era o bebê, mas Van logo o dispensava, pois não tinha interesse em bater papo com ninguém, a não ser que fosse para tentar aplicar algum golpe.

Judy tentou ficar feliz com a gravidez, mas Van não suportava a ideia. Não dava a mínima para o nascimento iminente de seu filho. Mesmo assim, Judy tentava agradá-lo, cozinhando e faxinando sem fazer muitas perguntas quando ele saía sozinho à noite, escondendo o rosto com um chapéu. Nada do que ela fazia funcionava. Por mais que declarasse repetidamente seu amor por ela, Van menosprezava sua barriga inchada, como se esta, por sua própria existência, o ofendesse.

Menos de dois meses depois de chegarem a Nova Orleans, no dia 12 de fevereiro de 1963, eu nascia sob o nome de Earl Van Dorne Best. (Não sei por que meu pai acrescentou o *e* a Dorn — ou se foi apenas um erro cometido pelo hospital.)

Van telefonou para William.

— Preciso do dinheiro que deixei com você — falou. — Judy teve a porcaria do bebê e tenho de pagar a conta antes de darem alta a ela. Pode me enviá-lo?

— Claro — respondeu William —, mas, Van, preciso que você volte aqui o mais rápido possível.

— Por quê? Qual o problema?

— Eu fui preso. Me acusaram de colaboração por levar você e Judy ao aeroporto quando fugiram. Vou ser julgado e preciso que você testemunhe, dizendo que eu não sabia a idade dela.

— Você sabe que não posso fazer isso — disse Van. — Vou ser preso assim que puser o pé em São Francisco.

— Van, por favor. Se for considerado culpado, isso pode acabar com a minha carreira.

— Desculpe, cara. Não posso.

William desligou o telefone. Ele enviou o dinheiro a Van, mas ficou irritado por saber que não poderia contar com o amigo.

Van pagou a conta do hospital.

As enfermeiras do Southern Baptist Hospital, na Napoleon Avenue, não sabiam que minha mãe era tão nova. Caso contrário, poderiam instruí-la um pouco mais sobre como cuidar de um bebê antes de mandá-la para casa. Depois de darem algumas recomendações básicas a uma garota que pensavam ter dezenove anos, elas sorriram e se despediram, dizendo: — Tome conta do pequeno Earl. — E só.

Duas semanas mais tarde, meu pai, sem um centavo no bolso e sem encontrar alguém que pudesse persuadir a trocar um de seus cheques, convenceu minha mãe, ainda em recuperação, a aceitar um trabalho como garçonete num bar no Bairro Francês. Van fizera amizade com o proprietário do Ship Ahoy Saloon, na esquina das ruas Decatur e Toulouse, de frente para a Cervejaria Jackson, e mentira sobre a idade de Judy para que ela conseguisse o emprego. O bar hoje é um restaurante bem popular e muito diferente do lugar que na época era um reduto dos marinheiros sedentos que chegavam ao Porto de Nova Orleans no rio Mississipi, a um quarteirão dali.

Além do bar no térreo, com sete portas francesas sempre abertas, o estabelecimento abrigava um hotel nos três pisos superiores, onde os marinheiros podiam descansar convenientemente com a garota que escolhessem após uma noite de bebedeira. A música alta que vinha das janelas abertas atraía os transeuntes, e o bar nunca ficava vazio. O local era notório por sua clientela violenta, e as noites tumultuadas sempre terminavam com gente com o nariz sangrando.

Depois de uma noite de trabalho, Judy saltou do bonde a alguns quarteirões de casa. A brisa que soprava do Mississipi a fazia tremer. Era início de março e ainda fazia frio — a temperatura girava em torno de seis graus e chovia. O minúsculo uniforme que usava por baixo do sobretudo, uma exigência do Ship Ahoy, pouco ajudava a protegê-la do frio. Judy escondia bem o medo que sentia dos marinheiros, sorrindo, flertando e dando tapinhas em mãos zelosas em demasia de modo a ganhar dinheiro o bastante para comprar fórmula infantil para mim e manter o abastecimento de gim que Van precisava para os Tom Collinses que ele adorava beber na época.

Tratava-se de sobrevivência, e minha mãe aprendera bastante sobre sobrevivência com Van.

Como sempre, Judy caminhava de cabeça baixa. A polícia ainda estava no encalço deles e ela temia ser reconhecida pelas fotos dos jornais. Quando virou a esquina na Josephine Street, sentiu-se aliviada. Nosso vizinho, Charlie, estava do lado de fora, enfrentando a chuva para se certificar de que ela chegasse bem em casa. A luz da varanda desenhava a silhueta de seu corpo frágil. Van nunca pensaria em esperá-la — ela sabia se cuidar sozinha. Com o rosto marcado pelos anos em que trabalhara no porto, o velho homem sorriu e tomou Judy pelo braço, conduzindo-a pelo pequeno pátio no centro do prédio.

— Como foi a noite, filhinha? — perguntou, parando-a antes que pudesse subir pela escada.

— Ganhei o bastante para comprar papinha para o bebê, mas aqueles marinheiros são difíceis de lidar — disse Judy. — Acho que tenho alguns hematomas nas costas para provar.

— Você não devia estar trabalhando naquele lugar, filha — disse o velho. Ele se preocupava com Judy. Começara a se preocupar desde que ela se mudou para o edifício com o homem que ela dizia ser seu marido. Ele não gostava de Van, não confiava nele. Podia ver que o homem tinha o diabo no olhar. Charlie vivera em Nova Orleans por toda a vida e fora criado nas tradições do vodu, que sua família passara de geração em geração. Conhecia a maldade só de olhar. Van o deixava apavorado e o velho não era de se assustar facilmente. No minuto em que conheceu o casal, percebeu que devia ficar de olho na minha mãe.

— O bebê precisa de comida — respondeu Judy, abraçando o velho antes de subir as escadas.

Quando chegou ao nosso apartamento, girou a maçaneta cautelosamente. Não queria que a porta rangesse e acordasse meu pai. Correndo até a velha arca de família de Van, usada então como berço improvisado, levantou a tampa pesada às pressas e me encontrou lá dentro com os lábios roxos.

Mal respirava.

Isso acontecia quase toda noite.

Ela me tirava da arca e me colocava nos braços, balançando-me ansiosamente de um lado para o outro para me manter em silêncio enquanto eu lutava para respirar, feliz de ver que eu tinha sobrevivido por mais uma noite.

O som da tampa se abrindo o acordara e agora Van observava com ciúme.

Judy se atrevera a perguntar algumas noites antes por que ele continuava a me fechar na arca à noite. — Não aguento ouvir esse choro — disse Van. Judy ficou em silêncio. Sabia que era melhor não responder. O humor de Van piorara bastante desde que tinham chegado a Nova Orleans e ela vira os sinais de sua crueldade para comigo em mais de uma ocasião.

Sangue no meu nariz.

Um corte na cabeça.

Judy temia que Van acabasse me matando, mas ele insistia que ela tinha de trabalhar. Era responsabilidade dela ganhar dinheiro se quisesse que eu continuasse a comer.

— A gente precisa se livrar desse moleque — declarou Van de repente do seu lado da cama. — Vou levá-lo para algum lugar.

— Não pode fazer isso! Vai levá-lo para onde? — protestou Judy.

— Ainda não sei, mas não suporto mais essa choradeira constante. Fico louco com esse barulho.

Judy correu para o corredor, ainda me segurando nos braços, com medo do que Van pudesse fazer. Ela sabia que tinha de encontrar um modo de me manter longe do meu pai. Ela queria que as coisas fossem diferentes, como eram antes. Tentava ser uma boa mãe, mas não estava preparada para cuidar de uma criança do jeito certo. Ela não sabia nada sobre cólicas ou como colocar um bebê para arrotar, nada sobre impedir assaduras ou como tentar diversos tipos de fórmula até encontrar a que melhor funcionasse. Sem dinheiro, até mesmo comprar a fórmula se tornara um problema. A fome só me fazia chorar mais. Mas, quando minha mãe me pegava no colo e tentava me confortar, Van ficava furioso. Ele não suportava quando a atenção dela se voltava para mim.

Devagar, Judy desceu as escadas na esperança de encontrar Charlie ainda próximo à fonte do pátio.

— Você está bem? — perguntou o velho quando a viu.

Judy enxugou as lágrimas dos olhos com o dorso da mão.

— Sim, está tudo bem.

— Que belo menino você tem aí.

Judy sorriu em meio às lágrimas. — Ele é lindo, não é?

Charlie acenou com a cabeça, estendendo o dedo para eu segurar. — Você anda bem atarefada, não é mesmo, *cher*?

— Às vezes eu não sei o que fazer — disse Judy.

— Bem, minha mãe sempre disse: "Faça o que seu coração diz. É tudo que pode fazer."

O velho se virou e subiu as escadas, deixando Judy sozinha. Ela sentou numa cadeira perto de uma porta, fitando a rua com o olhar perdido enquanto me embalava. Em meio à garoa, belas flores e a folhagem despontavam das varandas iluminadas da Josephine Street.

De início, Judy gostara de Nova Orleans. Tinha se sentido segura ali, escondida em meio a toda aquela gente. Era bem parecida com São Francisco: agitada e bela, mas ao mesmo tempo feia. O Vieux Carré, ou Bairro Francês, formava um contraste e tanto entre as arquiteturas francesa, crioula e espanhola, com sacadas protegidas por cercas de aço rendado e becos escuros onde os pinguços afogavam suas mágoas em garrafas cobertas por sacos de papel marrom. Prostitutas com pouquíssima roupa desfilavam para cima e para baixo pelas ruas estreitas, sendo mal retribuídas por seus talentos, enquanto damas mais ricas, vestidas seguindo as últimas tendências da moda, examinavam os antiquários. O fedor de urina dos becos, misturado ao aroma hipnótico de frutos do mar temperados que vinha das portas abertas dos restaurantes, permeava a vizinhança. Beleza e degradação caminhavam de mãos dadas numa cacofonia esplêndida que se espalhava por treze quarteirões de largura e seis de comprimento.

Mas as casas perfiladas pela St. Charles Avenue, a apenas alguns quarteirões dali, faziam parte de um passado diferente e mais gracioso, no qual imensas mansões, muitas das quais construídas nos majestosos estilos neogrego, italiano e colonial, com enormes colunas coríntias e varandas espaçosas, tinham exibido ostensivamente a riqueza de barões do algodão, políticos e magnatas industriais. A St. Charles Avenue era um paraíso encastrado nas margens do inferno, o mesmo inferno que em São Francisco se infiltrava por Haight-Ashbury. Judy sabia lidar com aquilo, mesmo com a pouca idade. Era com o inferno dentro de casa que não conseguia lidar. Não se atrevia a me defender contra os ataques de raiva de Van, por medo de que ele voltasse sua fúria contra ela ou, ainda pior, a abandonasse.

Quando comecei a tremer, Judy me levou correndo de volta ao apartamento para esquentar água a fim de aquecer minha mamadeira. Van foi atrás dela, agarrando-a pela cintura. — Não está zangada, está, docinho? Você sabe o quanto eu te amo.

Judy apertou a mão dele. — É claro que não estou zangada. Não consigo ficar brava com você.

Ela checou a fórmula para ver se não estava quente demais. — Deixe só eu dar mamadeira para o Earl e colocá-lo para dormir. Depois, sou toda sua.

— Essa é a minha garota — disse Van, dando-lhe um tapa no traseiro.

Judy estremeceu, pois as marcas da noite ainda estavam frescas. Ela me alimentou o mais rápido que pôde e me colocou na arca, cobrindo-me com a coberta infantil que o hospital lhe dera e deixando a tampa aberta.

— Venha para a cama — ordenou Van. — Tenho um dia cheio amanhã e não consigo dormir sem você.

Judy se despiu às pressas e pulou na cama. Van a puxou em seus braços e acariciou seus cabelos. — Logo, logo, vou conseguir deixar as coisas muito melhores — sussurrou ele.

Na manhã seguinte, Van se levantou e se vestiu enquanto Judy ainda dormia. Depois de revirar a bolsa da menina e se decepcionar, ele a sacudiu até acordar. — Cadê o dinheiro de ontem à noite? — questionou.

Judy olhou para ele sem entender.

— Preciso de dinheiro para o trem. Vou levar o bebê para Baton Rouge. É a cidade grande mais perto de Nova Orleans e a capital da Luisiana — informou a ela, como se tais fatos tivessem alguma relevância.

Minha mãe olhou preocupada ao redor e me viu no chão, ao lado da cama, enrolado na coberta.

— Vão encontrar uma boa casa para ele lá — Van insistiu, quando viu o olhar de perplexidade no rosto da minha mãe.

Judy saltou da cama e foi na minha direção. — Por favor, não dá para a gente ficar com o bebê? Eu vou mantê-lo bem quieto, prometo.

— Não. Estou de saco cheio. Ele só sabe chorar — disse Van, pegando-me do chão e tirando-me do alcance dela. — Eu quero a minha vida de volta.

Minha mãe não era páreo para ele. Sabia que não venceria aquela luta. Sabia desde o dia em que nasci que algo de ruim iria acontecer. Van me odiava e nada podia ser feito. Ela era uma fugitiva, que dependia do meu pai para ficar em segurança, e não havia nada que pudesse fazer a não ser deixar que me levasse embora.

Judy virou o rosto para esconder as lágrimas quando entregou minha mamadeira a ele. Van se recusou a levá-la. — Ele não precisa comer agora — disse, decidido, a caminho da porta.

Minha mãe pegou a chupeta e colocou na minha boca, torcendo com todas as forças para que ela me impedisse de chorar. Quando ela tentou me dar um beijo de despedida, Van a empurrou de lado.

O som da porta sendo batida ecoou pela sala e Judy desabou no chão, aos prantos.

16

— Todos a bordo! — gritou o condutor do Southern Belle, fazendo pessoas das mais diferentes proveniências correrem para o trem destinado a Baton Rouge. Parte da Kansas City Southern Railway, esse trem de passageiros, com a locomotiva pintada em vermelho e amarelo brilhantes, viajava de Nova Orleans a Kansas City, no Missouri, entre os anos 1940 e 1960, parando em cidades como Baton Rouge e Shreveport, Luisiana.

Van correu com os outros para alcançar a estação a tempo. Não ficava longe do apartamento, apenas uns dez minutos a pé. O Charity Hospital, conhecido pelos locais como "Big Charity", ficava a apenas alguns passos

Da esquerda para a direita: **Anna Jordan Best e o marido, Earl Van Dorn Best, com os filhos em 1905. Earl Van Best Sr. está sentado no colo do pai.**

Da esquerda para a direita: **cartão de visitas com retrato onde aparecem meu avô, Earl Van Best Sr.; meu pai, Earl Van Best Jr. (chamado de "Van"); e minha avó, Gertrude Best, quando eram missionários no Japão.**

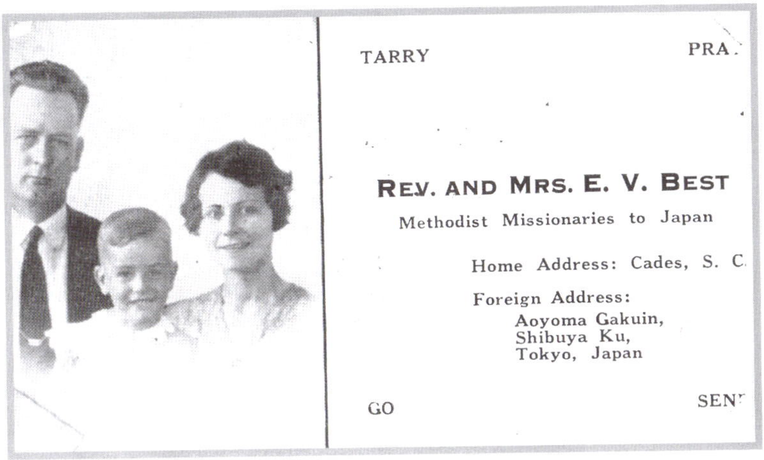

Meu pai, Van, quando era menino, no Japão.

Da esquerda para a direita: Carolyn Best, Katherine Broadway, Geraldine "Bits" Best, Bob Best e Van nas férias de verão em Myrtle Beach em 1948.

Van e seus amigos William Lohmus e Bill Bixby numa foto da ROTC (Reserve Officers Training Corps) no anuário da escola.

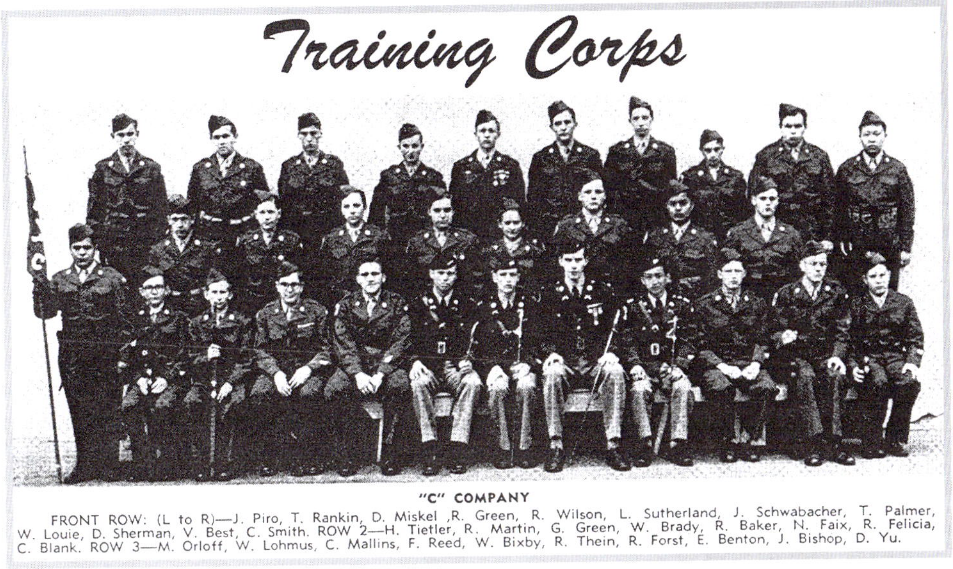

Training Corps

"C" COMPANY

FRONT ROW: (L to R)—J. Piro, T. Rankin, D. Miskel ,R. Green, R. Wilson, L. Sutherland, J. Schwabacher, T. Palmer, W. Louie, D. Sherman, V. Best, C. Smith. ROW 2—H. Tietler, R. Martin, G. Green, W. Brady, R. Baker, N. Faix, R. Felicia, C. Blank. ROW 3—M. Orloff, W. Lohmus, C. Mallins, F. Reed, W. Bixby, R. Thein, R. Forst, E. Benton, J. Bishop, D. Yu.

A casa no número 514 da Noe Street, em São Francisco, onde meu pai cresceu.

Judy Chandler adolescente, na época em que conheceu Van.

Apartamento de Van e Judy em Nova Orleans, onde nasci.

EARL VAN BEST
"Love at first sight"

JUDY CHANDLER
"Beautiful and sweet"

He Found Love in ice Cream Parlor

An accidental meeting at Herbert's Sherbert Shoppe on an Indian summer afternoon was the way in which Earl Van Best found love.

There was only one roadblock to the romance: his love was 14 years old.

"I can't help the difference in our ages," said the balding, 28-year-old Best. "I love Judy and she loves me."

At the moment several sets of steel bars and more than a mile in distance separate Earl Van Best and his one-time wife, Judy Chandler.

Best, who says he supports himself by selling rare books and documents he brings

See Page 20, Col. 1

O primeiro de uma série de artigos escritos pelo repórter Paul Avery, do *San Francisco Chronicle*, zombando de meu pai.

Van segura uma de suas espadas em outro artigo de Paul Avery para o *Chronicle*.

PAGE 2 SAN FRANCISCO CHRONICLE, Saturday, April 20, 1963 FHE ★

Love on the Run

Ice Cream Romance's Bitter End

EARL VAN BEST
Minister's son

JUDY CHANDLER
Married at 14

New Orleans police yesterday picked up the pieces of the shattered, fugitive romance of Earl Van Best and his 15-year-old former wife, Judy Chandler.

The couple's reckless love, that began in a San Francisco ice cream parlor, ended bitterly in New Orleans' French Quarter.

Blonde Judy has been taken to Baton Rouge to talk with welfare authorities there about the future of the baby she abandoned two months ago.

Van Best, 28, a minister's son, waited in the New Orleans jail for the return trip to San Francisco, where he faces charges on a Grand Jury indictment of child stealing, statutory rape and conspiracy.

To be together, Van Best jumped $5000 bail last August and Judy slipped away from San Francisco General Hospital where she was being treated for infectious hepatitis.

On Thursday, after eight months living as fugitives, Van Best telephoned San Francisco police to say Judy "has cleaned me out of money and clothes."

New Orleans juvenile division officers picked up Judy with another man outside a French Quarter apartment.

Van Best was arrested yesterday morning as he talked with a priest in the rectory of St. Louis Cathedral in New Orleans.

He told police that Judy had his baby in February. He took the infant to Baton Rouge and abandoned it in an apartment there.

Van Best, a book salesman, met Judy in an ice cream parlor in the Sunset district in October, 1961. She was 14, but Van Best said she looked 20.

They married in Reno the following January, but the marriage was annulled a month later.

Two months later they left San Francisco on a long trip that took them to Chicago, El Paso, Mexico and Los Angeles. When they returned to this city, Judy was found to be pregnant.

Paul Avery relata o fim do "romance da sorveteria".

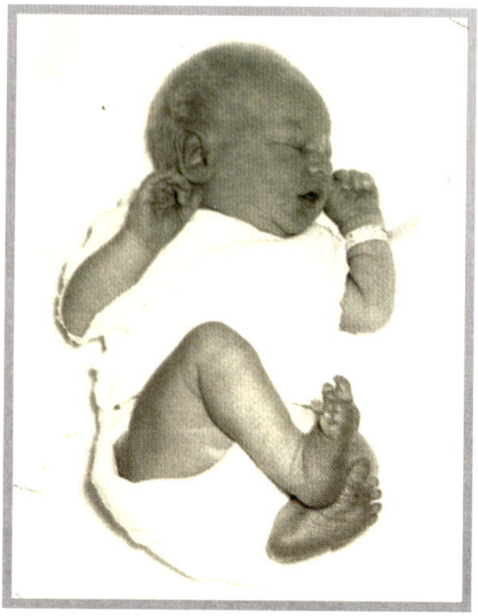

Minha fotografia de bebê tirada no Southern Baptist Hospital em 12 de fevereiro de 1963.

Prédio de apartamentos no número 736 da North Boulevard, em Baton Rouge, onde meu pai me abandonou.

A escadaria onde fui encontrado.

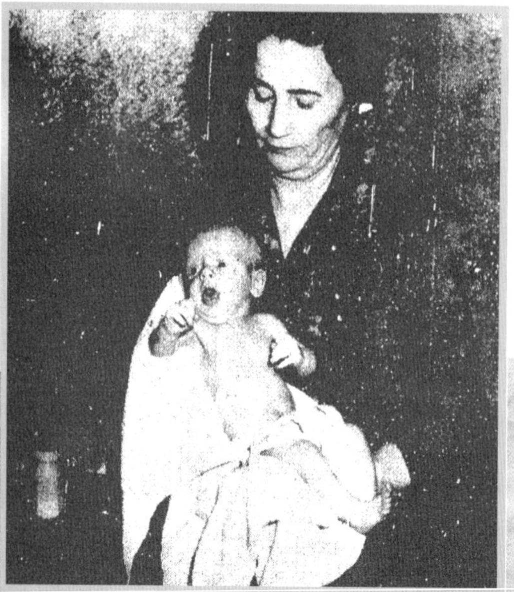

Minha foto de bebê publicada no *Morning Advocate*.

WEATHER

OPELOUSAS VICINITY (UPI) — Occasional rain and a few thundershowers becoming partly cloudy today. Lowest 48 to 52. Highest 55 to 60.

DAILY

Vol. XXII Opelousas, Louisiana, Sun

TWO PERSONS WERE KILLED in the headon collision Saturday morning of these two cars, which smashed together 1 1/2 miles east of Port Barre. The victims were Sheryl Lynn Stewart, 13-months-old daughter of Mr. and Mrs. Harry L. Stewart of Baton Rouge, a passenger in the car at left, and James K. Reasonover, 52-year-old sole occupant of car at right. Th adopted grandchild of Mr. and Mr of Krotz Springs. The crash ha Hwy. 190 during a drizzling rain. Capt. Lonnie Rogers of state polic

Um artigo no jornal local sobre o acidente que tirou a vida de Sheryl Lynn Stewart.

Sheryl Lynn Stewart.

Leona e Loyd Stewart a caminho de buscar o novo filho do casal. (Cortesia de Boone Stewart)

Meu segundo aniversário.

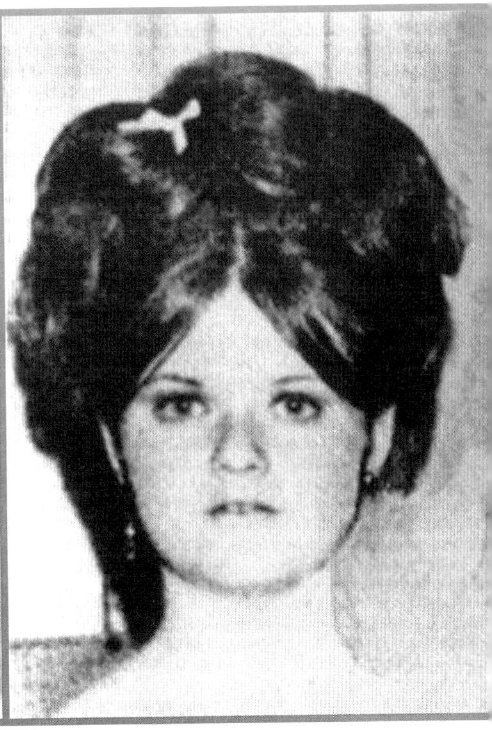

Cheri Jo Bates, vítima do Zodíaco.

Betty Lou Jensen, vítima do Zodíaco.

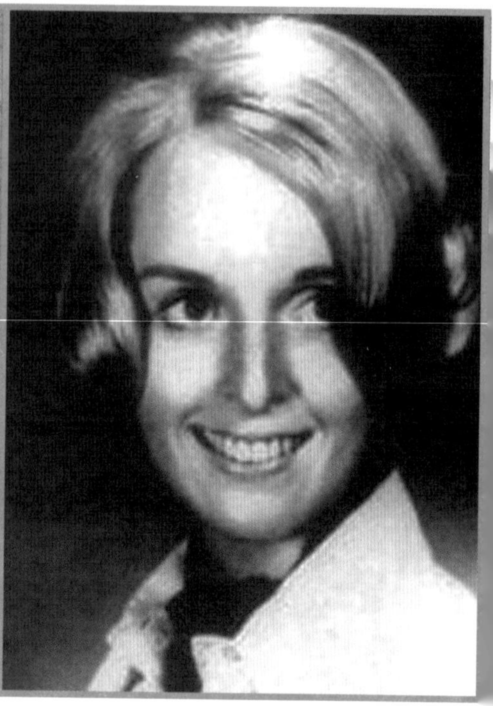

David Faraday, vítima do Zodíaco.

Cecelia Shepard, vítima do Zodíaco.

Bryan Hartnell, vítima do Zodíaco que sobreviveu ao ataque.
Darlene Ferrin, vítima do Zodíaco.

Michael Mageau, vítima do Zodíaco que também sobreviveu ao ataque.
Paul Stine, vítima do Zodíaco.

Anúncio de casamento de Judy Chandler
e Rotea Gilford.

Minha mãe, Judy Chandler, e eu damos nosso primeiro abraço.
(Cortesia de Frank Velasquez)

Da esquerda para a direita: meu pai, Loyd; meu filho, Zach; eu; e minha mãe, Leona, na formatura de Zach. (Cortesia de Francesca Pandolfi)

Minha mãe e meu pai, Leona e Loyd Stewart.

da estação de trem, mas no início dos anos 1960 ainda não havia leis de "abrigo seguro" que permitia que os pais deixassem crianças indesejadas em hospitais, delegacias de polícia ou quartéis do corpo de bombeiros. Quem quisesse se livrar de um bebê naquela época tinha de ser criativo.

— São nove dólares, quatro e cinquenta a ida e quatro e cinquenta a volta — disse o cobrador. — O rapazinho viaja de graça.

Van pagou pela passagem de ida e volta para Baton Rouge e embarcou no trem, projetado para oferecer conforto aos passageiros, descendo pelo corredor espaçoso até sua poltrona. Os outros passageiros não podiam imaginar que o cavalheiro elegante com o bebê nos braços estivesse numa missão covarde como aquela. Passados alguns minutos, o trem deixou a estação, e o balanço do vagão, junto aos ruídos ritmados das rodas de aço sobre os trilhos, me colocou para dormir. Van me manteve nos braços enquanto eu dormia, passando a impressão de ser um pai amoroso ao se ajeitar na poltrona.

O trem avançava ao longo da Highway 61 rumo ao seu destino, numa rota paralela ao vertedouro Bonnet Carré, construído em 1937, após a Grande Cheia do Mississipi em 1927. Sua função era desviar água do rio Mississipi para o lago Pontchartrain quando o majestoso rio ameaçasse derramar suas águas sobre as margens e inundar a tigela que é Nova Orleans. A distância, a Refinaria Norco com sua plumagem de fumaça se transformando em nuvens fofas, lançava um brilho misterioso no horizonte sombrio e nebuloso.

Depois de passarmos pelo pantanal que margeia o lago Pontchartrain, campos de cana-de-açúcar, arrozais e enormes salgueiros ladearam os trilhos. Quando o Southern Belle se aproximou de Gramercy, o apito do trem soou, alertando os motoristas de sua grande força. Em pouco tempo, os passageiros puderam ver *shotgun houses* de madeira,[2] com suas varandas bamboleantes onde famílias e amigos se reuniam para beber cerveja e afundar em caldeirões ferventes de *gumbo* ou *jambalaya*.

Nossa viagem estava quase no fim quando o trem passou pelas cidades de Gonzales e Prairieville. Na paisagem começaram a prevalecer marismas

---

[2] N. do T.: casas modestas, típicas do sul dos Estados Unidos, geralmente estreitas, com um cômodo interligado ao outro sem a existência de um corredor.

cheias de carvalhos gigantescos, cujos galhos, sofrendo com o peso do musgo, se voltavam na direção do solo.

Cerca de vinte minutos depois, uma voz anunciou, pelo intercomunicador, "Estação de Baton Rouge", onde o trem parou rangendo.

Van se levantou, puxou-me para perto de si e desembarcou do trem pela ala oeste da estação. Atravessou os trilhos e subiu pela South River Road. Meu pai não teve como não notar o Old State Capitol, uma estrutura neogótica localizada numa ladeira de frente para o rio Mississipi, tão memorável que Mark Twain escreveu certa vez: "É patético que um castelo caiado com torres e outras coisas — fingindo ser algo que não são — tenha sido construído neste local, antes ilustre."

Um vento leve começou a soprar quando Van virou à direita na North Boulevard. Minha pequena coberta pouco fez para me proteger do ar gélido. Em busca do ponto ideal, meu pai passou pela Biblioteca do Estado da Luisiana e depois pela delegacia de polícia e pelo departamento do xerife, abrigados na mesma construção. As folhas e bolotas caídas dos inúmeros carvalhos que decoravam o centro de Baton Rouge estalavam sob os sapatos de meu pai. Chegando ao alto de uma ladeira, Van avistou uma estrutura em forma de agulha que lembrava a espaçonave que a NASA planejava mandar à lua um dia. Construído por Huey P. Long, o Capitólio do Estado da Luisiana alcançava cento e trinta e sete metros de altura e abrigava trinta e quatro andares, o que fazia dele o maior capitólio estadual do país. À sua direita, a Old Governor's Mansion, residência do cantor e governador da Luisiana, Jimmie Davis, que ganhara fama por sua canção "You Are My Sunshine", trazia uma grande semelhança com a Casa Branca.

O bater de sinos de uma velha igreja anglicana lançou no ar uma tradicional melodia. Eram onze da manhã.

Pouco além da North Boulevard ficava um prédio de apartamentos entre as ruas Joseph e Napoleon. Construído em estilo georgiano colonial, a residência de tijolos vermelhos abrigava oito moradas familiares. Uma passagem de azulejos brancos com o número 736 formado por azulejos azuis levava à porta da frente. Murtas e moitas de azaleia decoravam o quintal com salpicos de cores vivas.

Era perfeito. Como não havia vagas demarcadas na rua movimentada, Van deduziu que deveria existir uma entrada nos fundos. Dobrou a esquina na St. Joseph Street comigo no colo, procurando um portão na cerca de ferro forjado que ele acreditava haver ali. Ao abri-lo, entrou num pátio nos fundos do prédio dotado de belos carvalhos, uma fonte e ninguém por perto. Examinou o estacionamento à esquerda para garantir que estava sozinho e inobservado.

Subindo dois degraus, Van girou a maçaneta da porta dos fundos e entrou no prédio sem ser visto.

Passando pelo piso quadriculado branco e preto, avistou as portas de dois apartamentos de cada lado de um saguão. A escadaria a sua frente acenava para ele. Subiu três degraus e chegou a uma plataforma. Olhando para o alto, viu mais apartamentos. Subiu a escada correndo, viu o número dos apartamentos e voltou à plataforma entre os lances de escada, definindo aquele como o melhor ponto.

Van me embrulhou na coberta azul imunda e me deixou ali no chão, checando para ver se a chupeta estava na minha boca e assim garantindo que eu não chorasse antes que ele conseguisse fugir.

Meu pai deu as costas, deixando-me sozinho naquela escadaria, vestido só com uma toalhinha branca que servia como fralda.

Décadas mais tarde, eu me daria conta de que o dia em que meu pai me abandonou foi o dia em que mais tive sorte na vida.

Outros não teriam a mesma sorte ao cruzar o caminho de Earl Van Best Jr.

17

No dia 15 de março de 1963, Mary Bonnette caminhava sem nenhuma pressa pela North Boulevard a caminho de casa, voltando do trabalho na Ethyl Corporation. Não tinha qualquer plano para o fim de semana, a não ser assistir ao desfile de São Patrício que passaria em frente a sua casa no domingo. Mary gostava de morar no centro de Baton Rouge, onde políticos, advogados e juízes se misturavam cordialmente às pessoas comuns que frequentavam os restaurantes da área ou sentavam nos diques para assistir aos barcos que atravessavam o rio Mississipi. O movimento naquela capital parecia menos frenético que em outros centros maiores pelo país, em parte devido à beleza que rodeava a área. Embora os senadores e representantes corressem na direção dos degraus do Capitólio, sempre tinham tempo para conversar com os transeuntes que os reconheciam. Nem mesmo o governador Jimmie Davis se recusava a parar e dar autógrafo a um fã.

Mary, filha judia de imigrantes de primeira geração vindos da Polônia, havia se divorciado recentemente. Ao chegar ao número 736 da North Boulevard, por volta das quatro e meia da tarde, e caminhar pela lateral do prédio, ela abriu um sorriso de alívio pela chegada do fim de semana e por estar em casa. Gostava de trabalhar na Ethyl, mas sempre esperava pelos fins de semana com ansiedade. Subindo pelos degraus de tijolo da entrada dos fundos, verificou a caixa de correio, encontrando uma só carta antes de abrir a porta.

Mary dera alguns passos pelo pequeno saguão que levava à escadaria para o primeiro andar quando ouviu o som de um bebê chorando. Quando chegou à escada, seu coração parou de bater por um momento.

Deitada ali no chão frio de mármore estava uma criança nua. Eu chorava e mexia os pés. Minha coberta suja e a chupeta tinham caído ao meu lado.

Mary olhou ao redor para ver se encontrava meus pais. Ela sabia que nenhum dos moradores do prédio tinha filhos e pensou que alguém tivesse me deixado ali por um minuto. Não viu ninguém. Deixei escapar um berro, o que fez Mary tomar uma atitude. Ela passou por mim e subiu a escada às pressas até o apartamento número oito.

Lá dentro, telefonou para o juiz C. Lenton Sartain. Ela e o juiz tinham feito amizade depois do divórcio e Mary estava certa de que ele saberia o que fazer.

— Lenton, tem um bebê na escada do meu prédio — falou. — Estava ali quando cheguei do trabalho. Parece que alguém o abandonou.

— Vou atrás de ajuda — disse o juiz, tranquilo. — Vá ver como está o bebê, mas mantenha a porta aberta para ouvir o telefone. Já ligo de volta.

Quando desligou, o juiz bateu o receptor duas vezes no gancho, entrando em contato imediato com a telefonista.

— Quero falar com o chefe Wingate White, do Departamento de Polícia de Baton Rouge — falou.

— Vou mandar o capitão Weiner para lá — disse Wingate quando o juiz explicou a situação.

Robert Weiner, primeiro capitão nomeado na recém-criada divisão juvenil do Departamento de Polícia de Baton Rouge, enviou os oficiais Essie Bruce e J. Laper ao endereço na North Boulevard que o juiz lhe passara.

O juiz Sartain ligou para Mary e disse que a ajuda estava a caminho. — Fique de olho no bebê — disse ele.

— Ah, já estou ouvindo as sirenes — disse Mary, aliviada. Desceu a escada para ver como eu estava, mas não me pegou nos braços. Tinha medo de interferir com alguma evidência que a polícia pudesse encontrar.

Enquanto Laper interrogava Mary, a oficial Bruce me tirou do chão. Sentindo o calor reconfortante do toque humano, parei de chorar. Os dois policiais me colocaram em sua viatura e, com a sirene ligada, correram comigo para o Hospital Geral de Baton Rouge.

Depois de me deixar com o Dr. Charles Bombet, médico da sala de emergência, Laper voltou ao edifício e interrogou os moradores em busca de alguém que pudesse ter visto quem me deixara ali. Ninguém tinha visto coisa alguma.

O Dr. Bombet estimou que eu tinha três ou quatro semanas de idade e nascera num hospital, baseado no fato de que eu fora circuncisado. Ele informou ao capitão Weiner que eu me encontrava em boas condições, mas deveria permanecer a noite hospitalizado para observação.

O juiz Sartain garantiu a Weiner que entraria em contato pessoalmente com Catherine Braun, do Departamento de Serviços Sociais, na manhã seguinte para tratar de me colocar no Centro Infantil do estado.

Laper voltou à delegacia, que ficava poucos metros rua abaixo, e examinou a coberta, a toalha e a chupeta que foram encontradas comigo. Na toalha ele percebeu um carimbo — 815 LA ou 818 LA; não sabia ao certo qual dos dois. Encontrou a palavra NATIONAL carimbada na borda e o nome do fabricante, CANNON, preso na parte de trás da toalha. Em seguida, os itens foram embalados e etiquetados para serem enviados ao Laboratório Criminalístico da Polícia do Estado da Luisiana.

No dia seguinte, o *Morning Advocate* de Baton Rouge estampou a história em sua capa. No artigo, o capitão Weiner apelava para que os pais se apresentassem. "Não sabemos se a criança vinha sendo alimentada com alguma fórmula infantil especial ou apresenta alguma condição que possa afetar sua saúde. Nosso entendimento é de que a pessoa que abandonou o bebê provavelmente acreditou que não teria outro recurso, mas há maneiras de ajudar essas pessoas sem que elas tenham de abandonar seus filhos."

Baton Rouge ficou em polvorosa com o Bebê João Ninguém. Nada do gênero havia acontecido antes.

Mary Bonnette, sozinha em seu apartamento, não estava mais tão animada em relação ao desfile quanto no dia anterior. Não conseguira dormir bem durante a noite. Ficou preocupada comigo. Aos trinta e sete anos ela não tivera filhos e de certa forma já tinha começado a pensar em mim como se fosse seu. Afinal, fora ela quem me encontrara. Precisava saber como eu estava e então correu para o telefone.

— Como está meu bebê? — perguntou ao juiz Sartain, com sua primeira xícara de café ainda na mão.

— Seu bebê está em boas mãos — respondeu o juiz. — Ele vai ser levado para um bom lar e tudo vai ficar bem.

Alguns minutos depois de desligar, seu telefone tocou.

— É você a senhora que encontrou o bebê? — indagou uma voz masculina.

— Sim, sou eu mesma — disse Mary. — Quem fala?

O homem não respondeu à pergunta. — A mãe do bebê passa necessidade. Não podia tomar conta dele — foi só o que disse.

— O senhor é o pai?

— Sim — falou o homem.

— De onde está ligando?

Mais uma vez, nenhuma resposta.

— Escute. A mãe quer o bebê de volta. Ela vai à delegacia hoje de manhã para pegar o bebê — disse o homem.

A voz da telefonista interrompeu a chamada, dizendo ao homem para colocar outra moeda.

A linha ficou muda.

Pouco depois das oito da manhã, Mary ligou para a polícia e relatou a conversa a certo oficial Reily. — Acho que era uma chamada de longa distância, pois a telefonista disse que o tempo tinha acabado — contou. — Não quis me dizer quem era, mas falou que era o pai.

O oficial Reily fez algumas anotações rápidas. Ele e o oficial Reine, da Divisão de Registros, partiram para o Hospital Geral de Baton Rouge para procurar as certidões de todos os meninos nascidos entre 1º de fevereiro e 4 de março. Nenhuma impressão do pé era compatível com a do Bebê João Ninguém. Os registros encontrados no Hospital da Nossa Senhora do Lago também não se mostraram compatíveis.

O capitão Weiner instruiu o oficial Gouner a rastrear a origem da etiqueta de lavanderia na toalha encontrada com o bebê. A primeira parada de Gouner foi a lavanderia de Kean. O proprietário, Wilber Amiss Kean, inspecionou a toalha e disse: — Isso vem da National Linen, saindo de Nova Orleans.

Gouner voltou à delegacia para compartilhar a informação com Weiner, que telefonou para o major Edward Reuther, supervisor da divisão juvenil de Nova Orleans. Weiner explicou que um bebê abandonado fora encontrado na cidade.

— Achamos uma toalha junto ao bebê, com marcações da National Linen. Pode nos ajudar a rastrear onde a toalha foi entregue?

— Vamos fazer o possível — falou o major.

Outros policiais de Baton Rouge se ocuparam de verificar os indícios que chegavam sobre personagens suspeitos, mães solteiras e mulheres grávidas que poderiam ter tido o bebê e o abandonado no prédio. A imprensa estava se esbaldando com aquilo tudo, e a notoriedade atrapalhava as investigações.

Em 20 de março, a polícia tinha seguido a maioria dos indícios sem obter qualquer resultado. Não havia sinal de onde meus pais poderiam estar. O sargento Ballard, do Departamento de Polícia de Baton Rouge, telefonou para a fabricante de produtos de cama, mesa e banho e perguntou se os números e as marcações na toalha podiam ser rastreados. A resposta foi não.

Minha mãe não apareceu na delegacia para me buscar.

Durante o mês seguinte, uma família adotiva nomeada pelo estado tomou conta de mim enquanto a polícia de Baton Rouge continuava a busca pelos meus pais, sem nada descobrir sobre a identidade do Bebê João Ninguém.

18

Quando meu pai voltou a Nova Orleans sem mim, Judy implorou para que contasse onde eu estava.

— O que você fez, Van? Cadê meu filho? — choramingou.

— Ele está bem, Judy. Eu o deixei num prédio de apartamentos onde alguém iria encontrá-lo. Ele vai ficar bem. Vai fazer parte de uma família boa, que vai poder tomar conta dele. Agora pare de chorar. Isso é ridículo.

Judy chorou ainda mais.

Quando viu que não conseguiria consolar minha mãe, Van prometeu que me pegaria de volta.

Judy não acreditou nele — sabia que ele me detestava — e começou a planejar sua fuga.

Ela conhecera um homem no Ship Ahoy chamado Jerry, que flertara com ela e fizera promessas de lhe dar uma vida melhor. Qualquer coisa seria melhor que a vida que vinha levando e em pouco tempo Judy passou a retribuir o flerte.

Na manhã de 18 de abril, minha mãe esperou que Van deixasse o apartamento. Depois, colocou seus pertences escassos na mala e pegou um táxi rumo ao número 642 da Dauphine Street, onde Jerry morava. O apartamento dele era pequeno — uma sala de estar, cozinha e banheiro, com um sótão no andar de cima —, mas era melhor que os lugares onde vivera com Van. Jerry a recebeu de braços abertos.

Van ficou furioso quando voltou para casa e descobriu que Judy e tudo o que era dela tinham desaparecido. Foi até o Ship Ahoy e questionou o proprietário, com quem fizera amizade quando arranjara o trabalho para Judy no bar. O proprietário lhe disse que Judy vinha flertando com um cliente chamado Jerry. — Me diga onde ele mora — exigiu Van.

— Não sei onde mora, mas vou descobrir para você — respondeu.

Algumas horas depois, o proprietário deu o endereço a Van.

Disposto a se vingar, Van pegou o telefone e ligou para a polícia.

— Eu gostaria de fazer uma denúncia — disse Van ao sargento administrativo Charles Barrett, do Departamento de Polícia de Nova Orleans, após dizer seu nome. — Eu fugi de São Francisco com Judith Chandler em agosto do ano passado — falou. — Viemos para Nova Orleans em janeiro. Ela me deixou hoje de manhã. Simplesmente chamou um táxi e foi embora. É uma fugitiva procurada. Verifiquem. Vocês vão ver. Ela está morando na Dauphine Street. Levou todo o meu dinheiro e minhas roupas. Quero que seja presa.

Barrett transmitiu a denúncia aos policiais Roland Fournier e Charles Jonau, que investigaram as companhias de táxi e descobriram que certa Judith Chandler pegara um carro da United Cab no número 1.215 da Josephine Street até Dauphine Street, 642.

— Vão buscar a menina — ordenou Barrett aos policiais depois que a informação passada por Van foi verificada.

Fournier e Jonau ficaram de tocaia no local, estacionando na metade do caminho entre a Orleans Avenue e a St. Peter Street. Virados em sentido sudoeste, não perderiam a suspeita de vista caso ela subisse pela Toulouse e virasse na Dauphine.

Já passava de meia-noite quando avistaram Judy, andando de braços dados com um homem. Antes que conseguissem entrar, os policiais interceptaram e algemaram os dois.

Jerry, um homem de negócios casado vindo de Seattle, que tinha persuadido a adolescente a fazer sexo com a promessa de ajudá-la a recuperar seu bebê, foi interrogado e liberado. Judy foi presa por vadiagem e levada ao centro de detenção juvenil, dessa vez, a três mil e quinhentos quilômetros de casa.

Ela parecia tranquila ao ser colocada em custódia. Brincou com os policiais como se não houvesse nada de errado. Fournier, atento a cada movimento, depois a descreveria como uma garota astuta. Ser presa não parecia incomodá-la de maneira alguma.

Sabendo que Van a tinha dedurado, Judy começou a abrir o bico.

— Eu tenho quinze anos — disse, com orgulho. — Não sei por que estão me prendendo. Deviam prender o homem que ligou para vocês. Ele levou meu bebê e o abandonou em Baton Rouge.

Fournier e Jonau estavam ouvindo.

— Que bebê?

Jonau deixou o recinto para telefonar para o capitão Weiner, em Baton Rouge, e confirmar que eles tinham encontrado uma criança abandonada. Quando voltou, ele acenou com a cabeça para Fournier, que continuava interrogando Judy. Ela disse tudo a eles.

— Fugimos de São Francisco no ano passado — explicou ela, segundo os registros policiais. — Vivemos num monte de cidades e eu não queria vir para cá. Van insistiu que eu deveria ter o bebê aqui. Chegamos em 30 de dezembro. O bebê nasceu em 12 de fevereiro deste ano, no Hospital Batista. Dei a ele o mesmo nome de Van, que era cruel com a criança e a trancava numa arca com a tampa fechada. Toda noite, quando eu chegava em casa do trabalho, o bebê mal estava respirando. Até que ele finalmente levou a criança a Baton Rouge e a largou na escadaria de um prédio de apartamentos na rua principal. E ele também saiu passando cheques sem fundos pelo país — acrescentou Judy.

Os policiais decidiram mantê-la no centro de detenção juvenil enquanto verificavam sua história.

Fournier deu um telefonema para São Francisco e descobriu que Van era procurado por sequestro de menor, estupro e conspiração. Uma vez confirmado que ele era de fato um fugitivo, um mandado para sua prisão foi emitido. Fournier e Jonau foram ao endereço de Van na Josephine Street com o mandado em mãos. Sua senhoria informou que o suspeito tinha se mudado para "local desconhecido", garantindo que entraria em contato caso soubesse do paradeiro de Van.

No dia seguinte, o capitão Weiner viajou para Nova Orleans com outro policial para encontrar minha mãe. Perguntava a si mesmo que tipo de pessoa podia abandonar uma criança daquele jeito. O capitão ficou de certa forma surpreso ao descobrir que minha mãe era apenas uma adolescente. Quando mostrou a ela algumas fotografias de mim, Judy me identificou como seu filho, com lágrimas nos olhos. Weiner a interrogou como faria com qualquer outro criminoso até estar certo de que a história que ouvia era verdadeira. Ele então a levou a Baton Rouge para assistir a uma audiência sobre o que seria feito comigo.

Judy estava partindo de Nova Orleans naquela tarde quando sua antiga senhoria telefonou para a polícia. Dizia que Van telefonara. — Ele falou que estava na Catedral de St. Louis — informou a senhoria.

Jonau e Fournier partiram para o Pirate's Alley, um lugar apropriado para encontrarem o suspeito. Segundo a lenda, o beco do comprimento de um quarteirão, que vai da Charles Street à Royal Street, era antigamente um porto seguro para piratas, embora sua localização, com a histórica Catedral de St. Louis à direita e o Cabildo, ponto onde foi realizada a transferência da compra de Luisiana, em 1803, à esquerda, contradissesse a história. A Casa de Faulkner, onde William Faulkner escreveu seu primeiro romance, fica localizada próxima à Royal Street no Pirate's Alley e atrai milhares de turistas todos os anos. Durante o dia, o beco é acolhedor, tomado por pintores e artistas de rua, mas de madrugada, quando o pecado corre solto no Bairro Francês, o Pirate's Alley ganha ares sombrios. Sua salvação talvez esteja na enorme catedral que fica diante do beco, lembrando aos pecadores aos seus pés que Deus está presente naquele local.

Van talvez estivesse em busca de um porto seguro quando decidiu visitar a catedral ou, então, de perdão por seus pecados antes que tivesse de pagar sua penitência. Ou então queria ver o órgão da catedral e a arte do pintor italiano Francisco Zapari, que imitara Michelangelo ao pintar o teto arqueado da igreja com as cores vivas do Renascimento antes de dar seu próprio toque barroco.

Van foi até a frente da igreja e saiu por uma porta lateral que dava para um beco. A reitoria estava bem a sua frente e ele decidiu entrar.

Quando Fournier e Jonau chegaram à reitoria, descobriram por meio da recepcionista que Van ainda estava lá. Ele não resistiu quando o levaram em custódia.

Van confessou que fora cruel comigo, trancando-me na arca e me abandonando porque ele e Judy tinham decidido que não me queriam. — Nós não tínhamos dinheiro para alimentar aquilo — disse aos policiais, que ficaram surpresos quando aquele pai se referiu ao filho como "aquilo". Levaram-no à delegacia do Primeiro Distrito e o indiciaram como fugitivo.

No dia seguinte, 20 de abril, a manchete do *San Francisco Chronicle* dizia: "Amor em fuga: o triste fim do romance da sorveteria", no qual Paul Avery detalhava a captura do casal de fujões. Outra manchete anunciava: "Romance da sorveteria termina em Bourbon Street". Os jornais de todo o país recontaram a história dos dois pombinhos que fugiram para ficar juntos e acabaram separados pelo fruto daquele amor.

Em Baton Rouge, Judy se encontrava sozinha num quarto pequeno e frio, sentada junto à janela que dava para o rio Mississipi. Seu coração batia acelerado, os nervos palpitavam. Ela juntou as mãos, tentando se concentrar nas algemas que ligavam seus pulsos, mas não conseguia enxergar claramente por causa das lágrimas que ofuscavam sua visão.

Depois de ser interrogada por horas, Judy finalmente acabou dando o número de telefone da mãe à polícia. O diretor de serviços sociais ligou para Verda e lhe disse que Judy dera à luz um menino e que o bebê fora abandonado.

— Sua filha foi presa — informou o diretor.

Recordando de sua própria experiência com a filha de seu estuprador, Verda decidiu que Judy poderia voltar aos seus cuidados somente se concordasse em renunciar voluntariamente à minha custódia em nome do estado da Luisiana. Verda sabia que aquela era a coisa certa a ser feita. Judy era jovem demais para carregar o fardo de uma lembrança permanente do homem que a sequestrara e a estuprara. Minha mãe assinou os documentos, dando-me para a adoção. Não tinha outra escolha. Deixariam que ela me visse por alguns minutos antes de ser transportada de volta para São Francisco.

Judy não conseguiu controlar o fluxo de lágrimas que caiu de seus olhos enquanto aguardava que me trouxessem. Quando achava que não conseguiria mais suportar o silêncio daquele ambiente, Margie Stewart, uma jovem e atraente assistente social, abriu a porta. O movimento me acordou e deixei escapar um guincho assustador. Margie, que pouco depois se tornaria minha tia adotiva, colocou-me nos braços de minha mãe.

Outra assistente social e um guarda uniformizado entraram com Margie no recinto. — A senhorita tem dez minutos — disse a assistente social em tom solene. Judy mal conseguiu registrar as palavras no momento em que me levantava e beijava minha testa. Olhando para o meu rosto, percebeu pela primeira vez que eu tinha covinhas enormes. Ela me beijou o nariz, as bochechas, as mãos. Segurei o cabelo dela, mas não puxei. Apenas fiquei segurando com minha mãozinha minúscula.

— A mamãe te ama — repetia Judy sem parar. — A mamãe te ama demais.

A porta de aço se abriu, sinalizando que o tempo de Judy comigo tinha chegado ao fim. Minha mãe deu um berro, o que fez com que eu também berrasse. Ela me apertou contra o peito, como se quisesse me proteger do que estava para acontecer.

— Senhorita, temos de ir agora — disse Margie.

— Não — queixou-se Judy.

Margie esticou os braços para me pegar, mas Judy me apertou forte.

— Não! Vocês não podem levar meu bebê! Não vou deixá-lo. Serei uma boa mãe. Ele precisa de mim. Vejam, ele está chorando. Precisa da mamãe.

O guarda a segurou pelos ombros, enquanto Margie me arrancava de seus braços.

— A mamãe te ama — choramingou Judy. — Me perdoa, bebê. Vou voltar para te buscar.

Puxando uma última vez, Margie conseguiu me pegar no braço. Eu segurava na mão alguns fios do cabelo da minha mãe.

Judy parou de lutar e ouviu atentamente os meus berros enquanto me levavam embora, até não conseguir ouvir mais nada.

Deitou a cabeça na mesa, soluçando.

19

Judy e Van foram extraditados para a Califórnia. Judy foi condenada a um período entre seis meses e dois anos no centro corretivo juvenil em Camarillo e Van foi levado de volta a uma cela no Tribunal de Justiça.

Earl recebeu a notícia da boca de Gertrude.

— Prenderam Van em Nova Orleans — disse ela a Earl pelo telefone. — Mandaram-no de volta para cá. Está na cadeia. Acho que você não vai conseguir tirá-lo dessa.

— Estou a caminho — disse Earl.

Ele pegou o primeiro voo para São Francisco e fez o caminho familiar até a delegacia de polícia na Bryant Street.

— Estou aqui para ver meu filho, Earl Van Best Jr. — anunciou ao guarda sentado atrás de uma divisória de vidro.

— Assine aqui — instruiu o oficial.

O guarda verificou sua identificação e disse a Earl para esperar.

— Pode vir por aqui — disse ele alguns minutos depois, conduzindo o capelão a uma salinha.

— Meu filho está bem? — perguntou Earl, sentando-se.

— Senhor, seu filho é a encarnação do mal — respondeu o oficial.

Earl não respondeu. Não podia. Mas contaria aquele comentário assustador para sua família mais tarde.

Enquanto esperava, Earl orou, pedindo que Deus o orientasse.

A porta finalmente se abriu e Van foi conduzido por outro guarda.

Earl tentou fazer Van explicar por que me abandonara, mas ele não cooperava. Não queria ouvir o pai pregando sobre as consequências de se fazer o mal. Earl garantiu a Van que tentaria reaver o bebê, mas Van não se mostrou interessado.

Enojado, Earl foi embora.

No dia seguinte, ele voltou para casa, pegou Ellie e embarcou em outro voo, dessa vez com destino ao aeroporto internacional de Nova Orleans.

— Não posso deixar que o bebê cresça num orfanato — explicou no caminho para a esposa. — Espero que você entenda. Ele é meu neto e provavelmente está morto de medo. Você sabe que eles não cuidam bem dos bebês nesses lugares.

— Não sei quanto a isso, mas compreendo. Vai ficar tudo bem. A gente vai encontrar o bebê, querido — disse Ellie. — Vamos trazê-lo de volta para casa.

Ela entendia mais do que Earl pensava. Sabia que eu seria uma reparação pelo seu pecado, por seu fracasso em relação a meu pai.

Quando aterrissaram, meu avô alugou um carro para viajarem até Baton Rouge. Primeiro foram à delegacia e em seguida à agência de bem-estar social infantil do estado.

— Estou tentando encontrar um bebê — disse ele à recepcionista. — Os jornais o chamaram de Bebê João Ninguém. O nome da mãe é Judy Chandler e o do pai é Earl Van Best Jr. Eu sou o avô. Gostaria de adotar a criança.

— Lamento, senhor — disse a recepcionista. — O Bebê João Ninguém já foi adotado.

— Quem o adotou? — perguntou Earl.

— Isso é confidencial. Não posso revelar essa informação — respondeu a recepcionista.

Meu avô chegara tarde demais.

Alguns dias depois, Earl viajou a Battery Park, na cidade de Nova York, como convidado do presidente dos Estados Unidos, para receber uma homenagem pelo trabalho que fizera como comandante na Reserva Naval dos Estados Unidos e como capelão nacional dos Veteranos de Guerras Estrangeiras. Ele tomou a frente da invocação antes de John F. Kennedy dedicar o Memorial da Costa Leste aos Desaparecidos no Mar. Em suas observações iniciais, Kennedy se referiu diretamente ao meu avô, chamando-o de "reverendo".

Aquele que deveria ser o momento de maior orgulho na vida de Earl fora maculado pela mancha que Van associara ao seu nome.

20

Em 17 de maio de 1963, Leona Stewart recebeu uma ligação da agência de bem-estar infantil do estado.

— Temos um bebê de três meses para a senhora — anunciou a assistente social. — Poderia me encontrar no estacionamento da Cafeteria Piccadilly, na Government Street?

Leona manquejou até o lado de fora para contar a boa notícia a Loyd. O marido ergueu o olhar do cortador de grama, percebendo que Leona se movia mais rápido que o normal.

— Temos um filho! — exclamou. — Encontraram um bebê para nós. Precisamos ir. Estão nos esperando.

Loyd deixou o cortador onde estava e ajudou Leona a caminhar de volta para casa. Não disse uma palavra. Não conseguia. O coração estava na boca. Todas as dúvidas e a angústia que sentira voltaram a ele naquele momento.

Toda a raiva contra si mesmo.

E contra Deus.

Leona Ortis e Loyd Stewart nasceram numa pequena cidade da Luisiana chamada Krotz Springs logo após a Grande Depressão. Embora Loyd tenha crescido em Baton Rouge, boa parte de sua família ainda morava no vilarejo pesqueiro e agrícola, e ele a visitava com frequência. Krotz Springs tinha uma população bem pequena e Loyd e Leona viviam em lados opostos da ferrovia.

O pai de Leona era dono de uma peixaria e de um armazém e ela trabalhava como balconista depois da aula e nos fins de semana. A bela morena logo chamou a atenção do elegante Loyd, que trotava até a loja em seu velho cavalo para vê-la ou, como dizia Loyd, "para instigá-la". Por mais que a família de Loyd não tivesse dinheiro, Leona não se importava. Toda tarde ela esperava ansiosamente pela chegada do jovem cavalheiro *cajun*, montado imponentemente no lombo de seu cavalo para impressioná-la. O casal começara a namorar na escola média e os dois se casaram quando tinham vinte anos. Loyd não demorou a encontrar um emprego na sala de correspondência da Ethyl Corporation, em Baton Rouge, enquanto Leona trabalhava como secretária e escriturária na Webre Steel.

O casal se acostumou com tranquilidade à nova vida e, como o amor que um sentia pelo outro só crescia, logo começou a pensar em aumentar a família. O que parecia ser uma boa ideia se tornou um teste de determinação quando, mês após mês — e depois ano após ano —, Leona aguardava para engravidar.

— Não entendo — disse Leona a Loyd depois de passado mais um ano sem que a gravidez viesse. — O Dr. Miller falou que posso ter filhos, mas não disse quando.

Loyd passou a temer que o problema fosse com ele, e a frustração que ambos sentiam começou a pesar. Até mesmo Leona, que acreditava que Deus atenderia às suas preces, foi perdendo o otimismo com o passar dos anos.

Até que ela finalmente abordou Loyd sugerindo que adotassem uma criança. Mas ele via aquilo como o reconhecimento de um fracasso e resistiu à ideia.

— Vamos continuar tentando — insistiu.

Depois de nove anos de casamento, desistiram e optaram pela adoção.

Loyd segurava a mão de Leona quando os dois entraram na agência pelo bem-estar da criança para a primeira entrevista com um assistente social. — Não diga nada. Há escutas na sala — brincou ele, tentando acalmar os nervos de Leona. Loyd era um brincalhão. Aquele era o seu jeito de lidar com qualquer situação estressante.

Em pouco tempo o estado da Luisiana concedeu ao casal a custódia de uma bela menina recém-nascida. Leona lhe deu o nome de Sheryl Lynn, em homenagem a sua chefe, Lynn Webre.

— Olhe para ela, Loyd. Não é linda? — sussurrou Leona, segurando o bebê nos braços.

— É, sim — concordou Loyd, já apaixonado.

Dez meses depois, o impensável aconteceu.

Em 7 de janeiro de 1961, Loyd e Leona desciam pela Highway 190 na direção de Opelousas, na Luisiana, para o casamento de L. J. Ortis, irmão mais novo de Leona, e Mary Ann Fontenot. Sentadas no banco de trás, as irmãs de Leona, Evelyna Ortis Parker e Loretta Ortis Courville, falavam sobre o casamento. Loretta adorava casamentos. Ela fora a última das meninas da família Ortis a casar e seu matrimônio com Lawrence Courville ainda estava na fase de lua de mel. Leona só ouvia alguns trechos da conversa, pois brincava com a filha adotada, sentada no banco ao seu lado.

O carro deles era o penúltimo numa procissão de familiares que se dirigiam ao casamento.

Loyd guiava em silêncio, ouvindo a tagarelice das moças, prestando atenção para não se aproximar demais de seu cunhado, no carro da frente. Loyd sempre foi um homem cauteloso. Seu pai, Boone, o criara daquela maneira.

Leona cantarolava uma cantiga de roda para Sheryl, olhando para o sorriso do bebê, que revelava dois dentinhos que tinham acabado de aparecer na gengiva. Verso após verso, os gritos de deleite de Sheryl encantavam a mãe. Com um vestido verde de colarinho branco, o bebê usava em seu bracinho uma pulseira de ouro, presente dado pelo Tio Snook e pela Tia Dorothy dez meses antes. Antes de partirem de Baton Rouge naquele dia, o Tio Snook estava dando pedacinhos de chocolate escondido a Sheryl até que Leona o pegou em flagrante.

— Pare com isso — ela o repreendeu. — Minha filha não vai para o casamento com o vestido todo sujo de chocolate.

Loyd ria sozinho, relembrando a reação da mulher durante aquele episódio, quando um Chrysler ano 1960 branco surgiu do nada e se lançou em sua faixa, batendo de frente contra seu Chevrolet 1959. A força do impacto jogou Leona no painel e depois para debaixo dele.

Com o braço direito, Loyd tentou proteger a filha e evitar que ela fosse lançada para a frente, mas seu próprio corpo se chocou com o volante. Ele bateu com o rosto no para-brisa, quebrando o nariz.

O bebê não teve chance. O movimento que seu corpo fez para a frente foi interrompido de maneira abrupta pelo painel e ela quebrou o pescoço com o impacto. A pequena Sheryl morreu na hora.

Snook desviou para evitar a colisão com a traseira do veículo de Loyd e assistiu horrorizado quando o carro de Loyd voou pelos ares e aterrissou numa vala. Abrindo a porta com um puxão, ele ficou perplexo com o que viu.

Sheryl não se mexia, ainda que não houvesse uma gota de sangue em seu corpinho. As pernas dilaceradas de Leona estavam presas sob o painel e Loyd sangrava em profusão. Evelyna e Loretta, mais protegidas no banco de trás, não tinham sofrido ferimentos graves.

Tio Snook e Tia Dorothy correram com Sheryl para um hospital, rezando por um milagre durante todo o percurso. Loyd, com lágrimas que se misturavam ao sangue em seu rosto, segurou a cabeça da mulher enquanto esperava impacientemente que os paramédicos removessem Leona das ferragens.

Leona passou os dias seguintes em estado de coma. Quando finalmente recobrou a consciência, perguntou por Sheryl.

— Lamento muito, querida — disse a mãe dela. — Sua filha morreu no acidente.

— E Loyd? Onde está Loyd? — gritou Leona, esforçando-se para sentar.

— Loyd está bem. Está no hospital, mas vai melhorar — disse sua mãe. — Agora fique quieta. Eles não querem que você se mexa.

Leona deitou-se na cama, incapaz de controlar os soluços que faziam seu corpo tremer. Tinha esperado tanto tempo para ter uma criança e agora a menininha que trouxera tanto amor e luz a sua vida a havia deixado.

A cintura, o joelho e a pélvis de Leona foram esmigalhados no acidente. Quando o cirurgião ortopédico Moss Bannerman a examinou, ficou assustado com o que viu. Ele disse à família que, embora pudesse não sobreviver à viagem de ambulância de Opelousas a Baton Rouge, Leona precisava ser transferida para o Hospital Geral de Baton Rouge de imediato. De luto pela perda da filha, Loyd assinou o formulário dando consentimento para que sua esposa fosse transportada, temendo perdê-la também.

Loyd e Leona ainda estavam hospitalizados quando parentes se reuniram para enterrar sua filha. Para os dois, a dor de não poder comparecer ao funeral de Sheryl era insuportável.

Deitada dia após dia em seu leito de hospital, Leona se perguntava por que Deus tinha levado sua filhinha embora. — Deus deve ter decidido que não sou boa para o papel de mãe — disse ela a Loyd.

— Que bobagem. Não pode pensar assim. Você foi uma mãe incrível — Loyd a confortou, embora ele próprio não se sentisse nem um pouco melhor. Por dentro, sentia-se culpado por ter resistido inicialmente à ideia da adoção. Ele se perguntava se aquilo era uma espécie de castigo, mas permaneceu em silêncio enquanto segurava a mão da mulher.

Sabendo que aquela perda trágica afetaria o filho e a nora, Boone Stewart visitou o centro de bem-estar da criança onde trabalhava sua outra nora, Margie Stewart. Fez um apelo a ela e a qualquer outro que lhe desse atenção, dizendo que precisavam colocar Loyd e Leona de volta na lista de possíveis pais adotivos, apesar de ainda estarem no hospital.

No curso das semanas seguintes, o cirurgião ortopédico foi colocando os ossos de Leona de volta no lugar. O Dr. Bannerman instruiu Loyd, que já havia recebido alta do hospital, a construir uma cama reclinável improvisada com compensados e ripas de madeira dispostos na diagonal e inclinados de lado, de modo que ele conseguisse pendurar os contrapesos de tração em angulações diferentes. O médico precisava esticar o esqueleto fraturado de Leona em comprimentos semelhantes para que ela pudesse voltar a caminhar um dia.

Boone foi à loja Goudeau-Huey Hardware & Paint Company situada na Plank Road e comprou as madeiras e os pregos necessários para a construção da cama. — Vamos levar Leona para nossa casa — ele informou a Loyd. — Temos mais espaço lá e podemos ajudá-la a superar essa fase.

Loyd foi até a casa dos pais para ajudar a construir a cama, mas perdeu o fôlego ao ver o pai martelando pregos que atravessavam as ripas e entravam pelo belo piso de madeira da sala de estar.

— Papai, o que lhe deu na cabeça? Vai estragar o piso desse jeito — falou.

Boone ergueu o olhar para o filho. — É só madeira, filho. É só madeira.

Quando recebeu alta do hospital, Leona começou sua recuperação na sala de estar do sogro. Todo dia, Boone e Loyd a viravam, giravam e ajustavam na cama, sem que ela conseguisse andar. Todo dia, os gritos de dor de Leona podiam ser ouvidos por toda a casa. Às vezes Loyd e Boone achavam que a estavam matando, mas seguiam meticulosamente as ordens do médico. E todo dia, depois de cuidarem dela, os dois saíam de casa para chorar. Não podiam deixar que ela visse o quanto sua dor os entristecia. Mas o esforço foi recompensado.

Leona começava a caminhar novamente nove meses depois, quando, em 21 de agosto de 1961, ela recebeu uma ligação. — Loyd, venha aqui — gritou ao desligar o telefone. — A gente vai ter um bebê. Uma menina — e desabou em lágrimas no ombro do marido, que a abraçou com força.

Juntos eles acolheram a criança, a quem chamaram de Cindy Kaye, em sua nova casa em Baton Rouge. Os dois se sentiam abençoados por aquela segunda chance. Loyd e Leona cobriram Cindy de amor, permitindo que sua nova e linda filhinha preenchesse o vazio deixado pela morte de Sheryl, mas quantidade alguma de amor podia fechar as feridas emocionais que sofreram com sua perda.

Quase dois anos depois, Leona recebeu outro telefonema.

Quando sua esposa lhe deu a notícia, Loyd correu para o chuveiro para se limpar. Seu coração batia forte enquanto ele esfregava o suor do corpo. Por muito tempo convivera com o peso da morte de Sheryl. Repreendera a si mesmo, imaginando que, caso tivesse prestado mais atenção ou talvez guiado um pouco mais devagar, sua filha ainda poderia estar viva. Confrontara Deus repetidas vezes, perguntando a Ele por que permitira que tal coisa acontecesse. Toda a cidade de Krotz Springs compareceu ao funeral na Primeira Igreja Batista. Todo mundo, exceto ele e Leona, pôde se despedir de sua filhinha, que tanto lembrava o bebê da Gerber. Não entendia como Deus podia ter feito algo daquele tipo com eles.

E então, quando foi ao Hospital Geral de Opelousas e viu sua esposa inconsciente, com tubos, fios e curativos cobrindo seu corpo ensanguentado, mais uma vez jogou a culpa em Deus.

No entanto, ele ouviu quando Deus se pronunciou através da abertura dos olhos de Leona, do movimento de sua mão apertando levemente a sua e depois quando ela caminhou pela primeira vez depois do acidente. Ele ouviu quando Deus os abençoou com Cindy e agora Ele estava falando com Loyd outra vez.

Estava lhe dando mais um presente.

Um filho.

Leona telefonou para os pais de Loyd e os dois casais foram para o restaurante juntos. Boone estacionou perto de um furgão branco com um adesivo oval, o que significava que o veículo era de propriedade do estado.

Loyd abriu a porta de trás e pegou Cindy dos braços de Leona, de modo que ela pudesse usar as duas mãos para conseguir sair do carro. Depois de passar Cindy para a avó, Loyd colocou o corpo para dentro do carro, posicionando o braço esquerdo sob as pernas de Leona e as puxando para a calçada. Ele se abaixou, pôs o braço direito ao redor da cintura dela e suavemente a colocou de pé. Quando Leona se sentiu estável, os dois caminharam na direção do furgão.

Uma senhora emergiu do veículo com um embrulho nos braços. Loyd foi o primeiro a me ver, depois Boone e então finalmente Leona.

— Vejam esses olhos azuis — disse Loyd. — E esses cabelos louros-ruivos.

— Ele está sorrindo. Olhe as covinhas, Loyd — falou Leona.

— É uma graça — derreteu-se Evelyn.

Boone não conseguia falar. Simplesmente me fitava, tentando engolir o nó na garganta.

— Não temos muita informação sobre ele, a não ser que um dos pais adorava música — disse a assistente social, passando-me para os braços de Leona. — A gente o chamava de Philip quando estava sob cuidado provisório, mas tenho certeza de que vocês vão querer escolher um nome novo e especial para ele. Ele sente bastante cólica e estávamos o alimentando com leite de cabra. Parece funcionar melhor que qualquer alimento em seu organismo. Ele devia viver numa casa cercada de música antes, pois às vezes se põe a chorar e, se cantarolamos algo, ele logo se acalma. Entraremos em contato amanhã ou depois para saber como vão as coisas. Se tiverem alguma dúvida ou precisarem de algo, sabem como nos encontrar. Meus parabéns.

Não foi feita menção alguma ao Bebê João Ninguém, aos meus pais ou à viagem de trem. Nenhuma menção à escadaria. A cunhada de Loyd, Margie, que contribuíra de forma fundamental para que eu acabasse com Loyd e Leona, não contou a eles que tinha me arrancado dos braços de minha mãe adolescente. Não poderia. Era uma adoção sigilosa e a lei da Luisiana a proibia de dizer uma só palavra sobre meu passado. Loyd e Leona não tinham como saber o que eu já tinha sofrido em apenas três meses de vida. Tudo o que sabiam era que Deus lhes dera outro presente e que cuidariam bem de mim.

Minha nova família entrou na Cafeteria Piccadilly para jantar e comemorar. Leona me deu um beijo na testa e me apertou contra o seu coração.

Meus novos pais me deram o nome de Gary Loyd Stewart.

Já em São Francisco, meu verdadeiro nome nunca mais foi mencionado. A mãe de Judy a proibira. Era hora de olhar para frente e esquecer o passado.

Três anos depois, em 3 de outubro de 1966, Leona miraculosamente deu à luz uma menina, Christy Lee Stewart, por mais que os especialistas médicos tivessem dito que seu útero achatado jamais suportaria o nascimento de uma criança. O Doutor Miller dissera certa vez que ela poderia ter filhos, mas havia muito tempo que Leona e Loyd tinham desistido daquele sonho. Deus os abençoara mais uma vez.

21

Em São Francisco os problemas de Van vinham se acumulando, mas Earl saiu em seu socorro. Convicto de que o filho devia ter algum tipo de desordem mental, Earl acreditava que o lugar do filho não era numa prisão e que talvez uma casa de cuidados psicológicos pudesse ser a melhor consequência para seus atos — um lugar onde o filho receberia a ajuda de que precisava. Ele sugeriu que Van escrevesse ao senador Strom Thurmond, da Carolina do Sul, e pedisse a ele que agisse em seu favor. Thurmond concordou em falar com o juiz da Suprema Corte, Norman Elkington, dado que Van era filho de um comandante militar. O juiz viria a declarar posteriormente que "não ficou nem um pouco sensibilizado com a carta de Thurmond pedindo que desse atenção ao caso", segundo o *San Francisco Chronicle*.

"Thurmond, ex-juiz e ex-governador, não conhecia uma série de aspectos do caso, incluindo o fato de que a idade de consentimento na Califórnia era dezoito anos, e não dezesseis", dizia o artigo. — Esses casos estatutários normalmente são apenas coisas de jovens apaixonados — tentou explicar Ed Kenney, assessor de Thurmond.

Outros também manifestaram o seu apoio a Van: o reverendo Hubert Doran, que afirmou em seu depoimento perante o tribunal que Van tinha uma personalidade boa, e Norval Fast, professor de Van na escola média, que declarou que seu ex-aluno nunca se parecera com um criminoso comum.

William Lohmus, ainda aborrecido porque Van não o ajudou em sua própria audiência, recusou-se a depor em favor do velho amigo. William acabou se declarando culpado pelo delito de transportar Van e Judy ao aeroporto na primeira vez em que fugiram e foi condenado à liberdade condicional, um estigma que o perseguiria por toda a carreira.

Num acordo orquestrado pelo advogado de Van e Earl, meu pai foi condenado a um ano de prisão pelo estupro de uma jovem menor de dezoito anos, reduzido ao tempo cumprido, e quatro anos de liberdade condicional.

Duas acusações de fraude foram feitas contra Van no Tribunal Distrital dos Estados Unidos em Nova Orleans no mesmo tempo em que se defendia das acusações de estupro em São Francisco. O Departamento de Justiça americano logo começou a rastrear a trilha de cheques sem fundos e documentos forjados que ele deixara pelo país durante a fuga. Policiais descobriram que Van falsificara sua identidade ao comprar e subsequentemente vender documentos para financiar sua aventura com Judy. Em São Francisco, foi acusado de fraude de documentos e fraude financeira. Van foi condenado a três anos na Penitenciária Estadual de San Quentin. Em pouco tempo, outra acusação de fraude financeira viria da cidade de Lompoc, na Califórnia.

O juiz atendeu ao pedido de Earl e mandou Van inicialmente ao Hospital Estadual de Atascadero por um período de noventa dias para curá-lo de sua obsessão por Judy.

Localizado entre São Francisco e Los Angeles, Atascadero é uma construção de segurança máxima para homens com desvios sexuais e legalmente insanos. Aberto em 1954, o hospital psiquiátrico conta com um perímetro de segurança para proteger o mundo exterior dos pacientes, cujos desvios mentais podem representar perigo. A ideia de ser visto como "louco" não descia pela garganta de Van, que preferia pensar em si próprio como alguém intelectualmente superior.

No Atascadero, os médicos estabeleceram um regime intensivo de terapia por eletrochoque e remédios para exorcizar a necessidade patológica de Van por Judy. Embora seus sentidos ficassem um pouco mais entorpecidos a cada dia, Van resistiu à terapia, preferindo se agarrar às lembranças da linda loura que no fim o traíra.

Por trás do sorriso vago que abria para os médicos, a raiva, com uma intensidade assustadora, fervia dentro dele. William diria posteriormente: — Se Van não era louco antes de ir para Atascadero, os eletrodos que fritaram seu cérebro por tanto tempo garantiram que estivesse louco ao deixar o lugar.

Enquanto Van era "curado de sua obsessão", outra acusação de fraude financeira chegou de San Pedro, na Califórnia.

Uma vez liberado de Atascadero, Van foi mandado para a Penitenciária Estadual de San Quentin.

Prisão mais antiga da Califórnia, San Quentin é cercada em três lados pela baía de São Francisco. Construída por prisioneiros no início dos anos 1850, é a única penitenciária da Califórnia que conta com uma câmara de execução e todos os prisioneiros sentenciados à morte no estado ficam alojados na Ala dos Condenados. Para aqueles como Van, celas pequenas e estreitas, com leitos desconfortáveis feitos de metal e um vaso sanitário encostado na parede, tornavam-se um lar. Assassinos, assaltantes e estupradores espiavam os guardas que passavam através das barras verticais que os mantinham trancafiados e isolados da sociedade. Nos intervalos periódicos para exercício, os prisioneiros podiam enxergar do pátio as ladeiras de São Francisco — a liberdade, quase perto o bastante para ser tocada, ao mesmo tempo se mostrava muito distante. Para Van, aquela vista era um tormento. Sabia que Judy estava lá fora, em algum lugar por aquelas ladeiras, vivendo sua vida sem ele.

Durante um ano e meio ele esperou, planejando reconquistá-la e se protegendo da melhor maneira que podia. Rotulado como pedófilo, Van não teria vida fácil na penitenciária, já que muitos prisioneiros viam abusadores infantis como uma presa apropriada para sua violência.

Em 12 de julho de 1965, dois dias antes de seu trigésimo primeiro aniversário, Van foi libertado.

Pouco mais de dois anos tinham se passado desde a última vez que vira Judy e agora finalmente ele era um homem livre.

22

Em 1964, enquanto Van cumpria sua pena em San Quentin, Rotea Gilford, um afro-americano alto e magro e um dos poucos negros que serviam no Departamento de Polícia de São Francisco, encontrava-se sentado à sua mesa no Tribunal de Justiça sem conseguir acreditar no que acabara de ouvir. Tinha apenas sido promovido. Nunca antes na história do departamento um negro fora promovido a inspetor na divisão de roubos.

O movimento pelos direitos civis estava em pleno vapor e finalmente resultara na passagem do Ato de Direitos Civis federal. Mesmo depois que o ato foi transformado em lei, os afro-americanos tinham de suar para conseguir pôr o pé num degrau da escada para o sucesso. Quando foi contratado pelo departamento, Rotea sabia que sua escalada não seria nada fácil, mas sonhava em se tornar um investigador da divisão de homicídios e fazer parte da equipe que tentava solucionar os numerosos assassinatos que infestavam a cidade junto à baía.

Rotea se mudara com a família do Texas para o distrito de Fillmore, em São Francisco, nos anos 1930. Na época, o Fillmore era o lugar mais lógico para um negro morar. Lotado de imigrantes do mundo inteiro, ali uma criança negra podia se misturar com as outras. Já nas outras áreas da cidade aquilo seria um pouco mais difícil, mas o Fillmore não era como as outras vizinhanças. Desde o início, o lugar tinha uma pulsação diferente, um ritmo distinto que podia ser ouvido noite após noite nos clubes de jazz e casas de espetáculo que se espalhavam por suas ruas.

Rotea crescera naquelas ruas nos anos 1940 e 1950. Sabia aonde podia ir e aonde não podia. Seus pais lhe contavam histórias de como foram impedidos de entrar em clubes e restaurantes de sua própria vizinhança por serem pessoas de cor. Em contrapartida, os afro-americanos começaram a abrir seus próprios clubes e a música que fluía de suas portas abertas tinha tanta força que começou a chamar a atenção. Moradores de outros bairros da cidade começaram a frequentar o Fillmore, atraídos por artistas negros como Billie Holiday, Louis Armstrong e Ella Fitzgerald, que impunham respeito por meio de seu talento.

Por mais que na época o distrito de Fillmore fosse completamente diferente da vida no sul para os afro-americanos, Rotea cresceu com uma forte convicção do que era certo e errado. E em sua opinião a discriminação contra os afro-americanos por causa de sua cor era algo simplesmente errado. Desde cedo, colocou na cabeça que iria mudar o jeito de pensar dos brancos de São Francisco. Resolveu que seria o melhor naquilo que se dispusesse a fazer. Como era alto e atlético, os esportes se tornaram o caminho natural para que expressasse sua igualdade. Na Polytechnic High School, Rotea se tornou um astro antes de seguir para o time de futebol americano do estado de São Francisco. Sobressaindo dentro e fora de campo, Rotea despertou o interesse dos Chicago Cardinals, mas uma lesão no ombro acabou com qualquer esperança de sucesso na NFL.[3]

Com isso, foi obrigado a mudar seu foco. Na universidade, Rotea fez amizade com um jovem ativista pelos direitos civis chamado Willie Brown. Também oriundo do Texas, Willie sentira na pele a discriminação e chegara

---

[3] N. do T.: Liga Nacional de Futebol Americano.

a sofrer agressões, mudando-se para São Francisco aos dezessete anos disposto a fazer diferença. Willie trabalhava duro como servente para pagar a faculdade e Rotea o respeitava por isso. Ele também apreciava a habilidade nata de Willie para saber como fazer as coisas.

Depois de terminar a faculdade, Rotea concorreu a empregos que anteriormente eram destinados somente aos brancos. Trabalhou na cabine de pedágio da Bay Bridge, como motorista de ônibus e condutor de bonde, mas aqueles tipos de emprego como servidor civil foram apenas os primeiros passos. Sua verdadeira vocação era ser policial. Depois de servir no Departamento do Xerife no condado de Alameda por dois anos, Rotea seguiu animado para o Departamento de Polícia de São Francisco em 1960.

Nos primeiros tempos ficou conhecido entre as pessoas de sua ronda como "Sr. Sorriso". Rotea trabalhava num ambiente familiar, o distrito de Fillmore, onde já era conhecido e tinha a confiança dos locais. Naquela que ficou conhecida como a "Harlem da Costa Oeste", Rotea passava boa parte de seu tempo apaziguando os ânimos no projeto habitacional Westside Courts e ajudando as crianças da área a entender que existia um mundo muito maior além da vida tantas vezes necessitada que levavam.

Contador de causos infatigável, Rotea costumava exagerar sobre suas aventuras no Fillmore para os outros guardas, que raramente acreditavam nele, mas sempre queriam ouvir suas histórias. Com o passar dos anos, Rotea ia aumentando e alargando os episódios até se tornarem maiores que o mundo.

Em 1964, Rotea fez história no Departamento de Polícia de São Francisco ao ser promovido a inspetor. Willie Brown também vinha fazendo grandes progressos. Acabara de ser eleito para a Assembleia da Califórnia. Determinados, Rotea e Willie seguiriam ganhando respeito e fazendo história ao longo de suas carreiras.

Mas só a vida de Rotea se tornaria um dia inextricavelmente interligada à de um assassino em série.

23

Muito havia mudado em São Francisco quando Van foi libertado da prisão em 1965. Os Beatles tinham capitaneado uma Invasão Britânica no ano anterior, alterando o mundo da música, e os *beatniks* de North Beach haviam se mudado para Haight, seguidos por outro movimento de contracultura que começava a tomar o país: jovens que se rebelavam em massa contra as ideias conservadoras de seus pais e a guerra que tomava forma no Vietnã. Em 1965, as tropas de combate americanas triplicaram em número na luta que os Estados Unidos travavam contra a disseminação do comunismo. Diferentemente de seus pais, cujo patriotismo corria nas veias depois de sobreviverem à Primeira Guerra Mundial, à Grande Depressão, à Segunda Guerra Mundial e à Guerra da Coreia, essa geração queria paz, não guerra. Chegavam aos milhares, entoando lemas pacifistas em meio a um festival de amor livre abastecido por drogas. Os moradores antigos de Haight assistiam impotentes à transformação daquelas belas casas vitorianas, poupadas do incêndio de 1906, em apartamentos baratos que abrigavam o maior número de hippies que cabiam em seu interior.

Caminhando por Haight, Van deve ter notado que aqueles jovens que invadiram seu território tinham uma aparência desgrenhada. Muitas das garotas tinham cabelos longos e lisos, e usavam vestidos compridos, enquanto os homens usavam jeans esfarrapados e camisetas multicoloridas. Todos pareciam estar chapados, cantando suas canções e falando sobre serem irmãos e amar a todos. De início, Van viu os hippies com desdém. Pelo menos, os *beatniks* se vestiam bem e tentavam parecer cultos.

— Que diabo está acontecendo por aqui? — perguntou ele a Anton LaVey certa tarde. Van chegara à residência de LaVey na California Street, sem avisar, pouco depois de ser libertado da prisão. LaVey, que normalmente não recebia visitantes sem hora marcada, fez uma exceção. — E o que você fez com esse lugar?

LaVey sorriu. A casa estava passando por uma transformação similar àquela vivida por LaVey. À medida que suas explorações filosóficas se aprofundavam cada vez mais para o lado negro, a decoração da casa ia ganhando tons mais ritualistas. Caveiras, demônios se contorcendo, esqueletos foram posicionados estrategicamente pelos cômodos de modo a causar impacto. Mas foi o órgão na câmara ritual principal que chamou a atenção de Van.

Van só ficou ali por alguns minutos, tempo bastante para ouvir a versão de LaVey sobre o que estava acontecendo em Haight e descobrir que ele estava escrevendo um livro, uma espécie de Bíblia. Não via a hora de contar tudo a William, mas seu velho amigo não demonstrou interesse quando meu pai telefonou. William não havia superado a recusa de Van em depor a seu favor.

Irritado com o chega pra lá, Van partiu para o Cinema Avenue na esperança de encontrar um emprego. LaVey descrevera o local e seu órgão de tubos e ele queria vê-los. Meu pai foi fisgado no momento em que entrou no cinema.

Construído em 1927, a marquise do cinema — AVENUE — anunciava a todos que aquele era o local para se estar na San Bruno Avenue. Uma bilheteria com uma divisória de vidro dava para a rua, onde as pessoas faziam fila para entrar no cinema escuro. As noites de terça e quarta eram dedicadas à projeção de filmes mudos, acompanhados pelo som de um Wurlitzer. O organista Robert Vaughn, conhecido em São Francisco pelos belos sons que conseguia tirar do instrumento, muitas vezes fazia o acompanhamento. Enquanto a maioria das pessoas ia ao cinema para assistir aos filmes, Van ia ali para ouvir Vaughn tocar, na esperança de um dia ter uma chance diante daquele belo instrumento.

Van acabaria fazendo amizade com Rick Marshall, gerente do cinema, um sujeito estranho que vestia roupas baratas sempre em tamanhos menores que o seu. Como Van, Marshall era um leitor ávido e adorava antiguidades, filmes velhos e peças de teatro. Marshall gostava de recitar Keats e Shakespeare. E também amava o Wurlitzer de dez toneladas do cinema. Depois de ouvir Van tocar o enorme instrumento, passou a deixar que substituísse Vaughn quando este não estava disponível.

Embora a música tivesse voltado para a vida de Van logo depois de ser libertado da prisão, Judy não fizera o mesmo e meu pai estava determinado a corrigir aquela situação. Mas Judy não era a mesma garota que ele conhecera. Sua impetuosidade lhe causara muita dor e ela tinha aprendido a lição. Depois de nove meses num centro de detenção juvenil, ela finalmente voltou à custódia de Verda. Em 3 de fevereiro de 1964, aos dezesseis anos de idade, ela se inscreveu na escola média em São Francisco, recuperando certo senso de normalidade em sua vida. Verda e o marido se divorciaram no ano seguinte e Judy se mudou com a mãe para Daly City, subúrbio de São Francisco.

Foi lá que Van a encontrou.

Depois de descobrir o número de Verda numa lista telefônica, ele ligou de um telefone público num shopping center das redondezas.

— Alô. Sou eu — disse Van quando Judy atendeu ao telefone.

Minha mãe congelou ao ouvir aquela voz.

— Por favor, vamos conversar — disse Van. — Sinto sua falta. Me desculpe pelo que aconteceu. Vou buscar o bebê de volta. Prometo. Eu te amo, Judy. Por favor. Estou bem do outro lado da rua.

Judy se recompôs e respirou fundo. — Não estou disposta nem mesmo a atravessar uma rua para te ver — disse ela. — Nunca mais quero ouvir sua voz. E espero não cruzar o seu caminho tão cedo.

— Judy, por favor. Eu te amo.

Judy desligou o telefone e pela primeira vez na vida sentiu que era forte. Uma sensação de poder lhe tomou o corpo. De coragem.

Finalmente estava livre.

Van ficou magoado. Lívido. Mas não podia fazer nada. Voltou para seu quarto na Noe Street para meditar.

Quando não suportou mais olhar para as paredes, meu pai mergulhou em sua música e nas drogas psicotrópicas facilmente disponíveis que passavam de mão em mão em Haight-Ashbury, escapando temporariamente da dor que sentia.

Por volta de meados da década, a música na área de São Francisco vinha se desenvolvendo e grupos como os Warlocks (que viriam a se tornar o Grateful Dead) e o Jefferson Airplane, cuja sonoridade psicodélica característica personificaria o movimento hippie, se mudaram para Haight-Ashbury e afiaram suas habilidades nos clubes locais, os mesmos onde meu pai afiara as suas uma década antes. Van ouvia com interesse a transformação do doo-wop dos anos 1950 em sons mais vigorosos, sujos e calcados nos instrumentos. As harmonias deram lugar a guitarras a todo volume, e letras sobre sexo e drogas incitavam os jovens. Por outro lado, grupos folk como The Mamas &

the Papas e os Youngbloods conquistariam o mesmo público com suas letras sobre paz e amor. Até mesmo John Lennon e Yoko Ono visitariam Haight-Ashbury, encontrando inspiração na revolução contra o sistema que vinha acontecendo ali.

Mais velho e conservador no que dizia respeito a seu vestuário, Van não se encaixava entre os jovens de Haight, mas foi aceito pela cena musical por causa de seu talento. Não demorou para que voltasse a lidar com a compra e venda de antiguidades, apesar de sua condenação por fraude, e quando retornava de viagem tocava com músicos locais, incluindo LaVey.

Em 30 de abril de 1966, Anton LaVey declarou oficialmente que a Era de Satã havia começado. Seu público aumentara ao longo dos anos e o Círculo Mágico crescera a ponto de incluir celebridades como o cineasta underground Kenneth Anger. Seus seguidores da Lost Weekend representavam boa parte dos membros da nova Igreja de Satã de LaVey. O grupo agora se reunia em sua casa na California Street, que fora pintada de preto e contava com uma câmara ritual principal onde aconteciam os encontros da igreja. Showman nato, LaVey fazia ritos de magia negra para o deleite de sua congregação. Naquele espaço, os ensinamentos de LaVey superavam em muito a rebelião contra o governo que tomava conta de Haight.

Nas ruas, a rebelião lutava contra o modo de pensar tradicional. Contra as regras da sociedade.

Na igreja de LaVey, a rebelião era contra Deus.

LaVey se metamorfoseara numa figura imponente, com sua cabeça raspada, colarinho de padre, roupas negras e os chifres que às vezes usava para causar mais impacto. Van ficou impressionado. LaVey pegara as filosofias debatidas por anos pelos dois e as transformara num espetáculo que atraía gente de todas as proveniências e afrontava os cristãos em todo o país. Meu avô ficaria horrorizado se soubesse que Van às vezes se sentava naquela sala de estar, ouvindo junto aos outros enquanto a voz estrondosa de LaVey ressoava do altar.

Mas havia muita coisa que meu avô não sabia.

— PARTE DOIS —

OS SINAIS DO ZODÍACO

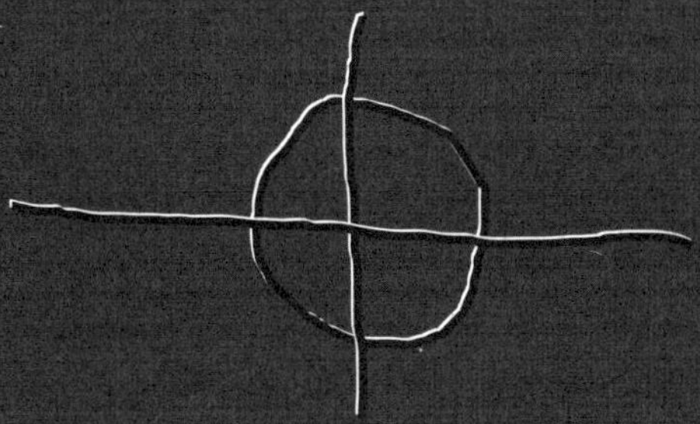

24

Van conheceu uma bela mulher chamada Edith Elsa Maria Kos. Ela se parecia com Judy, só que mais velha: tinha vinte e seis anos. Edith crescera em Graz, cidade do estado de Estíria, na Áustria, sem o pai. Tinha pouca experiência com homens e dedicara a vida a ajudar os outros por meio de seu trabalho como assistente social. Talvez tenha visto em meu pai algo quebrado que esperava poder consertar. Talvez simplesmente não tenha resistido ao seu charme. Ou talvez tenha sido porque ele falava sua língua. Qualquer que fosse o motivo, Van logo a conquistou na esperança de apagar a lembrança de Judy.

Em 6 de junho de 1966 — 6/6/66 — Van, homenageando LaVey com a escolha da data, casou-se com Edith no Ano Um da Era de Satã.

Como acontecera em seus dois casamentos anteriores, o charme de meu pai foi esvaecendo ao longo de poucos meses. Ele se mudara com a mulher para o número 797 da Bush Street, na esquina com a Mason, no Baixo Nob Hill. De início ficara fascinado com Edith, em grande parte por ela vir da Áustria. Era bonita, mas não doce e inocente como Judy. Era mais velha e mais madura, não tão maleável. Muitas vezes ela não se encontrava em casa, resgatando alguém aqui e acolá, e Van era deixado a seus próprios cuidados.

Agora, suspeitava que ela engravidara. E ele definitivamente não queria passar por tudo aquilo outra vez.

Na maior parte do tempo, Van escondia seus sentimentos. Edith não tinha ideia do tipo de homem com quem se casara, por mais que soubesse que ele às vezes era cruel.

Só não conhecia os limites de sua crueldade.

Ninguém conhecia.

Mas alguém estava prestes a descobrir.

Em vista do que descobri e apresentarei na hora certa, só existe um lugar onde Van poderia estar na véspera do Dia das Bruxas de 1966, apenas cinco meses após se casar com Edith. A evidência que reuni indica que Van saiu de casa aquela manhã para uma de suas viagens habituais de São Francisco ao México em busca de documentos raros. Seguindo pela costa da Califórnia na direção de Tijuana, ele decidiu parar em Riverside, pouco mais de seiscentos e cinquenta quilômetros depois de iniciar sua jornada. Abarrotara o carro de livros, esperando ter um pouco de sorte na tentativa de vendê-los para as bibliotecas pelo caminho, como lhe era de costume. Entrou pela Magnolia Avenue na direção do Riverside City College e atravessou o campus até chegar à biblioteca.

Meu pai acabara de descer do carro, com os braços tomados de livros, quando seus olhos a viram.

Não conseguiu se mexer. O coração batia forte.

A garota era idêntica a Judy. Tinha os mesmos olhos grandes, as mesmas sobrancelhas arqueadas, as mesmas maçãs do rosto lindas. Os cabelos se curvavam nas pontas. Os olhos de Van a seguiram atentamente até ela entrar na biblioteca.

E foi ali que deve ter começado — a fúria que o tomava por dentro. Toda a rejeição que sofrera durante a vida por parte de sua mãe e de Judy o possuiu. Ele colocou os livros de volta no carro e olhou ao redor para se certificar de que não havia alguém olhando antes de caminhar a passos largos na direção do Volkswagen. Abriu o capô e puxou o cabo do distribuidor e o condensador até deixá-los completamente frouxos. Depois de desconectar mais um cabo para ter certeza de que o carro não daria a partida, Van entrou na biblioteca para espionar a garota.

Cheri Jo Bates, dezoito anos, aluna do segundo ano do Riverside City College, perambulou pelos corredores de livros e então se sentou para ler um pouco, sem saber que alguém a observava e aguardava impacientemente por sua saída. Cheri Jo fora líder de torcida na escola média e desfrutava de uma popularidade entre os colegas que a maioria das adolescentes jamais alcança. Na esperança de se tornar aeromoça depois que se formasse, a menina dava duro para alcançar seus objetivos. Morava com o pai, Joseph, um maquinista que se dedicava aos cuidados da filha enquanto a mãe se encontrava numa casa de repouso.

Van sentou-se numa das carteiras sem desviar o olhar da presa. Levantou a tampa da mesa e começou a entalhar um aviso na parte de baixo:

Cansado de viver/relutante a morrer
cortar.
limpo.
se vermelho /
limpo.
sangue jorrando,
pingando,
derramando;
em todo o vestido novo
dela.
ora, ora
já era vermelho
de qualquer forma.
a vida se esvai numa
morte incerta.
ela não vai
morrer.
dessa vez
alguém vai encontrá-la.
esperem só
a próxima vez.

Van então assinou o poema com as letras minúsculas *r* e *h* — as primeiras iniciais de dois de seus pseudônimos, Richard Lee e Harry Lee.

Quando terminou, aguardou a saída de Cheri Jo. Seguiu-a e viu quando entrou no carro, remexeu a bolsa em busca da chave e a colocou na ignição.

O carro não partia. Ela continuou tentando até a bateria acabar.

Era o momento certo.

Van emergiu das sombras e perguntou se ela precisava de ajuda.

Tinha boa aparência, a de um homem de negócios bem-vestido. Cheri Jo decidiu que poderia confiar nele.

Van abriu o capô e remexeu em alguns cabos, dizendo a ela para tentar outra vez.

Conversava com ela enquanto trabalhava no carro, e o charme ao falar aquietou qualquer receio que ela pudesse ter.

Um pouco depois das dez ele se cansou daquele jogo.

— Meu carro está estacionado um pouco mais ali embaixo — disse Van. — Não me importaria em lhe dar uma carona.

Ludibriada por seu charme, Cheri Jo concordou.

No caminho até o ponto indicado por Van, a escuridão não permitiu que fossem vistos. Quando chegaram a uma área isolada entre duas casas, Van se virou para Cheri Jo e disse: — Está na hora.

— Hora de quê? — perguntou Cheri Jo, ainda sem saber que corria perigo.

— Hora de você morrer — falou Van.

Cheri Jo não teve tempo de responder antes que meu pai, enlouquecido, começasse a esfaqueá-la, enterrando a lâmina de nove centímetros por todo o seu corpo.

Era o troco por traições que a garota desconhecia.

Cheri Jo se recusou a morrer sem lutar. Arranhou o rosto de Van, arrancando-lhe sangue. Tentou parar a mão que a estava ferindo, segurando seu pulso com tanta força que, enquanto ele puxava o braço para esfaqueá-la mais uma vez, ela arrancou o relógio Timex que estava em seu braço.

Nada funcionou. Ele era forte demais e estava decidido a continuar desferindo golpes até que ela estivesse morta.

Finalmente, depois de quarenta e duas punhaladas cobrirem o corpo da jovem e seu sangue inundar o chão, Van se deu por satisfeito. A garota deixara de respirar. Ele deu uma última olhada no rosto ensanguentado de Cheri Jo antes de virar as costas e ir embora.

Por um momento, tinha exorcizado seus demônios.

Os moradores do quarteirão de número 3.600 na Terracina Drive ouviram os gritos, o primeiro pouco depois de 10h15 da noite e outros dois às 10h30.

Cheri Jo tinha lutado com todas as forças por sua vida.

Van entrou calmamente no carro e seguiu para o México, sem se preocupar com as pistas que tinha deixado para trás — o relógio, a impressão do calcanhar do sapato e impressões das palmas na porta do motorista do carro de Cheri Jo.

Nada daquilo teria importância. A polícia estava perplexa. Aquele não era um homicídio típico. Não parecia haver um motivo. A garota não foi roubada. A chave do carro ainda estava na ignição e os livros da biblioteca em cima do banco. Estava completamente vestida e não fora atacada sexualmente.

Tinha de ser algo pessoal. Quarenta e duas punhaladas era um exagero.

Não encontraram nenhuma impressão que batesse com as das palmas encontradas no carro e a polícia não conseguiu ligar as pistas que Van deixou na cena do crime a um suspeito.

O poema que Van deixara na mesa não seria encontrado até dezembro. Por muito tempo se discutiu se ele teria sido escrito pelo assassino ou por alguma estudante que contemplava o suicídio.

No caminho de volta do México, Van comprou alguns jornais de Riverside e leu sobre a investigação. Percebendo que a polícia estava longe de resolver o caso, ele arrogantemente decidiu ajudá-la.

Em 29 de novembro, o Departamento de Polícia de Riverside e o jornal *Press-Enterprise*, de Riverside, receberam uma carta de confissão, datilografada em papel de teletipo, normalmente utilizado por ferroviários — e também o mesmo tipo de papel que o padrasto de Van, Harlan, funcionário da Southern Pacific Railroad, normalmente levava para casa. A carta dizia:

A CONFISSÃO

POR ______________________.

ELA ERA JOVEM E BELA MAS AGORA ESTÁ DESFIGURADA E MORTA. ELA NÃO FOI A PRIMEIRA E NÃO SERÁ A ÚLTIMA EU FICO ACORDADO À NOITE PENSANDO EM MINHA PRÓXIMA VÍTIMA. TALVEZ SEJA A LOURA ENCANTADORA QUE TRABALHA COMO BABÁ PERTO DA LOJINHA E DESCE PELO BECO ESCURO TODA NOITE POR VOLTA DAS SETE.

OU TALVEZ SEJA A MORENA ATRAENTE QUE DISSE NÃO QUANDO SUGERI UM ENCONTRO NA ESCOLA MÉDIA. MAS TALVEZ TAMBÉM NÃO SEJA ELA. MAS VOU CORTAR SUAS PARTES FEMININAS E MOSTRAR PARA A CIDADE INTEIRA. ENTÃO NÃO FACILITEM COMIGO. MANTENHAM SUAS IRMÃS, FILHAS E ESPOSAS LONGE DAS RUAS E DOS BECOS. A SENHORITA BATES ERA BURRA. FOI PARA O MATADOURO COMO UM CORDEIRO. NÃO OFERECEU RESISTÊNCIA. MAS EU SIM. FOI UMA FARRA. PRIMEIRO CORTEI O CABO DO MEIO DO DISTRIBUIDOR. DEPOIS ESPEREI POR ELA NA BIBLIOTECA E A SEGUI DEPOIS DE UNS DOIS MINUTOS. A BATERIA JÁ DEVIA TER SE ESGOTADO ENTÃO. DEPOIS ME OFERECI PARA AJUDAR. ELA ESTAVA BEM DISPOSTA A CONVERSAR COMIGO. FALEI QUE MEU CARRO ESTAVA ESTACIONADO A POUCOS METROS E QUE LHE DARIA UMA CARONA PARA CASA. QUANDO ESTÁVAMOS CAMINHANDO LONGE DA BIBLIOTECA, FALEI QUE ERA HORA. ELA PERGUNTOU, "HORA DE QUÊ?" EU FALEI QUE ERA HORA DELA MORRER. AGARREI ELA COM UMA MÃO NO PESCOÇO COBRINDO A BOCA E A OUTRA MÃO APONTANDO UMA FACA PARA A SUA GARGANTA. ELA SEGUIU EM FRENTE DE MUITO BOM GRADO. SEUS SEIOS ESTAVAM QUENTES E FIRMES EM MINHAS MÃOS, MAS SÓ UMA COISA PASSAVA PELA MINHA CABEÇA. FAZER COM QUE PAGASSE POR TODAS AS VEZES QUE ME REJEITARA NOS ANOS PRECEDENTES. DEMOROU PARA MORRER. ELA SE CONTORSEU E TREMEU ENQUANTO EU A ENFORCAVA E OS LÁBIOS SE CONTRAÍRAM. ELA SOLTOU UM GRITO E DEI UM CHUTE NA SUA CABEÇA PARA QUE CALASSE A BOCA. AFUNDEI A FACA EM SEU CORPO E ELA QUEBROU. ENTÃO TERMINEI O SERVIÇO CORTANDO SUA GARGANTA. NÃO SOU DOENTE. SOU LOUCO. MAS ISSO NÃO VAI ENCERRAR O JOGO. ESSA CARTA DEVE SER PUBLICADA PARA QUE TODOS A LEIAM. TALVEZ POSSA SALVAR AQUELA GAROTA NO BECO. MAS ISSO É COM VOCÊS. VAI FICAR

NA SUA CONSCIÊNCIA. NÃO NA MINHA. SIM, TAMBÉM FUI EU QUE FIZ AQUELA LIGAÇÃO PARA VOCÊS. ERA SÓ UM AVISO. CUIDADO... AGORA ESTOU ATRÁS DAS SUAS GAROTAS.

CÓPIAS PARA O CHEFE DE POLÍCIA
E ENTERPRISE

Usando as técnicas que aprendera nas aulas de ciência forense, Van limpou a carta e o envelope antes de enviá-los pelo correio.

No ano seguinte, em 30 de abril, no primeiro aniversário da Era de Satã, Van, chateado por ver que a cobertura do caso diminuíra, decidiu agitar um pouco as coisas. Ele enviou duas cartas — uma para o *Press-Enterprise* e outra para o Departamento de Polícia de Riverside. As cartas sem pontuação diziam: "Bates teve que morrer Haverá mais". Ele assinou as duas cartas com um *E* invertido e um *V* na horizontal, um símbolo mal disfarçado para "EarlVan", embora esse criptograma viesse a ser interpretado posteriormente como um *Z*.

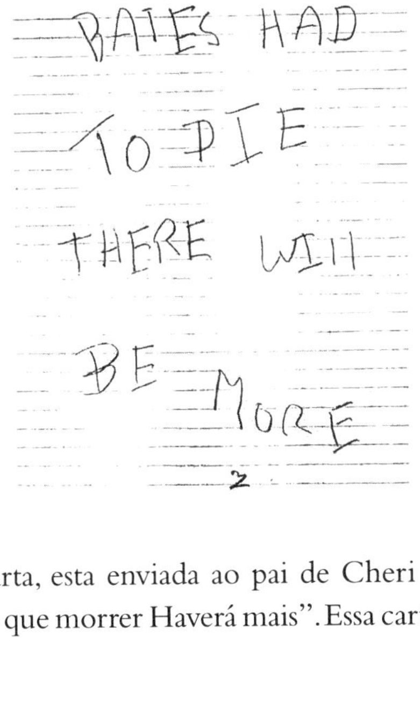
BATES HAD
TO DIE
THERE WILL
BE MORE
Z

Numa terceira carta, esta enviada ao pai de Cheri Jo, Van escreveu com crueldade: "Ela tinha que morrer Haverá mais". Essa carta não trazia assinatura.

Todos os envelopes tinham selos de Riverside e postagem dupla.

Em pouco tempo, ainda que a polícia viesse a seguir pistas infrutíferas por anos, o caso de Cheri Jo, arquivado sob o número 382481, caiu no esquecimento.

25

Enquanto atravessava em meio à multidão de jovens reunida na Page Street, a um quarteirão de Haight, Van ouviu um grupo de hippies acompanhando a voz de Grace Slick no rádio. O Jefferson Airplane, nascido nos bares de Haight-Ashbury, capturara o *Zeitgeist* hippie num hino sobre o uso de drogas intitulado "White Rabbit", que vinha escalando rapidamente as paradas musicais americanas durante o Verão do Amor.

Van captou a mensagem.

Todo mundo captou.

Tudo começou em 16 de junho de 1967 com o Festival Pop de Monterey, uma série de concertos que duraria três dias organizada por Lou Adler e John Phillips no espaço reservado às feiras do condado de Monterey. Mais de cinquenta mil pessoas compareceram ao evento (alguns historiadores estimam um público de noventa mil), que contou com a apresentação de artistas como The Who e The Mamas & the Papas. Mas foram os outros artistas, os desconhecidos, que causaram o maior impacto: Jimi Hendrix, Janis Joplin, Jefferson Airplane e Otis Redding, que tinha como banda Booker T. and the M.G.'s. Muitos dos que estiveram no festival migraram depois para Haight e, curtindo o clima, resolveram ficar.

Ainda que o movimento hippie possa ter intrigado Van em suas nuances mais sutis — a busca hedonista por prazer, a música que gerou e os sentimentos pacifistas por ele proclamados —, a ideia de todo mundo amando todo mundo era risível em sua concepção.

Quando finalmente chegou ao seu destino, Van atravessou uma porta e entrou num armazém. Seus olhos foram se acostumando aos poucos à falta de luz no ambiente. O doce aroma de maconha lhe deu as boas-vindas na porta. Respirou fundo e então olhou a em volta e viu Robert Kenneth (Bobby) Beausoleil, como sempre, cercado de belas garotas. Membro ocasional da congregação de LaVey, Beausoleil era só mais uma alma perdida em busca da verdade pelas ruas de São Francisco, mas era um músico talentoso.

E muito bonito.

Fora apelidado de Cupido por sua habilidade de atrair mulheres, entre elas Susan Atkins e Mary Brunner, que estavam sentadas no chão, observando-o colocar a correia na guitarra.

Beausoleil conhecia a reputação de Van como organista e buscava desesperadamente ser aceito pelos músicos respeitados da Bay Area,[4] por isso o convidara para tocar com sua banda. Beausoleil infiltrava-se na cena musical por meio de gente como LaVey e o cineasta Kenneth Anger, de quem era bom amigo. Recentemente Kenneth o escolhera para o papel do diabo em *Lucifer Rising* e o apresentara a integrantes do Grateful Dead e do Big Brother and the Holding Company, do qual fazia parte a cantora emergente Janis Joplin. Van às vezes se encontrava com LaVey na casa ornamentada de Anger, conhecida pelos locais como "Embaixada Russa". Ele gostava de tocar com as bandas. Gostava das drogas e das garotas que sempre estavam por perto.

— Esse cara sabe tocar um órgão Hammond como ninguém — anunciou Beausoleil para seus colegas de banda.

Uma hora depois, Van provara que ele estava certo.

Ele sentiu uma afinidade com Beausoleil. Como muitos dos que admiravam LaVey, Beausoleil escolhera seguir pelo lado negro, na esperança de que a escuridão escondesse o vazio que sentiam por dentro.

— Apareça quando quiser — disse Beausoleil a Van a caminho da porta.

Nos meses que se seguiram, meu pai passou por ali para tocar com a banda de tempos em tempos. Na época ele precisava de alguma coisa, qualquer coisa, para mantê-lo fora de casa.

Edith estava grávida e exigia coisas que Van não estava disposto a atender. Ela não era como Annette e Judy. Ele não conseguia controlá-la. Era mais

---

[4] N. do T.: Área da Baía de São Francisco.

parecida com Gertrude: dominadora. Esperava que o marido sustentasse a família com um salário regular e que ficasse em casa quando não estivesse no trabalho. Antes de se casarem, ela insistiu para que ele encontrasse um emprego adequado para não precisar viajar ao México com tanta frequência. Van se filiara ao sindicato dos caminhoneiros e fora contratado como motorista de táxi, um cargo fácil de ser obtido por um ex-presidiário. Ser taxista era algo degradante para um homem de seu intelecto, e dirigir pela cidade em troca do valor da corrida só deve tê-lo deixado ainda mais ressentido. Preferia estar na Cidade do México, sentando no bar do Hotel Corinto, bebendo e impressionando os outros clientes com seus conhecimentos literários, a sustentar uma mulher cuja barriga inchada lhe causava repulsa. No entanto, assim como fazia com Gertrude, Van obedecia, mesmo fervendo por dentro.

O verão foi passando e cada vez mais jovens de toda a América foram tomando a cidade, atraídos por canções como "If You Go to San Francisco (Be Sure to Wear Flowers in Your Hair)" e relatos exagerados da liberdade encontrada em habitações comunais e nas drogas alucinógenas. Esses jovens, enamorados pela perspectiva de sexo, drogas e rock n' roll, não se deram conta de uma influência obscura paralela que assolava a cena musical da Califórnia: uma escuridão que vinha descendo sobre o estado, um mal que crescia nas casas de espetáculos por Haight-Ashbury.

Quando o terror chegasse, eles já estariam longe.

Rotea Gilford andava preocupado. Não gostava do que vinha acontecendo a sua cidade. Seu encanto se perdera em meio ao lixo espalhado pelas ruas, nos parques superlotados que se tornaram alojamentos para os adolescentes que não tiveram a sorte de se enfurnar num apartamento. Os olhos vazios que o encaravam quando caminhava por Haight não traziam bons presságios. A força policial não tinha o contingente ou os equipamentos necessários para controlar o influxo de pessoas, e ele e seus colegas da divisão de roubos faziam turnos cada vez mais longos para investigar o número crescente de furtos que correspondia ao aumento do uso de drogas.

Rotea ficava indignado com o que aqueles jovens estavam fazendo consigo mesmos e com a cidade que ele amava. Era um homem de família, um pai que passava seu tempo com os filhos e as outras crianças da vizinhança.

Fazia o papel de treinador de beisebol, futebol americano e basquete. Aconselhava-as, mostrando por meio de seus próprios feitos que elas também podiam superar suas situações individuais e fazer a diferença no mundo. Mas o que via em Haight o perturbava — os jovens da América vinham desprezando os valores de seus pais — e o inspetor fez tudo ao seu alcance para colocá-los de volta no caminho certo.

Mesmo quando isso significava levá-los para a cadeia.

Quando o outono chegou, muitos daqueles que habitaram Haight durante o verão voltaram para casa para ir à universidade e disseminar suas mensagens de paz em suas próprias cidades e municípios. Em 6 de outubro, a Haight Street foi tomada pelos obstinados que ficaram para trás para marchar atrás de um caixão cinza, numa parada cerimonial representando a morte do hippie. Aqueles que foram a São Francisco para viver o clima de paz e amor tinham se desiludido com suas próprias ideias.

Em pouco tempo até eles partiram, deixando para trás um mundo transformado.

26

O assassinato de Cheri Jo Bates nada fizera para atenuar a obsessão de Van por Judy. Ao contrário, seu ódio por ela apenas aumentara com o uso das drogas e do álcool. E a gravidez de Edith não ajudava em nada. Pouco depois ela deu à luz um menino chamado Oliver. Meu pai ignorou o filho recém-nascido. Se o bebê precisasse de comida ou que lhe trocassem a fralda, era Edith quem se ocupava disso. Quando Oliver começava a chorar, Van saía. Edith não entendia por que o marido não se interessava pela criança, mas tampouco sabia que Van já tivera um filho que descartara. Meu pai sabia que era melhor não maltratar a criança na frente da mulher, então ficava fora o máximo possível.

Mais uma vez, Van não sentiu qualquer ligação ou amor pelo filho que gerara. Dessa vez, porém, não ligava a mínima se a esposa desse atenção à criança. Edith não era Judy.

Edith logo se acostumou com a ausência de Van por toda a noite e certa vez até por dias. Ele sempre lhe dizia que estava trabalhando — fosse como taxista, fosse em viagens ao México em busca de documentos antigos. Ela acreditava nele e não suspeitou que havia algo de muito errado naquele casamento.

Van era temperamental, sim, e às vezes tinha ataques de raiva, mas ela tentava compreendê-lo.

Por volta do fim de 1968, a frustração de Van deve ter atingido o ponto de ebulição. Estava cansado do casamento, cansado do choro do bebê, cansado de imaginar por onde andava Judy e o que estava fazendo.

Enquanto Edith preparava tudo para o Natal, Van começou a elaborar seus próprios planos para as festas.

No dia 20 de dezembro, Betty Lou Jensen, dezesseis anos, aluna de honra na Hogan High School, em Vallejo, na Califórnia, que fica a uma hora de São Francisco, arrumava-se animada para seu primeiro encontro com David Arthur Faraday. Os dois haviam se conhecido na semana anterior e fora amor à primeira vista para ambos.

David, de dezessete anos, vivia em Vallejo havia três anos e meio e estava no último ano da Vallejo High, onde fazia parte da equipe de luta greco-romana e colaborava com a regência escolar. Tinha também participação ativa na igreja presbiteriana que sua família frequentava fielmente.

Betty Lou disse a seus pais que queria ir ao concerto de Natal na Hogan High com David. Os pais concordaram em conhecer o rapaz antes do encontro.

Naquela noite, Betty Lou vasculhou seu guarda-roupa com empolgação e provou uma série de vestidos em busca daquele que causaria uma boa impressão em seu novo pretendente. Até que finalmente optou por um vestido roxo com a gola e os pulsos brancos e sandálias pretas. Em seguida, penteou-se arrumando os cabelos negros no alto da cabeça.

David também estava animado. Perguntou à mãe, Jean, se podia lhe emprestar um pouco de dinheiro, e ela então deu ao rapaz um dólar e alguns trocados. Antes de sair às sete e meia para pegar Betty Lou, David colocou um frasco de pastilhas para garganta no bolso de sua calça marrom de veludo cotelê.

Deu um beijo de despedida na mãe.

David chegou à casa de Betty Lou por volta das oito. Os pais da moça pareceram contentes com o rapaz educado e bonito que queria sair com sua filha. — Não se esqueça de trazê-la de volta antes das onze — disse a mãe de Betty Lou.

— Vou trazer — prometeu David.

Os dois não foram ao concerto. Não havia concerto algum na escola aquela noite. Em vez disso, visitaram a melhor amiga de Betty Lou, Sharon, ficaram na casa dela até por volta das nove e, então, seguiram pela Lake Herman Road na direção de Benicia.

A Lake Herman Road era bastante conhecida pelos adolescentes locais como um lugar para namorar. A entrada para a estação de bombeamento de água de Benicia era perfeita — isolada e cercada por morros ondulantes. O portão fechado impedia a entrada dos jovens na estação de bombeamento, mas um pequeno espaço no acostamento da estrada, junto à entrada, os convidava a estacionar ali. Os adolescentes podiam à distância ver as luzes dos carros que se aproximavam e normalmente esperavam que passassem para reiniciar seus afagos inexperientes.

David e Betty Lou não prestavam atenção nos carros que passavam. Estava escuro, nebuloso e frio lá fora — por volta de quatro graus —, uma noite perfeita para abraços e também para se viver a excitação de um primeiro beijo. Betty Lou estava sentada no banco da frente da caminhoneta Rambler 1960 marrom de David, com a cabeça apoiada no ombro do rapaz enquanto conversavam. Absorvidos pela companhia um do outro, não perceberam quando um veículo encostou e estacionou paralelo ao carro de David.

Talvez meu pai estivesse vigiando Betty Lou. A mãe da menina relataria à polícia posteriormente que encontrara o portão de casa aberto em diversas ocasiões, quando deveria estar fechado. Betty Lou era parecida com Judy — a aparência que ganhara quando Van a forçou a pintar os cabelos de preto para não ser reconhecida durante a fuga dos dois. Betty Lou, aconchegada nos braços de David, não tinha como saber que meu pai via aquilo como uma traição.

Van se preparara meticulosamente para aquela noite. Sabendo que não conseguiria mirar caso sua presa começasse a correr, ele amarrou uma pequena lanterna com fita adesiva ao cano de sua pistola semiautomática calibre .22.

David e Betty Lou estavam alheios ao homem parado ali a apenas alguns metros, até que as balas começaram a perfurar o carro — pela janela do passageiro de trás, pelo teto. Subitamente o agressor chegou ao lado do motorista, apontando a arma para a janela. Disparou em David, cuja saída fora comprometida pela fuga de Betty Lou, com um tiro à queima-roupa logo atrás da orelha esquerda. O corpo de David desabou e ele caiu pelo lado do passageiro para fora do carro.

Com a mão esquerda, apertava o anel de formatura que pretendia dar a Betty Lou aquela noite.

Betty Lou tentou escapar, mas não resistiu aos cinco tiros que acertaram suas costas. Conseguira correr por oito metros e meio quando a última bala a fez cair.

Ela morreu ali, no acostamento de uma estrada escura, nas mãos de um homem que por um tempo amou uma garota parecida com ela.

Van parou em cima dela por um momento, olhando fixamente para o seu rosto, e em seguida lhe deu as costas e voltou para o carro.

Uma vez cumprida sua missão, meu pai deixou o local.

Por volta de 11h15 da noite, Stella Borges, que morava num rancho ali perto, passou pela estação de bombeamento e avistou alguém deitado no chão próximo à estrada. Desacelerou o carro e viu outra pessoa no chão, perto de uma caminhonete. Pisou então no acelerador rumo a Benicia, encontrando dois policiais poucos minutos depois.

O capitão Dan Pitta e o oficial William Warner correram para a cena do crime e determinaram imediatamente que a menina estava morta. Seguiram o rastro de sangue deixado por ela até o carro e lá encontraram David, ainda vivo, mas perdendo as forças a cada minuto que passava.

Pitta chamou os paramédicos enquanto Warner marcava com giz a silhueta do corpo de David.

David viria a morrer à meia-noite e cinco minutos no Hospital Geral de Vallejo.

Uma coberta cinza de lã foi colocada sobre o corpo sem vida de Betty Lou.

Os investigadores encontrariam dez cartuchos usados, que posteriormente seriam identificados como munição do tipo Super-X revestida de cobre para espingardas da Winchester Western.

Descobriram também algumas pegadas, mas os entalhes eram tão leves que não se podia identificar que tipo de sapato deixara aquelas impressões.

Os policiais do condado de Solano ficaram intrigados. Não houve furto — a bolsa de Betty Lou estava intacta no banco de trás, junto ao seu elegante casaco de pele. Não houve violência sexual, uma das principais suspeitas quando a vítima é uma bela garota. David só levou um tiro; Betty Lou levou cinco, com as feridas formando um círculo em suas costas. Quem quer que tivesse disparado, era um atirador preparado. Os assassinatos não faziam sentido.

Não havia qualquer pista real, a não ser pelos relatos de algumas poucas testemunhas que passaram pela Lake Herman Road e declararam ter visto um Impala branco estacionado próximo à caminhonete. Ninguém testemunhara o crime.

Mais uma vez, o caso permaneceria sem solução.

27

Na Luisiana, eu não podia imaginar que ganhara um irmãozinho chamado Oliver.

Já sabia, porém, que tinha sido adotado. Leona lera um livro para mim que tratava de adoção quando eu tinha três anos, mas na época não entendi muito bem. Ela me disse que, em meio a todos os meninos no mundo, ela me escolhera como filho porque eu era especial.

Só fui entender o que ela quis dizer numa tarde em que brincava com dois amigos, Jeff e Tommy.

— Sua mãe de verdade não te amava — me informou Tommy, depois de ouvir seus pais dizerem que eu fora adotado. No sul, fofocar sobre os vizinhos é uma boa maneira de se passar uma tarde úmida.

— É, sua mãe deu você — acrescentou Tommy.

— Não é verdade — choraminguei.

— É sim — responderam em uníssono.

— Não é não — rebati, antes de correr para longe deles o mais rápido que podia. Quando cheguei em casa, corri para o quarto e pensei no que eles haviam dito, perguntando-me se era verdade.

Durante o jantar, Leona percebeu que havia algo de errado ao me ver ciscando a comida de cabeça baixa.

— O que aconteceu, querido? — perguntou ela.

— Jeff e Todd disseram que minha mãe de verdade não me amava e por isso ela me deu. Mamãe, por que minha mãe de verdade não me quis?

Loyd chutou de leve a perna de Leona debaixo da mesa, alertando-a para tratar o assunto com tato.

Leona escolheu as palavras com cuidado, sabendo do impacto que poderiam ter. — Ah, querido, isso não é verdade. Sua mãezinha de verdade te amava tanto que decidiu dar você para nós porque sabia que não poderia ser uma boa mãe e cuidar de você do jeito que nós cuidamos. Deus quis que você viesse para cá para que eu e seu pai pudéssemos ser sua família, para que você tivesse um lar fabuloso e uma mamãe e um papai para tomar conta de você do jeito que sua mãezinha queria poder cuidar.

Loyd e Leona prenderam o fôlego à espera da minha reação.

Fiquei ali sentado por um tempo, pensando no que acabara de ouvir, e então abri um sorriso enorme de felicidade. — Que bom que Deus disse para minha mãezinha me dar para você e para o papai. Eu sei que ela também me amava.

Nunca mais voltei a perguntar por que minha mãe não me quisera. Mas depois daquilo sempre tive a sensação de que meus tios e tias olhavam para mim mais do que o necessário, como se tentassem descobrir quem eu era e por que minha mãe me abandonara. Jamais disseram coisa alguma e sempre me trataram bem, mas meus cabelos ruivos e as sardas os deixavam intrigados. Será que aqueles cabelos vinham da minha mãe de verdade ou do meu pai de verdade? Parecia que eu nunca teria uma resposta para aquela pergunta, mas me sentia tão amado na casa dos Stewart que aquilo mal tinha importância.

Mesmo depois do nascimento de Christy, filha biológica de Loyd e Leona, nunca houve qualquer tipo de diferenciação entre nós. Meus pais amavam todos os filhos de maneira igual e não pouparam esforços para garantir que eu e Cindy soubéssemos que éramos tão importantes quanto Christy.

Mas nem todo o amor do mundo era capaz de fazer com que eu deixasse de sentir uma ansiedade que não conseguia compreender. Tudo começou num sábado, quando eu tinha seis anos. Loyd e Leona tinham nos levado para visitar nossos primos da família Courville em Krotz Springs. Meu primo Ken e eu passamos o dia subindo em árvores e colocando moedas nos trilhos que passavam pela represa circular que cercava a cidade. Quando Ken me convidou para passar a noite, corri para pedir permissão a meus pais. Loyd e Leona concordaram e prometeram voltar no dia seguinte após a missa para me buscar. Depois de me despedir, fiquei olhando eles irem embora.

De repente, um nó inesperado se formou na minha garganta, e meu coração começou a bater acelerado. Eu estava apavorado. Sabia que tinha cometido um erro e rezei para que o carro parasse e meus pais dessem meia-volta para me buscar. Mas eles não deram.

Eu ainda estava ali parado olhando o carro quando Ken se aproximou de mim. — Vamos lá. Vamos brincar — falou.

Relutante, segui meu primo para dentro de casa. Entrar na barraca de armar que Ken tinha no quarto e brincar com soldadinhos me distraiu um pouco, mas depois, quando a Tia Loretta disse "Hora de dormir" e o Tio Bub apagou a luz, fui tomado novamente pelo pânico.

Não conseguia respirar. Meu coração batia forte. Não conseguia dormir.

Tudo que podia fazer era ficar deitado naquele quarto escuro e rezar para que meu pai e minha mãe voltassem para me buscar.

Eu não tinha conhecimento do bebê que fora abandonado na escada nem do homem que se afastara tão friamente de mim. Ainda assim, meu medo de ser abandonado era palpável desde muito cedo.

28

Já Edith não tinha essa preocupação.

Em 1969, dera à luz outro filho, Urban, e se encontrava novamente grávida. Enquanto se preparava alegremente para a chegada da terceira criança, Edith não imaginava que seu marido cada vez mais se afundava no lado negro e já buscava sua próxima vítima. Havia muito que ela não sabia sobre o marido, incluindo sua amizade com o sumo sacerdote da Igreja de Satã.

LaVey publicara recentemente sua *Bíblia Satânica* e vinha desfrutando da controvérsia que o livro provocara.

Rick Marshall, gerente do Cinema Avenue, achava aquilo divertido. Ele vinha há anos lutando para manter o cinema aberto e no ano anterior o *San Francisco Chronicle* atribuiu a ele a seguinte declaração: — Acho que a jogada mais inteligente que eu poderia ter feito seria dar uma de Anton LaVey. Ele não conseguia progredir como organista de bar, então um dia se olhou no espelho e disse, "Eu sou um personagem", contratou um agente de publicidade e se transformou em Satanás.

E agora Satanás tinha escrito uma Bíblia. Van não via a hora de ler. Passou os olhos pelas Nove Declarações Satânicas do prólogo:

Satã representa a indulgência, não a abstinência!

Satã representa a existência vital, não devaneios espirituais!

Satã representa a sabedoria imaculada, não o autoengano hipócrita!

Satã representa bondade para aqueles que merecem, não o amor desperdiçado com ingratos!

Satã representa a vingança, não dar a outra face!

Satã representa a responsabilidade para com os responsáveis, não preocupação com vampiros psíquicos!

Satã representa o homem como apenas mais um animal, às vezes melhor, mas normalmente pior que aqueles que andam sobre quatro patas, que, devido à sua moral divina e desenvolvimento intelectual acabou se tornando o animal mais perverso de todos!

Satã representa todos os assim chamados pecados, pois todos eles levam à gratificação física, mental ou emocional!

Satã vem sendo o melhor amigo da igreja, pois a vem mantendo em atividade por todos esses anos!

Van e LaVey debateram sobre aqueles pontos por anos, sob uma ótica ou outra, princípios que eram diametralmente opostos aos Dez Mandamentos sob os quais Van fora educado. Não se sabe se ele realmente abraçava essas declarações por uma convicção filosófica ou por rebeldia ao pai.

— Talvez eu deva mandar uma cópia para o meu pai — disse Van certa vez a William.

Earl ficaria chocado. Meu avô não imaginava o quão baixo seu filho havia descido. E ainda estava para piorar.

É possível que Van a tenha avistado no Avenue: uma bela loura que talvez lhe tivesse dado um sorriso quando ele entrou. Ele teria percebido imediatamente a semelhança com Judy — os olhos inocentes, o sorriso enorme. E a aliança em seu dedo.

Darlene Ferrin era uma garota simpática e festeira que adorava homens. Conhecera o seu primeiro marido, James Philips, em Haight e se casara com ele em Reno no réveillon de 1966. O matrimônio não durou muito e Darlene voltou a se casar, dessa vez com Arthur Dean Ferrin, em 1967, pouco após o divórcio.

No início, Darlene teria pensado o que achavam as outras garotas quando conheciam Van: que ele era um rapaz charmoso, inteligente e interessante.

Pouco tempo depois de se conhecerem, ela começou a encontrar presentes incomuns trazidos do México na porta de casa, no número 1.300 da Virginia Street, em Vallejo. Ainda que fosse casada, Darlene ficava lisonjeada com a atenção que recebia daquele homem mais velho. Assim como acontecera com Gertrude muitos anos antes, os votos de casamento nunca mantiveram aquela garota aventureira na linha. Darlene gostava da atenção que recebia dos homens. Simples assim.

Para Van, ela representava Gertrude e Judy embaladas num só pacote.

Em pouco tempo ele passaria a aparecer na casa dela sem ser convidado e Darlene começou a suspeitar dele, chegando a mencionar sua preocupação às irmãs Pam e Linda.

E tinha razão em se preocupar.

Em 4 de julho de 1969, Van seguiu Darlene de sua casa até o restaurante italiano Caesar's Palace. Aguardou enquanto ela falava com o marido, Dean, que trabalhava ali como cozinheiro. Quando Darlene foi embora com sua irmã, Christina, e seguiu para o restaurante Terry's, onde trabalhava como garçonete, Van também devia estar ali.

Seguindo.

Vigiando.

Mais tarde, Darlene deixou Christina em casa e seguiu para pegar seu amigo, Michael Mageau. Darlene e Michael desceram pela Springs Road para procurar um lugar onde comer. Era pouco mais de onze e meia da noite.

— Preciso te contar uma coisa — disse Darlene quando chegaram ao restaurante Mr. Ed's, segundo registros policiais.

— Por que não vamos ao Blue Rock Springs Park? — sugeriu Michael.

— Boa ideia — disse Darlene, dando a volta com o carro. Os dois ouviam o rádio durante o trajeto de seis quilômetros do centro de Vallejo até o parque pela Columbus Parkway. Não perceberam que Van devia estar seguindo o veículo a uma distância segura.

Quando chegaram ao destino, Darlene virou num estacionamento deserto e seguiu até a última vaga à direita, próximo a uma passagem ladeada por altos eucaliptos. Embora a estrada ficasse a apenas alguns metros dali, as árvores e moitas cobriam a visão dos dois.

Darlene desligou o carro, deixando o rádio ligado.

Pouco antes da meia-noite, um carro, talvez um Corvair, estacionou a alguns metros deles.

Darlene deu sinais de reconhecer o motorista e Michael perguntou: — Quem é?

— Ah, deixe para lá — respondeu Darlene quando o carro subitamente foi embora.

Alguns outros carros estacionaram e um grupo de adolescentes desceu para soltar fogos de artifício.

Quando partiram, alguns minutos depois, o carro voltou.

Van, segurando uma lanterna, desceu e se aproximou pelo lado do passageiro, onde Michael estava sentado. Em seguida jogou a luz nos olhos do rapaz.

Van apontou sua pistola semiautomática 9mm e começou a disparar.

O primeiro tiro atingiu Michael no pescoço. Tentando pular para o banco de trás, recebeu um novo disparo, dessa vez no joelho. Com Michael incapacitado, Van, movendo-se rapidamente para o lado do motorista, voltou sua atenção para Darlene.

Bang. Bang. Bang.

Três tiros nos braços e na lateral esquerda.

Satisfeito, Van deu as costas para ir embora. Mas ouviu então um grito. Era Michael, botando a dor para fora.

Van se virou e voltou até ele. Disparou mais duas vezes em Michael antes de apontar para Darlene e lhe dar mais dois tiros.

Michael tentou abrir a porta, mas a maçaneta estava quebrada. Passando a mão pela janela, ele abriu a porta pelo lado de fora e desabou no asfalto. Contorcendo-se de dor, ainda pôde ver quando Van partiu a toda na direção de Vallejo.

Alguns minutos depois, outro carro se aproximou. Sangrando em profusão, Michael gritou por ajuda. Dentro do carro, Darlene só conseguia gemer.

Uma jovem foi até Michael e lhe disse para ficar parado enquanto seus amigos chamavam a polícia.

A polícia, com a sirene zunindo e suas luzes girando, correu até o local. Quando o auxílio chegou, Darlene lutava por cada respiro. Antes de perder a consciência, tentou falar. O policial que a socorreu só conseguiu entender o que escutou como um "eu" ou "meu" antes de a mulher desmaiar. Darlene foi declarada morta quando os paramédicos chegaram com ela ao hospital.

Michael teve de passar por uma cirurgia de emergência para remover quatro balas, mas sobreviveu. Mais tarde, descreveria o assassino para a polícia: teria entre vinte e muitos e trinta e poucos anos, cabelos castanhos, rosto redondo, atarracado. Diria também que achava que os dois tinham sido seguidos até o parque.

Quarenta minutos depois do ataque, Van parou num posto de gasolina na Tuolumne Street e Springs Road, a quatro quarteirões do departamento do xerife, e ligou para o Departamento de Polícia de Vallejo de um telefone público.

Quando a telefonista atendeu, disse com a voz firme: — Gostaria de reportar um duplo homicídio. Se vocês percorrerem um quilômetro e meio pela Columbus Parkway na direção do parque público, vão encontrar dois jovens num carro marrom. Eles foram alvejados com uma Luger 9mm. Também matei aqueles garotos no ano passado. Adeus.

A telefonista, Nancy Slover, descreveria a voz como "um tanto suave, mas vigorosa". Ela declarou: — A única mudança de verdade foi quando ele disse "adeus". — Ali a voz "engrossou e se tornou sarcástica".

Van estava errado quanto ao homicídio duplo. Michael ainda estava vivo.

O marido de Darlene, Dean, e seu ex-marido, James, logo foram descartados como suspeitos. Mais uma vez a polícia não tinha uma motivação para o ataque, embora um registro policial dissesse que uma possível causa seria ciúme ou vingança. Perceberam também a proximidade e a semelhança com os assassinatos que tinham ocorrido na Lake Herman Road no ano anterior.

Na caderneta de endereços de Darlene foi encontrado o nome de Vaughn, organista do Avenue, e a polícia deduziu que ela tinha algum tipo de conexão com o cinema, mas não conseguiam identificar qual. Ninguém se lembrava do nome do homem que esteve em sua casa, embora Pam, irmã de Darlene, diria que era um nome curto, como Lee.

Ou Stan.

Segundo os registros policiais, Linda, irmã de Darlene, também relatou que Darlene tinha um amigo chamado Lee, que lhe dava presentes trazidos do México. Um dos pseudônimos de Van, listado em sua ficha criminal do FBI, era Richard Lee. Outro, listado nos registros policiais em Baton Rouge, era Harry Lee.

Durante aquela noite terrível, o marido de Darlene, preocupado com a esposa que não chegava em casa com os fogos de artifício que ele a mandara buscar, esperou e esperou. Darlene não apareceu.

Dean teve de cuidar da filha do casal, Deena, sozinho.

29

Como era agora seu hábito, Van lera os jornais religiosamente, estudando cada artigo sobre seus homicídios no *Times-Herald* de Vallejo, no *San Francisco Chronicle* e no *San Francisco Examiner*. Ele se deu conta de que a polícia não tinha a menor ideia quanto a sua identidade. Tornando-se mais arrogante após cada assassinato, Van decidiu ajudá-la.

Usando as técnicas simples que aprendera com o pai quando criança e desenvolvera durante os anos, começou a elaborar um criptograma. Primeiro escreveu a mensagem, deixando a pontuação de lado e usando a grafia de algumas palavras de maneira incorreta deliberadamente:

> **Eu gosto de matar gente porque é muito divertido**
> **é mais divertido que matar animais selvagens**
> **na foresta porque o homem é o animal mais**
> **perigoso de todos matar algo é uma experiência**
> **eletrizante para mim é melhor que gozar com uma**
> **mulher a melhor parte é qui quando eu morrer vou**
> **renascer no paraízo e todas as [pessoas] que eu**
> **matei vão se tornar meus escravos não vou dizer**
> **meu nome porque vocês vão tentar me atrapalear**
> **ou impedir minha colheta de escravos para minha**
> **vida após a morte**

No fim, incluiu uma série de letras sem significado: "ebeorietemethhpiti".

Incluíra também uma variação do princípio satânico de LaVey que dizia que o homem "se tornara o animal mais perverso de todos".

Van começou então a codificar a mensagem, embutindo seu nome e as iniciais em meio à cifra.

Quando se deu por satisfeito, acreditando que o código fosse indecifrável e que deixara muitas pistas quanto a sua identidade, ele cortou o criptograma em três partes. Depois escreveu uma carta que seria enviada com a cifra:

Caro Editor

Eu sou o assassino dos 2 adolescentes no Lago Herman no último Natall e da Garota no último 4 de julho. Para provar vou descrever algumas informações que apenas eu + a polícia sabemos.

Natall

1 Marca da munição Super X

2 10 tiros disparados

3 Garoto de barriga para cima pés para o carro

4 Garota deutada sobre o lado direito pés para o oeste

4 de julho

1 Garota vestia calças estampadas

2 Garoto também levou um tiro no joelho

3 Marca da munição era Western

Aqui está uma ciifra ou melhor parte dela. As outras 2 partes desta cifra foram enviadas para o S.F Examiner + o S.F. Chronicle.

Quero que publiquem esta cifra na página da fronte até a tarde de sex 1—ago—69, Se não fizerem isso vou sair matando sex à noite e fim de semana adentro. Vou andar a esmo e pegar as pessoas dispersas ou cassais sozinhos e depois seguir matando ateé ter matado mais de uma dúzia de pessoas.

A carta era assinada com um símbolo — um círculo com uma cruz no meio:

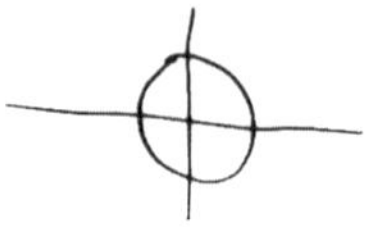

Van endereçou um envelope ao *Times-Herald* de Vallejo, incluindo uma observação na parte da frente que dizia "Favor entregar com urgência ao editor" e enfiou a carta e o código dentro. Escreveu então uma segunda carta — semelhante à primeira, com algumas diferenças leves — para o *San Francisco Examiner*. Com ela enviou a segunda parte do código.

Van enviou a terceira parte da cifra numa carta ao *San Francisco Chronicle*. Nessa carta, acrescentou: "Nesta cifra está minha identidade", informando à polícia e ao público que, se decifrassem o código, encontrariam seu assassino. O criptograma ficaria conhecido como a cifra dos 408, pois tinha 408 letras e símbolos.

Ele colocou postagem dupla em todas as cartas e as expediu no dia 31 de julho de 1969, no sétimo aniversário de sua prisão por sequestro de menor.

Todas as três cifras foram publicadas nos jornais conforme as instruções de Van.

Num artigo de jornal, Jack E. Stiltz, chefe de polícia de Vallejo, pedia mais informações ao assassino.

Chegara a hora de Van se apresentar formalmente ao mundo sob a alcunha que tinha escolhido para si: Zodíaco, da palavra grega *zoion*, que significava "animal", ou, na cabeça de Van, "animal perigoso".

Desfrutando da atenção que recebia, ele enviou uma carta ao *San Francisco Examiner* com carimbo de 4 de agosto de 1969:

Aqui fala o Zodíaco. Em resposta à sua solicitação por mais detalhes sobre a diversão que tive em Vallejo, ficarei contente em suprir ainda mais material. A propósito, a polícia está se divertindo com o código? Se não estiver, diga para eles se animarem; quando decifrarem, vão me encontrar.

Em 4 de julho:

Eu não abri a porta do carro. A janela já estava aberta. O garoto estava origionalmente sentado no banco da fronte quando comecei

a dizparar. Quando dei o primeiro tiro na cabeça, ele pulou para trás no mesmo instante, atrapalhando minha mira.

Ele acabou no banco de trás depois no chão lá atrás balancando as pernas com violência; foi assim que atirei no joelho. Não deixei a sena [cena] do homicídio cantando os pneus + acelerando o motor como descrito no jornal de Vallejo. Fui embora bem devagar para não chamar atenção para o meu carro.

O homem que disse polícia que meu carro era marrom foi um negro entre 40 e 45 vestindo roupas velhas. Eu estava me divertindo nessa cabine telefônica com o policial de Vallejo quando ele passou. Quando desliguei o telefone o maldito aparelho começou a tocar & isso chamou a atenção dele para mim + meu carro.

Natall passado

Naquele epasódio a polícia se perguntou como pude disparar + acertar minhas vítimas no escuro. Não disseram isso abertamente, mas deixaram a entender ao falar que era uma noite bem clara + eu podia ver siluetas no horizonte. Besteira aquela área é crcada por morros altos + árvores. O que fiz foi amarrar com fita uma lanterninha ao cano da minha arma.

Se prestarem atenção, no centro do feixe de luz se você mirar numa parede ou teto você vai ver uma mancha preta ou excura no centro do círculo de luz com cerca de 7.5 a 15 cm. de diâmetro. Quando amarrada ao cano de uma arma, a bala acerta o centro do ponto negro na luz. Tudo o que tive de fazer foi borrifar como se fosse uma mangueira; não foi preciso usar o visor da mira.

Não fiquei feliz de ver que não ganhei cobertura na página da frente.

Em 8 de agosto, o código em três partes foi decifrado por um professor de escola média de Salinas, Donald Harden, e sua esposa, Bettye, que o vira nos jornais. A solução encontrada por eles foi confirmada pelo FBI. O casal explicaria que supôs que a palavra "kill" [5] faria parte da mensagem. Então começaram a procurar por letras ou símbolos repetidos duas vezes em seguida que pudessem representar "ll". Também presumiram que o autor do criptograma seria egoísta o bastante para começar a palavra com "I".[6] Depois de descobrirem a palavra "kill" e em seguida as palavras "killing" e "thrilling",[7] conseguiram decifrar o código.

Os investigadores agora sabiam que estavam atrás de um assassino em série e examinaram as cifras minuciosamente em busca do nome da pessoa responsável pelos homicídios. Eles perceberam o uso da palavra "shall" em vez de "will" e a grafia de "Natall" [8] e concluíram que o suspeito poderia ser britânico. Reconheceram também a referência às Nove Declarações Satânicas. Mas aquilo não ajudou. Ainda que a cifra tivesse sido decodificada, não conseguiam dar o passo seguinte e decifrar o nome do assassino, pois não sabiam que nome procurar.

Para meu pai, o jogo se intensificara. Quando descobriu que o criptograma fora solucionado, soube que havia a possibilidade de ser descoberto em breve. Esperou que a polícia viesse prendê-lo, mas ninguém apareceu.

E por mais que São Francisco e as áreas que a cercavam estivessem em polvorosa com o assassino que escrevia em código, outra série de assassinatos notórios logo roubaria os holofotes de Van e traria ainda mais terror ao Estado Dourado.

---

[5] N. do T.: "matar".

[6] N. do T.: "Eu".

[7] N. do T.: "eletrizante".

[8] N. do T.: no original, "Christmass".

30

Em 27 de julho de 1969, quatro dias antes de Van enviar suas cifras aos jornais, Bobby Beausoleil, o jovem músico com quem meu pai tinha tocado no armazém em Haight, assassinou Gary Hinman, um professor de música que vivia em Topanga Canyon. Beausoleil deixara o rebanho de LaVey havia muito tempo e, ao lado de Susan Atkins e Mary Brunner, mudara-se para o Rancho Spahn, no condado de Los Angeles, para se juntar à Família Manson, um culto formado por volta de 1967 sob a liderança de Charles Manson. Ainda tentando se encaixar na turma dos mais velhos, Beausoleil resolveu impressionar Manson: de início, levando mulheres sensuais para o grupo; depois, mostrando seu valor por meio da violência.

Beausoleil e as garotas mantiveram Hinman como prisioneiro por dois dias, tentando extorquir dinheiro do bondoso professor, que deixava alguns membros da Família Manson passar a noite em sua casa de tempos em tempos. Como não conseguiram cumprir sua missão, Manson chegou e talhou o rosto e a orelha esquerda de Hinman com uma espada. As garotas tentaram costurar a orelha de Hinman com fio dental, enquanto Beausoleil tentava persuadi-lo a entregar o dinheiro. No dia 27, percebendo que seus esforços eram em vão, Bobby deu duas punhaladas no peito de Hinman, matando-o.

Depois, Atkins e Brunner usaram o sangue de Hinman para escrever as palavras PORQUINHO POLÍTICO na parede. O desenho de uma pata foi feito sob as palavras, numa tentativa de culpar os Panteras Negras pelo homicídio.

Beausoleil diria mais tarde que cometera o crime por uma necessidade desesperada de aceitação, de ser considerado um homem perante os olhos de quem ele admirava.

Beausoleil foi preso em 6 de agosto, dois dias antes de as cifras de Van serem solucionadas. O assassinato de Gary Hinman não recebeu em São Francisco a mesma atenção que as cartas de Van, mas o que aconteceu nas primeiras horas de 9 de agosto chocaria o país e tiraria o foco do Zodíaco. A Família Manson estava prestes a cometer alguns dos assassinatos mais notórios e hediondos da história americana.

Charles Manson ordenou que Charles "Tex" Watson, Patricia Krenwinkel, Susan Atkins e Linda Kasabian matassem todos que encontrassem na bela casa situada no número 10.050 da Cielo Drive, nas montanhas de Santa Mônica, que antes fora alugada por Terry Melcher, filho de Doris Day. Residência anterior de estrelas de Hollywood como Henry Fonda, Cary Grant e da namorada de Melcher, Candice Bergen, ela agora era a morada de Roman Polanski e sua mulher, Sharon Tate.

Na noite de 8 de agosto, Sharon, grávida de oito meses e meio, estava em casa fazendo os preparativos para a chegada do bebê. Ali também estavam seus amigos Jay Sebring, o roteirista Wojciech Frykowski e sua namorada, Abigail Folger.

Steven Parent, um inocente de dezoito anos, foi a primeira vítima. Ele visitava um novo amigo, William Garretson, caseiro da propriedade. O jovem desafortunado estava no lugar errado na hora errada quando abaixou o vidro do carro para apertar o botão que abriria o portão eletrônico. Watson, supostamente numa viagem de ácido e metanfetamina, aproximou-se do carro de Parent e apunhalou sua mão quando o rapaz tentou se proteger da faca que aparecera do nada. Watson disparou quatro vezes contra ele antes de seguir para a casa.

Depois de entrarem por uma janela, Watson, Atkins e Krenwinkel reuniram os ocupantes na sala de estar. Tate e Sebring foram amarrados juntos, com uma corda ao redor do pescoço, e as mãos de Frykowski foram atadas com uma toalha. Quando Sebring reclamou do modo como estavam tratando sua amiga grávida, Watson disparou contra ele.

Especialista em artes marciais, Frykowski conseguiu se libertar das amarras e começou a lutar contra seus captores — primeiro Atkins, que o apunhalou, e depois Watson, que lhe deu coronhadas, o apunhalou e atirou duas vezes enquanto ele tentava fugir. A autópsia revelaria cinquenta e uma punhaladas no corpo.

Folger conseguiu escapar da casa e chegar à área da piscina, mas Krenwinkel a alcançou. Ela morreria ali em decorrência das vinte e oito punhaladas que seus agressores lhe infligiram.

Sharon Tate implorou pela vida do filho que carregava na barriga, mas os assassinos ensandecidos não deram ouvidos aos seus apelos e a apunhalaram dezesseis vezes antes de escrever mensagens pela casa com seu sangue.

Até mesmo os detetives mais experientes ficaram horrorizados com o que encontraram quando chegaram à cena do crime.

Manson decidiu fazer os membros de sua família matar mais uma vez na noite seguinte. Junto de Watson, Atkins, Krenwinkel, Kasabian, Leslie Van Houten e Steve Grogan, Manson se dirigiu ao número 3.301 da Waverly Drive, em Los Angeles, onde moravam Leno e Rosemary LaBianca. Manson e Watson foram os primeiros a entrar na casa. Eles encontraram Leno dormindo no sofá. Rosemary estava no quarto. Depois de levarem Rosemary à sala de estar, amarraram o casal com cordões de couro. Manson roubou a carteira de Leno, depois foi até o carro e instruiu Krenwinkel e Van Houten a entrar na casa. Depois que Manson partiu com Grogan, Atkins e Kasabian, Watson cobriu as cabeças do casal apavorado com fronhas e os amordaçou com fios de abajur. Krenwinkel e Van Houten conduziram Rosemary pelo corredor até o quarto, onde Krenwinkel começou a apunhalar a mulher com uma faca que encontrara na cozinha. Na sala de estar, Watson perfurou a garganta de Leno com uma baioneta.

Rosemary se digladiou com Krenwinkel e Van Houten até que Watson entrou no quarto e a esfaqueou com sua baioneta, acabando com sua vida. Ela levou quarenta e uma punhaladas, algumas aplicadas após a morte por Van Houten. Watson então voltou para Leno, apunhalando-o repetidamente até ter certeza de que estava morto.

A palavra GUERRA foi talhada na barriga de Leno e ERGUER e MORTE AOS PORCOS pintadas a dedo com sangue na parede. HEALTER [*sic*] SKELTER[9] foi escrito com sangue na geladeira.

Os LaBianca seriam encontrados por familiares dezenove horas depois de morrerem.

Devido aos veículos furtados que foram vistos em sua propriedade, Charles Manson e vinte e cinco membros de sua família foram presos em 16 de agosto no rancho onde viviam juntos. A polícia não tinha ideia de que, ao prender um bando de suspeitos por furto de veículos, estava na verdade capturando alguns dos assassinos que vinham aterrorizando Los Angeles.

---

[9] N. do T.: nome de uma canção dos Beatles que poderia ser traduzida livremente como "confusão", cuja grafia correta é "Helter Skelter".

Apesar de inúmeras similaridades entre os casos, meses se passaram sem que a polícia relacionasse os casos Hinman, Tate e LaBianca. Foi só quando Atkins contou a suas colegas de cela que participara dos homicídios que as coisas começaram a se encaixar.

Manson, Atkins, Krenwinkel e Van Houten foram declarados culpados e condenados à morte, mas teriam suas sentenças alteradas para prisão perpétua quando o estado da Califórnia deu cabo à pena capital. Manson viria também a ser declarado culpado por outros dois homicídios: o de Donald Shea, que morava no Rancho Spahn, e o de Gary Hinman. Grogan foi declarado culpado pelo assassinato de Shea e condenado à morte. Depois de ter a sentença alterada para prisão perpétua, ele se tornaria o único membro da família envolvido nos assassinatos a receber liberdade condicional. Grogan foi solto da prisão em 1985.

Beausoleil foi condenado à morte aos vinte e dois anos, mas sua sentença também seria alterada para prisão perpétua. Brunner recebeu imunidade por seu testemunho involuntário contra Beausoleil, o qual depois ela renegaria. Kasabian recebeu imunidade por não ter participado efetivamente dos assassinatos. A promotoria precisava de seu depoimento para ajudar na condenação dos outros.

Embora os seguidores de Manson o venerassem como um líder espiritual, a maioria dos americanos o via como a encarnação do diabo.

Infelizmente, Charles Manson não era o único diabo morando na Califórnia no momento em que a década do amor, da paz, dos protestos contra a guerra e de um movimento pelos direitos civis que mudaria a cultura se aproximava do fim.

31

Vinte e sete de setembro de 1969 era um dia perfeito de outono em São Francisco. O sol brilhava sobre a Ponte Golden Gate e o ar estava agradável e refrescante. Bryan Hartnell, de vinte anos, passara na cantina do Pacific

Union College para comer algo rápido e ficou surpreso ao ver Cecelia Shepard, sua ex-namorada. Ficara sabendo que ela estava se transferindo para a University of California, em Riverside, em função do excelente programa de música da universidade.

Bryan era um rapaz bem comportado, estudioso, e Cecelia gostava enormemente dele, ainda que não estivessem mais saindo juntos. Bryan sentia o mesmo em relação a ela. Cecelia era uma menina meiga e bondosa que amava tocar piano e cantar.

— Vim aqui com Dalora para passar o fim de semana — disse ela, referindo-se à amiga —, mas tenho de voltar amanhã.

— Podemos passar um tempo juntos esta tarde? — perguntou Bryan, esperançoso.

Os dois decidiram ir ao Lago Berryessa, a duas horas dali, no condado de Napa. O lago artificial, com sua circunferência de 265 quilômetros, atraía gente de toda a região. Suas colinas verdejantes ofereciam abrigo para os animais selvagens e as pessoas que iam fazer piquenique, enquanto a temperatura amena da água era um convite para velejar ou mergulhar. Os morros e florestas ofereciam privacidade e, quando não havia ninguém por perto, certo romantismo velado.

Meu pai esteve no local inúmeras vezes para o Lake Berryessa Bowl — concertos realizados todo fim de semana de maio a setembro num enorme anfiteatro a cerca de quatrocentos metros do lago, contando com a apresentação de astros como Alice Cooper, Sly and the Family Stone, Iron Butterfly e os Sons of Champlin, uma banda da Bay Area com a qual Beausoleil tocara certa vez. Embora a música fosse o que primeiro despertara a atenção de Van para a área, foram as belas moçoilas que se bronzeavam às margens do lago que fizeram com que ele continuasse voltando ali.

Cecelia Shepard era uma moça bonita, com cabelos louros ondulados nas pontas e um sorriso simpático que refletia sua personalidade solar.

Como Judy.

É possível que Van a tenha visto na universidade e a seguido até ali, ou talvez já estivesse no lago quando viu Cecelia e ela fez seu coração bater acelerado. De qualquer forma, ele estava preparado.

Cecelia e Bryan escolheram um ponto sob uma árvore próximo à margem ocidental do lago, em Twin Oak Ridge. Bryan forrou o chão com uma coberta e os dois se deitaram para admirar o céu azul sem nuvens. Uma leve brisa soprava em seus corpos e eles riam e conversavam sobre o que acontecera em suas vidas desde a última vez que se viram.

Meu pai, escondido atrás de uma árvore ali perto, observava tudo com ciúme. A raiva aumentava a cada risadinha que flutuava em sua direção junto à brisa.

Ele tinha de chegar mais perto. Então se esgueirou fazendo o máximo de silêncio até alcançar outra árvore.

Segundo os registros policiais, Bryan escutou passos sobre as folhas. — Ouviu isso? — perguntou ele a Cecelia, olhando ao redor em busca da origem dos ruídos. — Consegue ver alguma coisa?

— Olhe ali. Tem um homem atrás daquela árvore — apontou Cecelia, um pouco agitada com a ideia de alguém a espioná-los.

— O que ele está fazendo? — perguntou Bryan, pois não conseguia vê-lo de onde estava na coberta.

— Não sei — disse Cecelia, vendo o homem se acocorar atrás de outra árvore.

Bryan deu um pulo quando Cecelia gritou de repente: — Oh, meu Deus. Ele está armado!

Nos crimes anteriores, Van sempre contou com o elemento surpresa. Dessa vez, sua presa o vira se aproximar.

Petrificados, os amigos não conseguiram se mover quando Van, vestindo um capuz preto que cobria sua cabeça e os ombros, apontou a arma para eles.

O homem informou que precisava das chaves do carro e de dinheiro para seguir para o México. Disse também que escapara da Penitenciária Estadual de Deer Lodge, em Montana, onde matara um guarda. Suas palavras surtiram o efeito desejado.

Bryan se aproximou de Cecelia, tentando fazer com que Van continuasse a falar enquanto ele pensava numa maneira de escapar do mascarado. Ele avistou um símbolo branco na parte da frente da veste de carrasco que cobria a barriga de Van. Parecia um círculo com uma cruz simétrica na parte de dentro. Os olhos estavam cobertos por óculos de sol e Bryan conseguiu enxergar cabelos castanhos através dos furos da máscara.

Mas o que viu em seguida o aterrorizou ainda mais que o símbolo: uma faca enfiada num estojo em seu cinto e um pedaço do que parecia ser corda saindo do bolso.

— Essa arma está carregada? — perguntou.

Van tirou o carregador e mostrou uma bala a Bryan, apavorando suas vítimas.

Ele então jogou um pedaço de corda de varal para Cecelia e ordenou que ela amarrasse os pulsos de Bryan atrás das costas. Com as mãos tremendo, Cecelia obedeceu ao comando. Ela tirou a carteira do bolso de Bryan e a jogou para Van, esperando que o dinheiro fizesse com que ele não os machucasse.

Seu plano não funcionou. O dinheiro era a última coisa em que Van estava interessado.

Van amarrou os pulsos de Cecelia e, segundo Bryan, pareceu nervoso ao tocá-la. Van amarrou Bryan outra vez para garantir que não se soltasse. Em seguida, amarrou os dois juntos pelos tornozelos.

— Deitem de barriga para baixo — exigiu, pegando a faca. — Agora serei obrigado a esfaquear vocês.

— Comece por mim — implorou Bryan. — Não vou aguentar vê-la ser esfaqueada primeiro.

Sem dizer mais nem uma palavra, Van afundou a faca nas costas de Bryan, uma vez após a outra, até ter certeza de que sua vítima estivesse incapacitada. Sentindo uma enorme dor, Bryan se fingiu de morto, rezando para que o agressor parasse.

Funcionou.

Van voltou a atenção para a garota, mas não era Cecelia que ele via.

Era Judy, e ele começou a apunhalar suas costas com violência, de maneira frenética, não metódica como fora com Bryan, enquanto a lâmina perfurava sua carne sem parar.

Numa tentativa de defesa, Cecelia se virou e Van a apunhalou mais uma série de vezes no peito e na barriga.

E depois mais embaixo.

Depois de finalmente saciar sua raiva, Van se virou e foi embora, deixando os dois para morrer.

Não levou nada: chave do carro, carteira — nada.

Simplesmente pegou uma caneta marcadora preta e desenhou seu símbolo na porta do Volkswagen branco de Bryan. Embaixo, escreveu:

Vallejo
20–12–68
4–7 –69
Set 27–69–6:30
com faca

Quando teve certeza de que o agressor partira, Bryan tentou rastejar até a estrada. Ele e Cecelia gritaram por ajuda. Um homem chamado Ronald Fong os ouviu e telefonou para Archie e Elizabeth White, donos de uma oficina de barcos ali perto, no Rancho Monticello Resort.

— Acabei de ver um homem e uma mulher deitados na praia ao sul do resort, cobertos de sangue. Disseram que foram esfaqueados e roubados — disse Ronald a Archie.

Elizabeth ligou para a sede do parque e marcou de se encontrar com o guarda florestal, sargento William White, na praia. Ao lado de Ronald, embarcaram num barco de esqui aquático e partiram a toda velocidade para ajudar Bryan e Cecelia. Àquela altura, uma hora já se passara do ataque.

Quando chegaram ao local, encontraram Cecelia apoiada nos cotovelos e nos joelhos, balançando para a frente e para trás como se o movimento pudesse ajudar a suportar a dor. O vestido que usava estava encharcado de sangue. Elizabeth tentou acalmá-la e deixá-la mais confortável, mas nada funcionou.

— Era um homem de capuz. O rosto estava coberto. Vestia calça preta. Está doendo. Está doendo — gemeu Cecelia.

— Ele te violentou? — perguntou Elizabeth.

— Não. E não levou nada — disse Cecelia. A conversa a ajudava a recompor um pouco os sentidos.

— Ele usava óculos com lentes de prender escuras sobre o capuz. Tinha uma pistola preta — disse Cecelia, antes que a dor se tornasse insuportável.

Não demorou muito para o guarda Dennis Land encontrar Bryan perto da estrada. Ele colocou o rapaz com cuidado em sua picape e pediu à polícia pelo rádio que enviasse uma ambulância. Depois, seguiu para a praia onde estavam os outros.

O sargento White tentou falar com os dois sobre o que acontecera. Bryan era mais coerente que Cecelia e contou como foram amarrados e apunhalados. Percebendo bastante sangue próximo à virilha de Cecelia, o guarda parou de fazer perguntas, pois ela parecia estar entrando em estado de choque.

O som das sirenes indicou que a ajuda estava para chegar e os guardas acenaram na direção dos paramédicos.

Cecelia e Bryan foram levados para o Hospital Queen of the Valley e colocados sob terapia intensiva. Na manhã seguinte, Cecelia teve de passar por uma cirurgia de emergência e sobreviveu por mais um dia antes de finalmente sucumbir às inúmeras punhaladas que sofrera.

Bryan sobreviveu e descreveu o assassino para a polícia: de vinte para trinta anos, calças pregueadas e antiquadas, malvestido, usando uma veste cerimonial que chegava à cintura, um símbolo na frente da veste, barriga escapando para fora das calças, não muito inteligente, mas tampouco analfabeto; voz linear com um jeito de falar levemente arrastado que não era do sul.

Van ficaria decepcionado com essa descrição, pois se orgulhava de seu modo de vestir e falar. Mas tinha se disfarçado bem para aquele evento.

Pouco mais de uma hora depois de perpetuar o ataque, Van entrou num lava a jato situado no número 1.231 da Main Street, em Napa. Colocou algumas moedas no telefone público e chamou a telefonista, que o transferiu para o Departamento de Polícia de Napa.

— Gostaria de reportar um homicídio... não, um duplo homicídio — disse ele ao telefonista com tranquilidade. — Estão três quilômetros ao norte da sede do parque. Estavam num Karmann Ghia branco.

— De onde você fala? — perguntou o telefonista.

— Fui eu o responsável — respondeu Van, antes de deixar o fone deslizar da mão e ficar pendurado enquanto ele se afastava. Aprendera a lição da última vez e não se arriscaria a chamar a atenção novamente demorando o bastante para que o telefonista pudesse ligar de volta.

Mais uma vez ele estava errado. Apenas Cecelia morreria, mas para Van era só aquilo que importava, de qualquer forma.

32

Meu pai estava começando a se perder. Como acontece muitas vezes com assassinos em série, a tensão em sua vida aliada a sua sede de vingança e a suas tendências narcisistas começavam a cobrar seu preço.

Por volta de outubro de 1969, a barriga inchada de Edith era uma lembrança constante de que logo haveria mais uma criança berrando pela casa e Van não suportaria as exigências do papel de marido e pai por muito tempo. Enquanto Edith começava a se preparar para o nascimento do bebê, Van elaborava maneiras de se livrar dos filhos.

Seu desejo de matar só aumentava.

Passaram-se mais de dois anos entre o assassinato de Cheri Jo Bates e do ataque a Jensen/Faraday, quase sete meses entre os casos Jensen/Faraday e Ferrin/Mageau e apenas dois meses e três semanas entre Ferrin/Mageau e Shepard/Hartnell.

Em 11 de outubro, apenas duas semanas depois de atacar Cecelia e Bryan e três dias após o vigésimo segundo aniversário de Judy, Van acenou para um táxi a dois quarteirões de seu apartamento num prédio de cinco andares na Bush Street.

Paul Stine, motorista do carro número 912 da Yellow Cab, vinha trabalhando à noite para manter sua esposa, Claudia, e pagar sua pós-graduação. Aos vinte e nove anos, Paul estudava para obter um doutorado em Inglês pela Universidade Estadual de São Francisco em dezembro. Todos os anos que trabalhara à noite e se sacrificara para pagar as mensalidades finalmente renderiam frutos. Seu sonho de se tornar professor universitário estava finalmente ao alcance.

Paul bateu ponto às 8h45 da noite e fizera sua primeira corrida do Pier 64 ao aeroporto. Às 9h45, estava a caminho para pegar um passageiro no número 500 da Nona Avenida quando viu um homem vestido com calças pretas e uma jaqueta longa acenando para ele. É possível que Paul conhecesse Van, o que explicaria por que o taxista parou para transportá-lo quando estava a caminho de outra chamada e por que permitiu que se sentasse no banco da frente. Mas, no momento em que Paul encostou na esquina das ruas Mason e Geary, seu destino foi selado.

Van pediu a Paul que o deixasse perto de Presidio, uma instalação militar cuja vista dava para toda a cidade e suas redondezas. Perto do fim do século XIX teve início um reflorestamento da instalação numa tentativa de embelezar o local, que fora aberto à população civil. Seu cemitério nacional, o maior da Costa Oeste, vangloriava-se de abrigar uma série de oficiais condecorados, e sua coleção de artefatos atraía visitantes de todo o país, incluindo Van. Ele conhecia bem aquela área.

Perto da esquina das ruas Cherry e Washington, em Presidio Heights, um enclave opulento que margeia o Presidio, Van sacou a 9mm que escondia sob o casaco e mandou Paul parar o carro. O taxista obedeceu à ordem do passageiro, encostando perto de uma placa de parada obrigatória.

Van apontou a arma para o lado direito do rosto de Paul e disparou à queima-roupa bem acima da orelha.

Paul desabou sobre o volante.

Van o puxou na direção de seu colo. Três adolescentes numa casa no número 3.899 da Washington Street viram de uma janela do segundo andar quando Van apalpou os bolsos de Paul e tirou sua carteira. Um dos adolescentes telefonou para a polícia, enquanto os outros dois observavam Van se inclinar sobre a vítima, limpando o painel e o interior do carro com um lenço.

Os adolescentes não viram que Van também estava rasgando um pedaço da camisa suja de sangue de Paul.

Continuaram assistindo horrorizados quando ele saiu e limpou as impressões digitais das portas do passageiro e do motorista.

Sem nem mesmo olhar ao redor para checar se alguém o observava, Van começou a subir casualmente pela Cherry Street na direção de Presidio. Virou a leste na Jackson Street e depois ao norte na Maple.

A ambulância 82 acudiu a vítima, mas os paramédicos nada puderam fazer. Paul Stine estava morto.

Os policiais que atenderam ao chamado conversaram com os adolescentes, cujas respostas foram um pouco confusas devido ao estado de choque em que se encontravam. Conseguiram, no entanto, fornecer uma descrição do suspeito: era um homem branco, de quarenta e poucos anos, cabelos louro-ruivos num corte militar, óculos, corpulento, calça marrom-escura, casaco escuro, sapatos escuros.

"O suspeito deve ter sangue pelo corpo e pelas roupas", repetiu o operador pelo rádio. "O suspeito também pode estar carregando as chaves do táxi. Provavelmente está com a carteira da vítima. O suspeito está armado com uma pistola. Foi visto pela última vez caminhando ao norte na Cherry Street partindo da Washington Street."

Num erro crucial de comunicação, o operador também disse: "É um homem negro".

O policial Donald Fouke e seu parceiro, o oficial Eric Zelms, estavam à procura do suspeito negro quando viram um homem caminhando a leste na Jackson Street. O homem virou ao norte na Maple e se dirigiu à praça Julius Kahn, em Presidio. Fouke declararia posteriormente que o indivíduo não parecia estar com pressa. Eles não o pararam.

Demorou alguns minutos para que a correção irrompesse nos rádios policiais: "Temos novas informações: trata-se de um caucasiano."

Naqueles poucos minutos, Van desapareceu.

Meu pai não via a hora de se regozijar. Numa carta ao *San Francisco Chronicle* com carimbo postal de 13 de outubro, ele escreveu:

Aqui fala o Zodíaco. Sou eu o assassino do taxista na Washington St + Maple St ontem à noite, para provar aqui está um pedaço sujo de sangue da camisa dele. Sou o mesmo homem que acabou com aquelas pessoas na área ao norte da baía. A polícia de S.F. podia ter me capturado ontem à moite se tivesse vasculhado o parque adequadamente em vez de apostarem corridas com suas moto cicletas para ver quem faz mais barulho. Os motoristas das viaturas deviam ter parado seus carros + esperado em silêncio até eu sair do esconderijo.

As crianças dão bons alvos, acho que vou atacar um ônibus escolar numa manhã dessas. Vou simplesmente atirar no pneu da frente + então disparar nos garotinhos enquanto forem descendo.

A ameaça provocou pânico nos pais de crianças em idade escolar por toda a São Francisco, mas a polícia não captou a pista sutil que meu pai escondera na mensagem, a qual só ele poderia entender. Van conhecera minha mãe quando ela desceu de um ônibus oito anos antes.

Junto à carta estava um pedaço da camisa ensanguentada de Stine, que Van rasgara do corpo do morto.

O irmão de Paul, Joe Stine, ficou furioso com a morte do irmão e a arrogância do assassino. Numa entrevista publicada pelo *Chronicle* em 23 de outubro de 1969, ele declarou que "o Zodíaco deve ser um doente, um maníaco. Espero que, ao me oferecer como alvo, consiga fazer com que saia da toca. Trabalho no posto de gasolina Richfield na Sutter Street, 706, em Modesto, perto da Rouse Street. Começo a trabalhar às sete da manhã. Saio sempre ao meio-dia para almoçar no Walk-In Chicken num shopping center a dois quarteirões dali, pedalando pela Sutter Street. Depois volto e trabalho até as cinco.

Quero ver ele vir e me pegar. Estou em excelente forma. Sou forte o bastante para dar um jeito no Zodíaco, se conseguir colocar minhas mãos nele. Não ando com nenhuma arma. Não acho necessário."

O chefe de polícia do Departamento de Polícia de São Francisco, Thomas J. Cahill, também ficou alarmado com o assassinato de Paul Stine. O Zodíaco tinha entrado no seu território. Ele designou os detetives Dave Toschi e Bill Armstrong para o caso, instruindo-os a não parar até que encontrassem o assassino. Cahill levou a sério as ameaças do Zodíaco contra as crianças de São Francisco. Sabia que estava lidando com um louco homicida capaz de tudo.

Toschi, que adorava cortejar a imprensa, não podia ter ficado mais feliz. Aquela era uma missão para entrar na história: capturar o Zodíaco.

Mas não seria fácil.

O *Chronicle* recebeu outra correspondência do Zodíaco em 8 de novembro. Num cartão de lembrança, Van desenhou uma caneta pendurada numa forca, de onde pingava o que parecia ser tinta ou sangue. "Me perdoem por não ter escrito, mas acabei de lavar minha caneta", escreveu ele.

Aqui fala o Zodíaco eu achei que vocês iam precisar dar umas boas risadas antes de receber

as más notícias vocês não vão receber as notícias por um tempo ainda

PS poderiam publicar esta nova cifra na página da fronte do seu jornal? Me sinto muito sozinho quando sou ignorado, tão sozinho que posso fazer meu Negócio!!!!!!

Descendo pelo lado direito da folha, perto do texto principal, liam-se as palavras "e não posso fazer nada quanto a isso!".

A assinatura trazia o símbolo do círculo com a cruz e o que parecia ser um cálculo de suas vítimas: "des julho ago set out = 7".

Junto do cartão estava outro criptograma. Chateado por ver que sua primeira cifra fora solucionada, meu pai lançou mão de uma abordagem diferente para construir esse enigma. Usando o estilo de escrita kanji que aprendera no Japão quando criança, começava pelo lado direito da página, organizando letras e símbolos em colunas verticais. Em vez de uma mensagem codificada, ele incluía seu nome completo, escrito de trás para a frente. Esta cifra, formada por dezessete colunas com vinte caracteres cada uma, ficaria conhecida como a cifra dos 340. Investigadores e detetives amadores passariam as quatro décadas seguintes tentando decifrar sua mensagem secreta.

Van ficou atento aos jornais e esperou para ver se alguém descobriria seu nome.

Ninguém conseguiu.

Meu pai indicava no cartão que havia matado sete pessoas, mas naquela época só existiam quatro vítimas assassinadas e duas sobreviventes ligadas ao seu nome.

Em 9 de novembro, o *Chronicle* recebeu mais uma carta:

Aqui fala o Zodíaco até o fim de outubro matei 7 pessoas. Estou bastante furioso com a polícia por terem contado mentiras sobre mim. Assim, hei de mudar a maneira de coletar escravos. Não mais irei anunciar para todos. Quando cometer meus

assassinatos, eles vão se parecer com assaltos rotineiros, assassinatos por raiva, + alguns acidentes falsos, etc.

A polícia nunca há de me capturar, pois tenho sido inteligente demais para ela.

1 Só pareço com a descrição que fizeram de mim quando faço meu negócio, no resto do tempo sou completameinte diferente. Não vou contar como é meu disfasse quando mato

2 até o momento não deixei nenhuma impressão digital para trás ao contrário do que diz a polícia em meus assassinatos uso proteção transparente nas pontas dos dedos. Nada mais é que 2 camadas de cola de aeromodelo cobrindo as pontas dos dedos—bem impersepitível + bastante eficiente.

3 minhas ferramentas para matar foram adiquiridas por envio postal antes que a proibição entrasse em vigor. Exceto uma & ela foi comprada fora do estado.

Assim como podem ver a polícia não tem muito com o que trabalhar. Se estão se perguntando por que eu limpei o taxi eu estava deixando pixtas falsas para a polícia sair procurando por toda a cidade, como pode se dizer, dei aos policiais um pouco de trabalio para que ficassem felizes. Gosto de alfinetar os porcos de azul. Ei porco de azul eu estava no parque—você estava usando carros de bombeiro para encobrir as viaturas de patrulha. Os cães jamais chegaram a dois quarteirões de mim + estavam a oeste + só tiveram dois grupos estacionados num intervalo de cerca de 10 min e depois as moto cicletas passaram a cerca de 45 m de distância indo do sul para o noroeste p.s. 2 policiais paparam mosca serca de 3 min depois que saí do táxi. Eu estava descendo a ladeira até o parque quando uma viatura da polícia encostou + um deles me chamou + perguntou se eu tinha visto alguém agindo de maneira suspeita ou estranha nos últimos 5 a 10 min + eu disse que sim tinha um homem corredo gesticulano uma arma & os policiais cantaram pneu + dobraram a esquina conforme minhas indicações + desapareci no parque a um quarteirão + meio dali e nunca mais me viram. "devem publicar no jornal"

Ei porco não te irrita quando exfregam suas mancadas no seu naris?

Van continuava descrevendo sua "máquina da morte" — a bomba que planejava deixar numa calçada para explodir um ônibus escolar — e os materiais que usara para construí-la. Ele agora estava se divertindo. Provocar a polícia e aterrorizar a população o fazia se sentir poderoso. Estava deixando todo tipo de pistas, mas eles não as entendiam.

Meu pai enviou mais uma carta naquele ano — para Melvin Belli, advogado de São Francisco, com carimbo postal de 20 de dezembro de 1969, primeiro aniversário do assassinato de Betty Lou Jensen e David Faraday. Junto à correspondência incluiu outro pedaço da camisa de Paul Stine. No verso do envelope, escreveu "Felis Natall + Ano Novo".

Caro Melvin

Aqui fala o Zodíaco desejo a você um bom Natall. A única coisa que te peço é isso, por favor me ajude. Não consigo interagir porque essa coisa em mim não deixa. Estou achando estremamente dificio manter a calma tenho medo de perdê o controle de novo e fazer minha nona + posivelmente décima vítoma. Por favor me ajude estou me afogano. Por enquanto as crianças estão a salvo da bomba porque ela é muito grande para enterrar & o mecanismo de ativação requer muito trabalho para ser ajustado do modo certo. Mas se eu me contiver por muito tempo até a no nove vou perdê complet [riscado] todo o comtrole de mim + armar a bomba. Por favor me ajude não posso permanecer sob controle por mais muito tempo.

Os agentes da lei de toda a Califórnia temeram que o Zodíaco realmente perdesse o controle. Várias jurisdições haviam testemunhado seu trabalho em primeira mão; era claro que ele seria capaz de fazer qualquer coisa.

33

Ao fim de 1969, o Fillmore, que antes fora uma comunidade próspera, tinha se deteriorado num gueto cheio de desempregados dispensados dos estaleiros que os atraíra a São Francisco em busca de uma vida melhor. O LSD dera lugar à heroína, mais letal, e os viciados infestavam o Fillmore, roubando dos moradores e donos de lojas para alimentar seus hábitos. O movimento hippie — e a proliferação de drogas que trouxe consigo — deixara um rastro de destruição. A cidade de São Francisco começou a implementar um plano de renovação urbana, com escavadeiras mudando a cara da vizinhança ao botar abaixo fileiras de casas vitorianas singulares e a gentrificação apagando o passado.

A música que atraíra tantos ao Fillmore começou a desaparecer aos poucos, ao passo que os proprietários de casas noturnas foram se mudando para partes mais rentáveis da cidade. Alguns mais obstinados continuaram na Divisadero Street, saindo do Fillmore: o Both/And Club, que ocasionalmente abrigava apresentações da Ike and Tina Turner Revue, e o Half Note, onde um jovem George Duke ouviu pela primeira vez Al Jarreau simular percussão com a voz. Outras lendas, como Dizzy Gillespie, Miles Davis e Sarah Vaughan, frequentavam o Half Note, onde Duke e Jarreau se apresentavam com frequência.

Ao longo dos anos, o Half Note também se tornou um dos bares preferidos dos policiais, que se reuniam ali depois do turno para discutir seus casos, e de repórteres, que zanzavam pelo local de antenas ligadas nas conversas em busca de um furo. O barman Lionel Hornsby sabia um pouco mais que a maioria sobre as últimas novidades no caso do Zodíaco e passava as informações que ouvia dos policiais aos jornalistas e clientes. A conversa era boa para os negócios.

Rotea Gilford gostava de passar no Half Note no caminho do trabalho para casa. Lá, costumava se reunir com outros oficiais negros que também ficavam desestimulados pela discriminação que sentiam sofrer no Departamento de Polícia de São Francisco. Rotea sentia que era responsabilidade sua encorajá-los e organizar a luta pela igualdade.

Mas em novembro de 1969 o papo não era sobre discriminação. Era sobre o assassino em série que tivera a audácia de provocá-los de maneira pública.

Enquanto bebericava seu drinque, Rotea ouvia as conversas ao redor, louco para fazer parte do caso. Assim como muitos outros policiais, ele analisara as cifras na esperança de ser aquele que descobriria a identidade de meu pai. Não sabia coisa alguma sobre substituição homofônica, um método de criar códigos que emprega mais de um símbolo ou letra para uma única letra de alta frequência do alfabeto, a qual os especialistas especulariam ter sido usada pelo Zodíaco na cifra dos 408. Simplesmente passava os olhos pelas cifras, esperando que uma palavra ou um nome fosse aparecer. Ainda que tivesse crescido no departamento, Rotea não chegara à divisão de homicídios; isso, porém, não o impediu de estudar tudo o que podia sobre o caso. Estava preocupado com o assassino, preocupado em saber quem e onde ele atacaria a seguir. O Zodíaco tinha declarado guerra à Polícia de São Francisco e Rotea queria ajudar Toschi e Armstrong a acabar com ele.

Mas não podia. Nenhum negro em toda a história do departamento fora promovido para a divisão de homicídios. O caso era de Toschi e Armstrong.

Rotea sabia que eles tinham desencavado os arquivos dos casos de Vallejo e do condado de Napa e os estavam examinando minuciosamente em busca de pistas. Tinham entrevistado os três adolescentes que testemunharam o assassinato de Paul Stine. Fouke e Zelms trabalharam com um artista da polícia para criar um retrato falado. Forneceram uma descrição do que o Zodíaco vestia naquela noite: um casaco azul escuro e calças largas e pregueadas de lã marrom, embora não tivessem notado o sangue no casaco. Impressões digitais, algumas com sangue, foram recolhidas das portas do táxi, mas não se encaixavam às de nenhum suspeito até aquele momento. Descobriram por meio da polícia de Vallejo que Darlene Ferrin escrevera o nome de Robert Vaughn em sua caderneta de endereços; levaram o organista à delegacia e o interrogaram. Reconheceram a referência do assassino às Nove Declarações Satânicas na mensagem cifrada e foram à California Street para interrogar LaVey. Começaram a suspeitar que o Zodíaco tivesse alguma ligação com o Cinema Avenue, pois dois dos suspeitos tocavam órgão lá, mas não tinham nenhuma outra prova que os ligasse e não tiveram alternativas a não ser liberá-los.

Tinham também as cartas com as pistas, mas, por mais que tivessem perseguido cada indício que aparecera, Toschi e Armstrong não chegaram a lugar algum.

Rotea saiu de seus devaneios e sorriu quando viu Earl Sanders entrando no bar.

— Sente-se aí — disse ele, apontando o banco ao seu lado.

Sanders passara a adolescência no Fillmore vendo o policial Sorriso (apelido de Rotea nas ruas) fazendo sua ronda e mantendo os garotos baderneiros na linha. Foi a admiração de Sanders por Rotea que o influenciou a entrar para a academia de polícia depois de se formar pela Golden Gate University. Quando Sanders se formou na academia com as maiores notas da turma, Rotea também foi homenageado na cerimônia com uma medalha por Serviço Meritório de 1° Grau. Dez anos mais novo, Sanders muitas vezes recorria a Rotea em busca de aconselhamento e Rotea ficava contente em servir como mentor para o jovem policial. Juntos eles decidiram mudar as relações raciais na força, tornando-se bons amigos no processo.

— Como vai? — perguntou Sanders, sentando e pedindo um drinque.

Rotea deu de ombros. — Nada mau, Escola — dirigindo-se ao amigo pelo apelido que lhe dera, pois sempre estava estudando alguma coisa. Rotea gostava de provocá-lo com isso.

Sanders percebeu que havia algo de errado. — Como está Patricia? — perguntou.

— Bem.Você sabe, a mesma merda de sempre — disse Rotea, pegando o drinque e despejando goela abaixo.

Sanders lhe deu um tapinha nas costas. Sabia o que queria dizer. Rotea e a esposa estavam sempre brigando por algum motivo — muitas horas de trabalho, bebedeira, belas louras.

Rotea conhecera Patricia, negra alta, esbelta e vivaz, em Nova Orleans, quando frequentava o City College de São Francisco. Os dois se casaram em 1951 e tiveram três filhos: Michael, Steven e Judy. Patricia arrumou um trabalho como contadora e Rotea partiu para combater o mundo do crime. A tarefa exigia dedicação e, ainda que Rotea passasse o máximo de tempo que podia com a família, os encargos do ofício demandavam mais do marido que Patricia estava disposta a compartilhar. As brigas vinham aumentando nos últimos tempos e Sanders sabia que Rotea estava infeliz. Dava para ver pelo jeito como ele olhava para as moças que frequentavam o bar. Geralmente, Sanders ia embora muito antes de Rotea finalmente voltar para casa e para Patricia.

Sentado nos fundos do bar, Paul Avery, repórter do *San Francisco Chronicle*, era um dos jornalistas que observavam todas as conversas na esperança de ouvir algo de novo. Avery escrevera um artigo em meados de outubro, citando o Chefe dos Inspetores, Marvin Lee, e sua declaração de que o Zodíaco era "um criminoso atrapalhado, mentiroso e possivelmente um homossexual latente". A polícia alertou Avery para que tivesse cuidado.

O que ninguém percebeu é que o Zodíaco e Avery tinham uma longa história. Uma que Avery mal recordava, mas que meu pai nunca esquecera.

34

Pouco após o assassinato de Paul Stine, Edith, num estágio avançado de gestação, voltou para a Áustria com seus dois filhos e em 1970 deu à luz uma menina, a quem deu o nome de Guenevere. Jamais vou saber toda a verdade sobre o que aconteceu entre meu pai e Edith.

Teria ela visto o sangue nas roupas de Van quando ele voltou para casa depois de matar Stine? Teria ela ameaçado entregá-lo à polícia?

Teria fugido para proteger sua vida?

Edith criou os filhos para que acreditassem que meu pai os levara até a Áustria e os abandonara ali. Isso também seria plausível, levando-se em consideração sua história de vida.

O que fica claro é que algo sério deve ter acontecido para forçar Edith a criar três filhos sozinha, sem qualquer auxílio financeiro ou suporte emocional de meu pai. Por mais que Van tenha viajado inúmeras vezes à Áustria nos anos seguintes à separação, ele nunca se importou em visitar a mulher e os filhos. Guenevere, Oliver e Urban cresceram sem ele, assim como eu — e a dor de serem abandonados os assolou por toda a vida.

Van agora tinha liberdade para sair à caça quando tivesse vontade. Aquilo era parte da diversão — saber que tinha a vida de cada pessoa que via em suas mãos. Devia ser uma sensação inebriante para o assassino narcisista, e a população na costa da Califórnia tinha bons motivos para estar apavorada.

Em 22 de março de 1970, Van estava guiando pela Highway 132, que atravessa Modesto, no Vale Central, voltando do México, quando avistou uma mulher numa caminhonete branca e marrom-avermelhada. Kathleen Johns, uma bela mãe de cabelos louros, partira de San Bernardino para visitar sua família em Petaluma, a quase sete horas de distância. Ela começou a ficar nervosa quando percebeu que o carro que a vinha seguindo desde que passara por Modesto ainda estava atrás dela. Era tarde, por volta da meia-noite, quando Kathleen decidiu desacelerar para que o veículo pudesse ultrapassá-la.

Van piscou o farol e buzinou, tentando fazê-la parar.

Kathleen estava com a filha de dez meses, Jennifer, no carro, e não estava disposta a parar. Continuou dirigindo devagar, esperando que ele finalmente a ultrapassasse próximo à Interestadual 5. Pensando que o motorista talvez quisesse lhe avisar que havia algo de errado com seu carro, ela parou para verificar.

Meu pai parou um pouco à frente e então voltou até onde ela estava.

— Sua roda traseira parece um pouco frouxa — disse ele quando se aproximou. — Era por isso que eu estava tentando fazer você parar. Deixe que eu conserto para você.

O nervosismo que Kathleen sentira enquanto dirigia se dissipou. Van estava bem vestido e parecia inofensivo. Era um bom samaritano.

Van foi até o carro e voltou com uma ferramenta, indo até a traseira e se ajoelhando do lado do pneu. Fingiu que estava apertando os parafusos.

— Obrigada — disse Kathleen, agradecida ao estranho prestativo. Sua mãe lhe alertara que era perigoso dirigir à noite, especialmente com uma criança no carro, e o incidente fora preocupante.

Aliviada, ela voltou para o carro e deu a partida. Quando tentou seguir em frente, o veículo deu um solavanco e parou. Ela então saiu para ver o que acontecera.

A roda traseira esquerda tinha se soltado.

Olhando pelo espelho retrovisor à espera do que sabia que aconteceria, Van rapidamente deu meia-volta.

— Venha. Entre no meu carro. Vou te levar até um posto de gasolina — disse ele a Kathleen, encostando o carro ao lado do dela.

Presa no meio do nada, Kathleen não via outra opção. Pegou o bebê e entrou no carro de Van.

Van não tinha visto o bebê.

Aquilo não o deteve. Ele seguiu a oeste pela Highway 132 até encontrar um posto de gasolina Richfield na esquina da Chrisman Road. Foi até lá, mas estava fechado.

Voltou à autoestrada e começou a pegar estradas menores, atravessando a cidadezinha de Tracy. Passaram por inúmeros postos de gasolina.

— Por que não parou ali? — perguntava Kathleen.

— Não era o posto certo — respondia Van.

Kathleen estava ficando nervosa de novo, por mais que o homem parecesse simpático. Puxou sua filha mais para perto.

— Onde você trabalha? — perguntou ela, tentando puxar conversa para aplacar seu medo.

— Normalmente eu trabalho por um período de dois meses, depois fico dirigindo, na maior parte do tempo à noite — disse ele. Sua resposta em nada ajudou a aliviar a tensão que tomava conta do carro.

— Sempre sai por aí ajudando as pessoas pela estrada?

— Quando acabo com elas, não precisam da minha ajuda — revelou Van.

Kathleen sentia o pavor lhe apertar o estômago. Ficou ali em silêncio enquanto eles seguiram em frente por mais de uma hora, aguardando por uma oportunidade para escapar. Esperava que ele parasse o carro.

Ele não parou.

Ela passava o tempo memorizando tudo o que podia sobre ele: o rosto, o que vestia. O banco de trás e o painel estavam cobertos de livros e documentos, como se o homem trabalhasse dentro do carro. Percebeu que seus sapatos eram bastante lustrosos, engraxados como os de um militar.

Depois de um longo tempo, Kathleen avistou uma placa de parada obrigatória e começou a rezar para que seu captor parasse.

O que ele fez.

Ela saltou do carro com o bebê nos braços e começou a correr o mais rápido possível por um campo ali perto. Olhando para trás, viu que Van ainda estava no carro. Ele desligou o farol e ficou ali a observá-la, pensando no que fazer.

Kathleen subiu por uma encosta antes de se virar e ver que ele se distanciava. Com medo de que o raptor pudesse voltar, ela correu até uma estrada próxima e acenou para um carro que passava, cujos ocupantes a levaram à delegacia em Patterson, um subúrbio de Modesto a cerca de quarenta e três quilômetros de Tracy. Eram duas e meia da manhã.

Van esperara ela sair. Voltou ao carro dela e limpou cuidadosamente suas impressões digitais da calota que tocara. Furioso por ver sua vítima escapar, botou fogo no veículo antes de ir embora.

O sargento Charles McNatt tomou o depoimento de Kathleen. Enquanto ele ouvia a história, a mulher começou a gritar subitamente.

— Qual o problema? — perguntou o policial, assustado.

Kathleen apontou para um retrato falado que tinha duas imagens penduradas lado a lado numa parede. — É ele. Foi esse o homem que levou a gente — soluçou.

— Qual desses homens é o sequestrador? — falou McNatt.

— Aquele ali — respondeu Kathleen, apontando para aquilo que fora descrito pelo detetive Fouke, que avistara o Zodíaco na vizinhança de Presidio Heights momentos depois do assassinato de Paul Stine.

— Já viu essa imagem antes? — perguntou o oficial.

— Não.

— É um retrato falado do Zodíaco — informou McNatt.

Kathleen ficou histérica e McNatt passou os momentos seguintes tentando acalmar a mulher perturbada antes de telefonar para o Departamento do Xerife do Condado de Stanislaus e pedir que enviassem um oficial à área onde Kathleen deixara o carro.

O guarda Jim Lovett encontrou o veículo no Maze Boulevard a cerca de três quilômetros a leste da Interestadual 5. Estava completamente incinerado.

A polícia não sabia bem como lidar com o incidente. Não tinham certeza de que se tratava de um sequestro. Kathleen lhes dissera que o homem não a ameaçara nem ao bebê. O homem a assustara, verdade, mas em nenhum momento a forçara fisicamente a permanecer no veículo.

Depois, Kathleen mudaria sua versão e diria que o homem se virou para ela e disse: — Você sabe que vai morrer. Sabe que vou te matar. Vou jogar o bebê fora.

Não sei se isso é verdade, mas, se for, é algo que Van já fizera antes.

O *San Francisco Chronicle* recebeu outra carta do Zodíaco em 20 de abril de 1970. Ela dizia:

> **Aqui fala o Zodíaco**
> **A propósito conseguiram decifrar o último código que mandei?**
> **Meu nome é ________________**

Van estava dizendo à polícia que a cifra dos 340 continha apenas seu nome. Os investigadores que tentaram decodificar o criptograma estavam destinados ao fracasso, pois os símbolos não representavam letras. Não havia mensagem alguma — apenas "Earl Van Best Junior", escrito de trás para a frente em plena vista.

Meu pai então incluiu uma nova cifra com treze caracteres, incluindo letras e símbolos — o número exato de letras em "Earl Van Best Jr".

De acordo com o Zodíaco, seu total de vítimas agora chegava a dez, mas a polícia não relacionara nenhum outro homicídio a ele.

Paul Avery também não percebeu que a carta fora enviada exatamente sete anos depois que escrevera seu artigo intitulado "Amor em fuga: o triste fim do romance da sorveteria" no *Chronicle*.

35

O espelho lhe dizia o que no fundo ela já sabia: estava linda. Judy passara a última hora se maquiando cuidadosamente e escolhendo a roupa perfeita para seu encontro. Ainda que não lhe faltassem admiradores, ela agora estava muito mais seletiva.

Cautelosa.

Aprendera do jeito mais difícil até onde sua impulsividade poderia levá-la. Passou a escova pelos cabelos uma última vez e foi à sala de estar esperar por seu pretendente.

Desde que voltara a São Francisco, Judy dera uma guinada em sua vida. Terminou o ensino médio e arrumou um emprego tomando conta de uma mulher com doença degenerativa dos ossos. Por mais difícil que fosse, ela acabou desculpando a mãe por forçá-la a me dar para adoção.

Não foi fácil.

Verda proibira que meu nome fosse mencionado e Judy teve de lidar sozinha com o que aconteceu. Em silêncio.

Era como se nunca houvesse gerado um filho.

Entrando na idade adulta, a vida que compartilhara com Van influenciava as reações emocionais de Judy a quase tudo. Tinha dentro de si um medo do qual não conseguia se livrar. Uma falta de confiança.

Mas naquela noite estava disposta a baixar a guarda. Feliz, contemplava a noite à espera de seu pretendente.

Ela esperou.

E esperou.

Ele não telefonou. Não apareceu.

Quando sua irmã, Carolyn (ou Lyn), passou em sua casa, Judy lambia as feridas de seu ego.

— Deixa ele para lá — disse Lyn. — Vamos sair nós duas.

— Não estou com vontade — falou Judy. Ela não queria sair e fingir que estava se divertindo, quando por dentro ainda se sentia magoada.

— Vamos lá — disse Lyn. — A gente vai se divertir.

Judy finalmente cedeu e as duas caminharam até uma casa noturna não muito longe.

— Olha só quem está no bar — disse Lyn, partindo na direção de um homem negro alto e bonito que conhecera por meio de seu trabalho numa firma de advocacia.

— Esse é Rotea Gilford — disse ela, puxando Judy mais para perto. — Ele é policial. Rotea, essa é minha irmã, Judy.

— Oi — disse Rotea, incapaz de falar qualquer outra coisa por um instante. A irmã de Lyn era bela.

Deslumbrante.

— Você perdeu peso — comentou Lyn quando Rotea se levantou para oferecer seu assento.

— Vinte e três quilos — disse Rotea, orgulhoso. — Muito açúcar no sangue. Estava precisando.

— Como conseguiu? — perguntou Lyn.

— Bastante proteína, pouco carboidrato — respondeu Rotea, mas não queria discutir sobre seu peso com ela. Queria era conversar com a loura atraente parada ao lado de Lyn.

— O que acha de dançar? — perguntou ele a Judy quando a banda começou a tocar as primeiras notas de uma canção lenta.

Ela concordou e Rotea a levou pela mão até a pequena pista de dança, contente com o modo como a garota alta se aconchegava nele.

Judy esqueceu completamente o bolo que levara enquanto Rotea a fazia rodopiar pela pista. Tinha gostado daquele homem grande e forte. Sentia-se segura em seus braços.

Os dois passaram o resto da noite flertando e rindo, descobrindo tudo o que podiam um sobre o outro.

Rotea tinha quarenta e seis anos. Judy, vinte e dois. Ele era negro. Ela, branca.

Nada daquilo importava.

Ao fim da noite, Rotea estava enfeitiçado.

Não tinha a menor ideia de que o rosto que conquistara seu coração de imediato era o mesmo rosto que provocara a fúria de um assassino em série.

36

Van escreveu outras cinco cartas em 1970, lançando mão de ameaças para gerar pânico enquanto zombava dos esforços da polícia para capturá-lo. Em 28 de abril, exatamente oito anos depois de sequestrar Judy do Centro de Assistência à Juventude, ele enviou ao *Chronicle* aquele que ficaria conhecido como o Cartão do Dragão e mais uma vez ameaçou explodir uma bomba.

Na parte da frente havia uma imagem de Papai Noel montado num dragão e outro personagem montado num burro. Escritas no cartão estavam as palavras "Lamento saber que seu asno é um dragão".

> **Espero que se divirtam quando eu fizer minha Festa.**
>
> **⊕**
>
> **P.S. no verso**
>
> **Se não quiserem que eu faça a festa devem obedecer a duas coisas. 1. Digam a todos sobre a bomba no ônibus com todos os detalhes. 2. Eu gostaria de ver uns belos broches do Zodíaco circulando pela cidade. Todo mundo usa esses broches, como ☮ black power, Melvin come gurdura, etc. Bem eu ficaria consideravelmente mais animado se visse um monte de gente usando meu broche. Por favor nada de grosseiro como o do Melvin**
>
> **Obrigado ⊕**

Por algum motivo, Van voltara sua mira para o advogado Melvin Belli outra vez.

Em 26 de junho, ele enviou outra carta ao *Chronicle*, dessa vez expressando seu descontentamento por ninguém usar os broches do Zodíaco. Também alegava ter matado um homem com um .38.

Van assinou a carta:

⊕ — 12 DPSF — 0

Na parte de baixo incluiu uma cifra de trinta e dois caracteres que, junto ao mapa que também enviara, deveria informar à polícia onde ele armara a bomba. Essa cifra nunca foi solucionada.

Em 24 de julho, Van reivindicava a responsabilidade pelo sequestro de Kathleen John numa carta enviada ao *Chronicle* que ficaria conhecida como a "Listinha do Zodíaco":

Aqui fala o Zodíaco.

Estou bastante chateado porque as pessoas não querem usar uns broches bacanas do ⊕.
Então agora eu faço uma listinha, começando pela mulier + o bebê a quem dei uma carona bem interessante por augumas oras numa noite uns meses atrás que terminou comigo ateando fogo no carro no lugar onde encontrei eles.

⊕

Van incluiu sua "listinha", que dava mais à polícia no que pensar. Por meio de uma variação de versos tirados de uma canção — "As Someday It May Happen", do *Mikado* — Van listou todos os tipos de pessoas que podiam ser suas vítimas em potencial. A polícia conseguiu deduzir da carta que o Zodíaco era fã de Gilbert e Sullivan, ouvia ópera e seus erros ortográficos e gramaticais podiam ser um fingimento. O assassino era letrado. Tinha cultura.

Van incluíra referências a padres, organistas, escritores, crianças e advogados na lista de pessoas que não fariam falta se desaparecessem.

Dois dias depois chegou outra carta, explicando em detalhes gráficos o que Van pretendia fazer com seus escravos. O conteúdo revelava o quanto ele vinha se tornando doente e descontrolado.

Aqui fala o Zodíaco

Como vocês não querem usar uns broches bacanas do ⊕; que tal usarem uns broches sórdidos do ⊕. Ou qualquer tipo de broche do ⊕ em que conseguirem pensar. Se não usarem nenhum tipo de broche do ⊕, vou (além de tudo mais) torturar todos os meus 13 escravos que estão experando por mim no Paraízo. Vou Amarrar alguns deles em formigueiros e assistir enquanto gritam e se debatem e se contorsem. Outros terão farpas de pinho enfiadas debaixo das unhas + serão queimados. Outros serão colocados em gaiolas + serão forçados a comer carne seca até ficarem empanturrados e então vou ouvir quando implorarem por água e vou rir da cara deles. Outros serão pendurados pelos polegares + vão queimar no sol depois vou esfregar óleo neles para deixar mais quente. Outros eu vou arrancar a pele deles vivos + deixar eles correrem gritando. E todos os jogadores de bilhar eu vou fazer eles jogarem numa masmorra escura com tacos envergados e sapatos tortos. Sim, eu hei de me divertir à beça infligindo as mais deliciosas dores em meus Escravos.

Ele assinava:

DPSF = 0 ⊕ = 13

Todos os envelopes e cartas foram examinados em busca de impressões digitais e pistas quanto à identidade do remetente. Diversas agências policiais em toda a Califórnia, além do FBI, ficaram perplexas. Não conseguiam decifrar os códigos enviados por meu pai nem tampouco impedir os assassinatos. Estavam de mãos atadas e Van ainda zombava delas.

Na época, a polícia ainda não tinha relacionado a última série de assassinatos ao homicídio de Cheri Jo Bates; no entanto, Van deixara uma pista em sua última carta. Ele cometera o mesmo erro ortográfico na palavra "twich"[10] na carta de confissão que enviara à polícia de Riverside.

Toschi e Armstrong viviam dias frustrantes. Tinham as impressões digitais do assassino e sua caligrafia. Tinham inúmeras pistas sobre sua personalidade. Notaram que ele usava o vernáculo britânico ao escrever. Só que não conseguiam capturá-lo. Tinham até mesmo o nome do assassino, mas não sabiam qual ele era.

Van estava se divertindo horrores.

Já o repórter do *San Francisco Chronicle*, Paul Avery, não.

Ele estava tão envolvido no caso do Zodíaco quanto a polícia. Avery fazia serão na tentativa de ser o primeiro a divulgar novas informações. Van assistia à sua dedicação com interesse, lendo cada palavra que o repórter escrevia e se ofendendo com muitas delas.

Em 27 de outubro, Avery recebeu um cartão de Dia das Bruxas enviado por meu pai.

[10] N. do T.: contorcer. A grafia correta da palavra em inglês é "twitch".

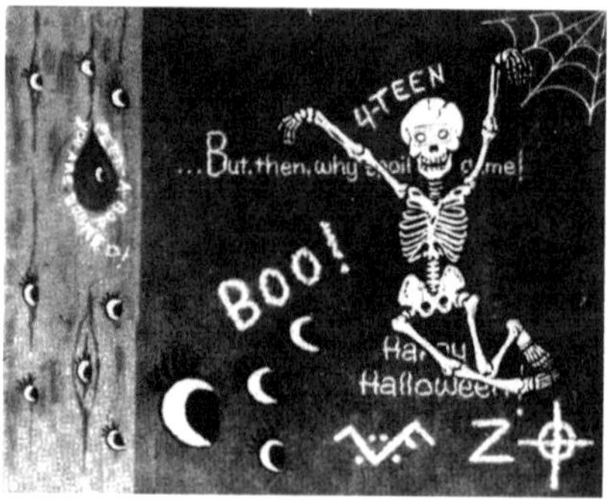

Avery não gostou da atenção especial que o Zodíaco lhe dedicara e ficou com medo de se tornar a próxima vítima. Para se proteger, comprou imediatamente uma arma.

O repórter também não se deu conta de que seu "amigo secreto" era alguém que conhecia — um homem que conhecera numa cela do Salão de Justiça. Avery zombara do amor de Van por Judy e insinuara que meu pai era um molestador de crianças, o que ele não esquecera.

Os métodos de morte mencionados no cartão levaram a polícia a novas investigações. O Zodíaco não estava ligado a nenhum crime envolvendo cordas, embora houvesse muitos casos de assassinato na área envolvendo mulheres que foram estranguladas durante os anos em que o Zodíaco vinha matando. O cartão fez os policias olharem para trás e verificarem se tais casos podiam ser ligados ao Zodíaco, mas as peças não se encaixavam. Seu *modus operandi* era diferente.

O *Chronicle* publicou o cartão de Dia das Bruxas em sua capa no dia 31 de outubro.

Funcionários do *Chronicle* logo passariam a ser vistos usando broches com os dizeres "NÃO SOU PAUL AVERY".

Em novembro, uma pista anônima faria com que Avery relacionasse o Zodíaco ao homicídio de Cheri Jo Bates em Riverside. Sherwood Morrill, inspetor de documentos que validara as cartas do Zodíaco, confirmou que a caligrafia nas cartas do Zodíaco batia com as cartas e o poema escrito na mesa do caso de Riverside.

Em pouco tempo, Avery, assim como a polícia, começou a ser bombardeado com pistas. Ele verificou todas, obcecado com o assassino que voltara seus olhos para ele. Num documentário televisivo transmitido em 1989 intitulado *Zodíaco: Crimes do século*, Avery explicava: "A certa altura, recebi um telefonema de Anton LaVey, fundador e sumo sacerdote da Igreja de Satã, que era algo grande no final dos anos 1960 e início dos anos 1970. Ele acreditava que um de seus paroquianos, um de seus integrantes, podia ser o assassino do Zodíaco. E me forneceu alguns materiais. Vejam bem, o assassino do Zodíaco era tão mau que nem a Igreja de Satã o queria."

Teria a associação de LaVey com Van provocado o telefonema? Infelizmente jamais vou saber, pois Avery nunca revelou publicamente o nome que LaVey lhe dissera. Em 13 de março de 1971, o *Los Angeles Times* recebeu sua primeira correspondência de meu pai. Passaram-se quase cinco meses desde a última carta que enviara. Ele dizia:

Aqui fala o Zodíaco

Como sempre disse, sou à prova de decodificação. Se os Azulões Malvados quiserem me pegar um dia, é melhor eles levantarem de seus traseiros gordos + fazerem algo. Porque quanto mais eles enrolam + passam o dia a peidar, mais escravos eu recolho para minha vida após a morte. Tenho que dar crédito a eles por esbarrarem com as atividades que pus em prática em Riverside, mas só estão encontrando as mais fáceis, tem muito mais por lá. O motivo pelo qual estou escrevendo para o Times é esse, Eles não me escondem nas páginas de trás como muitos dos outros.

DPSF — 0 ⊕ — 17+

O suposto total de vítimas de Van tinha aumentado ainda mais. Novamente, a polícia não conseguiu estabelecer qualquer relação entre ele e os novos homicídios cometidos no período.

Depois, tão repentinamente quanto surgira, o Zodíaco parou de se comunicar. Três anos passariam até que ele voltasse a entrar em contato com alguém.

Não se sabe o motivo pelo qual meu pai desapareceu dos holofotes durante esses anos, mas sei que ele ficou algum tempo pela Áustria falsificando documentos, além de passar também bastante tempo no México.

Cansados de viver com medo, os californianos rezaram para que não mais ouvissem falar do Zodíaco.

37

Em 1971, Rotea finalmente realizou seu sonho ao ser o primeiro afro-americano convidado de maneira oficial a integrar a divisão de homicídios do Departamento de Polícia de São Francisco. Ele acabaria escolhendo Earl Sanders como parceiro, fazendo com que seu jovem amigo subisse de posição com ele. Rotea logo descobrira que as coisas funcionavam de maneira diferente na homicídios. Nos postos mais baixos, os oficiais negros sentiam que não podiam contar com seus colegas brancos.

Em seu livro *The Zebra murders: a season of killing, racial madness and civil rights*, Earl Sanders recorda um episódio em que ele e Rotea estavam perseguindo um suspeito e Rotea pediu ajuda pelo rádio. — Precisamos do reforço de alguns colegas — disse ele.

— Por um momento só se ouviu um silêncio — conta Sanders no livro. — Jamais vou esquecer o que ouvi em seguida. Um homem, que nunca descobrimos quem era, pegou o rádio e disse: "Vocês dois não têm colega nenhum aqui."

Aquele era um exemplo do tipo de racismo que Rotea e Sanders sofreram na divisão de furtos, mas na homicídios os detetives tinham de trabalhar juntos para resolver os crimes que caíam em suas mesas. Rotea percebeu que estava ali como um símbolo negro, presente apenas para que o departamento causasse uma boa impressão, mas estava determinado a provar que era tão competente quanto seus colegas brancos.

Fez isso ao solucionar com rapidez o assassinato de um motorista de ônibus. Foi um grande feito para o detetive, rendendo-lhe um lugar nas manchetes dos jornais.

Mas aquele não era o único homicídio que Rotea queria solucionar. Embora dois anos tivessem passado desde que Paul Stine fora assassinado em seu táxi, Toschi e Armstrong ainda seguiam um sem-número de pistas relativas ao Zodíaco que continuavam a chegar ao departamento. Quando estavam muito ocupados ou de folga, Rotea checava as pistas para eles. Era assim que funcionava na homicídios. Todos os detetives se ajudavam.

Rotea sabia que a chave para encontrar o assassino estava nas cartas e nos tipos de vítimas que o Zodíaco escolhera. Ele analisou as provas de cada caso, identificando semelhanças e anotando alguns pontos cruciais. Pela violência contra as mulheres, sabia que deviam ser elas o alvo principal da raiva do Zodíaco. Notou também que as vítimas se pareciam. Rotea, como muitos detetives pela Califórnia, rezava para que logo encontrassem uma pista que levasse à solução do caso. Sabia que a resposta tinha de estar bem diante dos seus olhos.

E estava.

Bem diante dos seus olhos.

Todas as vítimas se pareciam com sua nova namorada.

Mas Rotea, apaixonado pela bela jovem, deixou escapar essa pista completamente.

Profissionalmente, Rotea vinha ganhando respeito no departamento e na comunidade. Sua vida pessoal, no entanto, estava em frangalhos.

Seu filho mais velho, Michael, jogador de futebol americano universitário, sofrera um terrível acidente de carro que acabara com qualquer sonho de uma carreira no esporte. O jovem astro agora precisava de cuidados constantes. O acidente devastou a família, afastando ainda mais Rotea e Patricia. A tensão no casamento foi piorando paulatinamente, até que Rotea se sentiu obrigado a se mudar para outro apartamento no Alto Haight. Ele passou o ano seguinte entre idas e vindas à casa que dividia com Patricia. O casal se reconciliava, terminava tudo, depois voltava a se reconciliar.

Rotea não era do tipo que gostava de ficar sozinho. Quando ficava, bebia. Às vezes seu parceiro aparecia para jogar dominó, mas na maioria do tempo

Rotea permanecia sozinho em casa quando não estava trabalhando, afogando suas mágoas numa garrafa.

O único brilho em sua vida era Judy. Depois da noite em que dançaram juntos, ele a convidou para jantar fora e ela aceitou. Gostava do jeitão dele e do seu sorriso enorme e simpático. Do respeito que conquistara. Ele gostava da juventude dela, de seu entusiasmo, de sua beleza.

Os dois começaram a se encontrar, ainda que soubessem que os outros talvez não conseguissem entender. Rotea explicou a situação com Patricia, compartilhando sua dor pelo divórcio iminente. Ele falava sobre o filho. Judy segurava sua mão e escutava com empatia.

Minha mãe não fez menção a mim ou a meu pai. Era muito cedo para aquilo. Um policial talvez não pudesse entender que ela havia escapado com um criminoso que abandonara o filho do casal.

Enquanto isso, meu pai, obcecado em ler os jornais para saber o tipo de cobertura que vinha recebendo, não pôde deixar de perceber a ascensão do detetive negro do Departamento de Polícia de São Francisco.

38

Cada dia que passava sem um novo homicídio cometido pelo Zodíaco fazia a cidade respirar com um pouco mais de tranquilidade. Durante esse tempo, Rotea continuava a cortejar Judy, pedindo-a constantemente em casamento depois que o divórcio com Patricia se tornou oficial.

Mas Judy resistia. Tinha certo receio de se tornar madrasta. Seus pais não foram um bom modelo de como criar um filho e sua própria experiência com uma criança tinha sido horrível.

Mas Rotea era incansável. Precisava de uma esposa e ponto final. Estava tão determinado quanto estivera Van a fazer que Judy fosse sua.

E estava igualmente determinado a corrigir o modo de pensar no Departamento de Polícia de São Francisco. Rotea teve participação fundamental na criação de um grupo de policiais negros chamado Oficiais pela

Justiça. Em 1973, o grupo abriu um processo civil contra o departamento por discriminação. A panelinha de amigos do Departamento de Polícia de São Francisco não encarou o processo numa boa e Rotea e Sanders logo se viram trabalhando num ambiente tomado de ódio e amargura. A tensão atingiu o ápice numa tarde, em que Rotea e Sanders deixaram o prédio do governo federal após testemunharem. Centenas de policiais os aguardavam nos degraus, gritando lemas ofensivos e chegando a chamá-los de "crioulos".

Aquele ambiente não facilitava o trabalho de Rotea, mas ele sempre manteve a compostura e não deixava que nada o distraísse de sua missão, que na época era capturar os responsáveis por uma série de assassinatos raciais que vinham aterrorizando São Francisco.

Os assassinatos Zebra tiveram início em 20 de outubro de 1973, quando um jovem casal branco, Richard e Quita Hague, foi sequestrado enquanto passeava e posteriormente atacado a golpes de facão por três afro-americanos. Richard sobreviveu. Quita, não.

Nos seis meses que se seguiram, Rotea e Sanders passariam todo seu tempo ajudando os detetives responsáveis pelo caso, John Fotinos e Gus Coreris, a rastrear os assassinos. Rotea e Sanders eram indispensáveis à equipe, já que membros da comunidade negra que não confiavam nos policiais brancos falavam com os dois. Rotea usou seus contatos no Fillmore para ajudar a descobrir uma série de pistas importantes.

Em 29 de outubro, a vítima seguinte, Frances Rose, levou diversos tiros do homem que a abordara em seu carro, pedindo uma carona quando ela se aproximava do campus da Universidade da Califórnia em Berkeley. Saleem Erakat foi o próximo; em 25 de novembro, um homem entrou em seu armazém, o amarrou e disparou contra ele como numa execução. Em 11 de dezembro, Paul Dancik estava num telefone público quando levou três tiros.

Em 13 de dezembro, Art Agnos, que mais tarde seria eleito prefeito de São Francisco, levou dois tiros nas costas após deixar uma reunião num bairro negro. Na mesma noite, Marietta DiGirolamo levou três tiros enquanto caminhava pela Divisadero Street. Ela não sobreviveu ao ataque.

Pouco antes do Natal, no dia 20, Ilario Bertuccio morreu em decorrência dos quatro tiros que levou no distrito de Bayview. Na mesma noite, Theresa DeMartini foi alvejada na Avenida Central, mas sobreviveu ao ataque. No dia 22, Neal Moynihan foi morto com três tiros na Twelfth Street quando saía de um bar. Minutos depois, Mildred Hosler levou quatro tiros perto de sua parada de ônibus, nas ruas Gough e McCoppin.

Na noite de Natal, duas mulheres fizeram uma descoberta macabra em North Beach: o corpo de um homem morto, a quem a polícia batizou de "João Ninguém nº 196". O homem fora desmembrado e decapitado. Sua identidade permaneceria para sempre um mistério e, ainda que não apresentasse ferimentos a bala, muitos investigadores acreditaram que sua morte estivesse ligada aos assassinatos Zebra.

Em dezembro de 1973, *O exorcista* foi lançado nos cinemas e deixou o público estupefato. Baseado no exorcismo de Roland Doe realizado em 1949, o filme tinha como protagonista uma menina, interpretada por Linda Blair, possuída por um demônio que dois padres tentam exorcizar. Para muitos, o tema satânico do drama psicológico era ofensivo, mas poucos resistiram à tentação de assistir, e *O exorcista* se tornou o filme de terror mais lucrativo de todos os tempos. Outros abraçaram o foco do filme na força do mal, mas todos que o viram ficaram assustados.

Todos menos Van.

Em 28 de janeiro de 1974, os assassinos do caso Zebra promoveram uma onda de ataques, disparando isoladamente contra cinco pessoas: Roxanne McMillan, Tana Smith, Vincent Wollin, John Bambic e Jane Holly. McMillan foi a única vítima a sobreviver.

Enquanto as famílias dos mortos choravam suas perdas, num quartinho na Noe Street Van encarava horrorizado o anúncio.

Ali estava ela... linda e meiga. Sorrindo.

Olhando nos olhos dela estava o detetive negro da divisão de homicídios que ele vira nos jornais de São Francisco.

E a data do casamento.

Em 29 de janeiro, arrasado e furioso, meu pai escreveu sua primeira carta em três anos. Ele a endereçou ao *San Francisco Chronicle*.

Em meio ao nevoeiro, o Zodíaco reemergia para apavorar ainda mais a cidade.

"Assisti + acho 'O exorcista' a melhor comidia satíreca que já vi na vida", escreveu.

"Assinado, esse que voz fala:"

Van então profetizava a morte figurada do Zodíaco citando o *Mikado*.

Ele mergulhou na onda revolta
E um eco surgiu do túmulo suicida
Tit saugueiro tit saugueiro
Tit saugueiro
PS. Se eu não vir esta nota no seu jornal, vou fazer algo de ruim, que vocês sabem que eu sou capaz de fazer
Eu — 37
DPSF — 0

Sua pretensa contagem de vítimas tinha mais que dobrado em sua ausência. Embora eu não tenha descoberto nenhum assassinato com a assinatura do Zodíaco na Áustria ou no México durante aqueles três anos, pergunto-me se meu pai não teria deixado sua marca nesses lugares. Ou estaria simplesmente inflacionando os números para deixar a polícia em dúvida?

No Dia dos Namorados de 1974, doze anos depois que o casamento de Van e Judy foi anulado pela família dela, o *Chronicle* recebeu outra carta:

Caro Sr. Editor,

Sabia que as iniciais SLAY (Symbionese Liberation Army)[11] formam "sla", uma velha palavra nórdica que significa "*matar*".

um amigo

Os assassinatos Zebra recomeçaram em 1° de abril, quando Thomas Rainwater e Linda Story foram alvejados por um homem que os seguira

[11] N. do T.: Exército Simbionês de Libertação.

do Exército de Salvação, onde serviam como cadetes. Linda sobreviveu às feridas, mas Thomas morreu.

Terry White e Ward Anderson foram atacados em 14 de abril, nas ruas Fillmore e Hayes, enquanto esperavam o ônibus. Os dois sobreviveram.

Nelson T. Shields seria a última vítima dos assassinatos Zebra. Shields, herdeiro de um executivo da DuPont, foi alvejado e morto em 16 de abril enquanto colocava um tapete no porta-malas de sua caminhonete.

A cada assassinato cometido, a pressão para capturar os responsáveis aumentava. O prefeito Joseph Alioto e o chefe de polícia Donald Scott puseram em prática uma medida inédita para encontrar os assassinos, anunciando que qualquer membro da raça negra poderia ser parado e interrogado caso se parecesse com o retrato falado do criminoso ou se tivesse um queixo estreito ou cabelo *black power* curto. Se fosse liberado, receberia um cartão especial Zebra para que os outros policiais soubessem que já tinha passado por averiguação.

Rotea ficou estarrecido. Por mais que quisesse pegar os bandidos, não conseguia acreditar que seu departamento pudesse se rebaixar àquela generalização racial descarada. Naquele fim de semana, ele assistiu horrorizado enquanto seus colegas paravam mais de quinhentos homens negros pelo simples motivo de se encaixarem na descrição. Os Oficiais pela Justiça manifestaram sua contrariedade em alto e bom som, assim como outros membros proeminentes da comunidade negra. Depois que a NAACP[12] e a ACLU[13] entraram com um processo, as ações do DPSF foram consideradas inconstitucionais e o departamento foi obrigado a parar de enquadrar racialmente os negros.

Em 23 de abril, um homem chamado Anthony Harris, pertencente a um grupo militante associado à Nação do Islã, entregou-se à polícia. Ele alegou saber quem estava cometendo os homicídios aleatórios e disse que não poderia permitir que a chacina de brancos inocentes continuasse. Seu depoimento ajudaria na prisão de quatro homens: Larry Green, Manuel Moore, Jesse Lee Cooks e J.C. Simon. Quatro outros homens foram presos, mas não

---

[12] N. do T.: Associação Nacional para o Progresso de Pessoas de Cor, na sigla em inglês.
[13] N. do T.: União Americana pelas Liberdades Civis, na sigla em inglês.

indiciados. Depois do julgamento mais longo da história de São Francisco, todos os réus foram condenados à prisão perpétua.

Aliviado ao ver os assassinos entregues à Justiça, Rotea retomou sua luta pela igualdade racial dentro do departamento.

E sua corte à bela loura que acabara com sua solidão.

Judy passara muitas noites nos meses anteriores ouvindo Rotea e Sanders discutirem o caso. Ouviu as 187 chamadas pelo rádio e assistira temerosa a cada novo homicídio que os dois corriam para investigar.

O medo de perdê-lo durante as missões a fez perceber o quanto amava aquele detetive bonitão.

Em 19 de junho de 1974, o reverendo Cecil Williams uniu pelo sagrado matrimônio Rotea Gilford e Judy Chandler.

E em 8 de julho Van escreveu sua última carta ao *San Francisco Chronicle*. Era dirigida a Marc Spinelli, colunista do jornal.

Editor—

Coloque Marco de volta no, buraco do inferno de onde saiu—ele tem uma grave desordem psicológica—sempre precisa se sentir superior. Sugiro que o mande para um psicólogo. Enquanto isso, cancele a coluna do Conde Marco. Já que o Conde pode escrever de maneira anônima, eu também posso—

o Fantasma Vermelho
(vermelho de raiva)

O Zodíaco estava de fato vermelho de raiva, mas não com Marco Spinelli. Judy se casara com o detetive da homicídios.

As coisas tinham mexido bastante com ele.

O Zodíaco nunca mais voltaria a se pronunciar.

39

Depois de enviar sua última carta como Zodíaco, Van deixou o país, temendo que Rotea conseguisse de alguma forma ligar os pontos se Judy começasse a discutir o caso com ele. Seu destino foi a Áustria. Naquele país que declarara neutralidade permanente, sentia-se seguro — não seria extraditado caso Rotea descobrisse a verdade. Passou as primeiras semanas vasculhando livrarias em busca de documentos antigos que traçavam a história da Áustria até 996. Sem encontrar nada de real valor, acabou voltando a falsificar documentos para sobreviver.

Van não se importou em entrar em contato com os filhos ou Edith, com quem ainda era casado. Com o passar do tempo, Van percebeu que Judy não devia ter aberto o bico, já que as autoridades não entraram em contato com ele. Sua paranoia em relação a Rotea desapareceu e sua confiança aumentou.

Alguns meses depois, Van voltou para São Francisco e se mudou para um apartamento no William Penn Hotel, no Alto Tenderloin. Construído por volta de 1907, o Willian Penn, situado no número 160 da Eddy Street, era um dos muitos hotéis que ofereciam habitações para morador único que surgiram depois que a maioria dos prédios do bairro fora engolida pelo terremoto de 1906 e pelos incêndios que se seguiram. A vizinhança, historicamente notória por sua atitude acolhedora para com estilos de vida alternativos, recebia homossexuais, usuários de drogas e vagabundos. Os músicos eram atraídos pela possibilidade de trabalho na miríade de clubes noturnos aninhados entre restaurantes, cinemas e hotéis. Nos anos 1950, Miles Davis e Thelonious Monk haviam agraciado os palcos daqueles clubes, junto a músicos locais que copiavam descaradamente seus estilos.

A vizinhança, que fazia fronteira com o Baixo Nob Hill, era como uma casa para Van. Ali, em meio aos outros desajustados, ele se sentia seguro. Seu apartamento, de número 215, era pequeno — um quarto com um armário estreito e banheiro com uma banheira curta com pés — e barato, mas supria suas necessidades.

Van passava as noites nos bares, bebendo e assistindo às *drag queens* que entravam e saíam apressadas, com suas saias curtas e blusas abertas ostentando orgulhosamente seu verdadeiro gênero. Muito antes de serem acolhidas pelo Castro, o Tenderloin fora o bairro que as recebera e as protegera.

Durante o dia, Van vagava pelas ruas de ressaca, com os olhos turvos. Muitas vezes percorria os três quarteirões do hotel até Geary Street, onde vivera com Judy.

Recordando.

Chorando por sua perda.

Praguejando contra sua sorte.

Às vezes tentava entrar em contato com seu velho amigo, William, que não respondia aos seus telefonemas. Há muito encerrara sua ligação com Van, embora não pudesse se esquecer dele. Os tribunais não deixavam. William fizera um mestrado em criminologia e se tornara um perito em criminologia. Mas, toda vez que entrava numa corte para testemunhar como especialista, algum advogado de defesa relembrava sua prisão por ajudar Van a raptar Judy. William se declarou culpado pelo delito e foi sentenciado a liberdade condicional, mas a prisão permaneceu em sua ficha, perseguindo-o por toda a carreira. Se Van tivesse deposto e declarado que William não sabia que Judy era menor de idade, talvez as acusações fossem deixadas de lado. William se sentiu traído pelo amigo e não queria nada com ele.

Van também se sentia traído — por todas as mulheres que conhecera. E agora o casamento de Judy com um detetive da homicídios tirava dele as únicas coisas que o aliviavam.

Matar — aquilo era algo que lhe dava poder.

Provocar a polícia — fazia se sentir superior.

Ajudava a lidar com as dificuldades.

Judy roubou isso dele.

Van logo se mandou para a familiaridade reconfortante das ruas de pedras da Cidade do México. Sentia-se à vontade no bar do Hotel Corinto, cercado de mexicanos que o chamavam de *señor* Best e demonstravam interesse em seus livros. Eles o aceitavam, até mesmo admiravam o americano que se tornara parte da vida deles. Quando caminhava pelas ruelas estreitas, os comerciantes acenavam. Quando entrava num bar, encontrava um Tom Collins a sua espera. Os donos de lojas de antiguidades sorriam ao vê-lo, sabendo que podiam faturar.

Mas Van não tinha mais interesse em ficar rico com antiguidades. Comprava e vendia apenas o que precisava para sobreviver. E bebia, mas não tinha escapatória. Judy estava ali, sua presença ainda pairando nas igrejas que visitaram juntos, nos restaurantes onde comeram, no Hotel Corinto, onde fizeram amor.

No ano que se seguiu, Van passou a maior parte do tempo no México, lambendo as feridas. Não sei se meu pai pensava nas vidas que destruiu, nos sonhos que roubou, nos filhos que cresceriam sem os pais ou nos pais que viram seus filhos morrerem, de maneira nada natural, antes que eles se fossem. Não sei se pensava nos próprios filhos. Tudo o que sei é que bebia.

Em 1976, meu pai voltou a São Francisco. Na noite de 17 de março, por volta das oito e meia, ele cambaleou pelo restaurante Reardon's até chegar a um telefone público no saguão.

Por mais que lutasse para controlar seus ímpetos, naquela noite ele não resistiu. Estava longe dos holofotes havia muito tempo e precisava da emoção de provocar as autoridades.

Van inseriu algumas moedas e discou o número do escritório do FBI em São Francisco.

— Tenho informações sobre um possível complô para assassinar o presidente Gerald R. Ford — disse ele ao agente que atendeu ao telefone.

— Qual seu nome, senhor? — perguntou o agente.

— Earl Van Best.

— Qual sua data de nascimento?

— Quatorze de julho de 1934.

— E que informações o senhor tem? — questionou o agente, tentando identificar se aquela era uma ameaça real. Dois atentados haviam sido realizados contra a vida do presidente nos seis meses precedentes — um por Lynette "Squeaky" Fromme, integrante da Família Manson, que apontara uma arma para o presidente nos jardins do Capitólio de Sacramento, na Califórnia, e outro por Sara Jane Moore, membro de um grupo radical de esquerda, que disparara um tiro contra o presidente Ford quando este deixava o St. Francis Hotel, em São Francisco.

— Trabalho como importador — disse Van — Tenho muitos contatos próximos nos círculos diplomáticos da área de São Francisco. Há dois dias, um cidadão iugoslavo me informou sobre um complô para assassinar o presidente.

— Como ele se chama?

— Não posso lhe dar essa informação — disse Van.

— Como conhece esta pessoa? — perguntou o agente.

— Ele entrou em contato comigo pela primeira vez em 1974, na Áustria. Queria obter documentos de identidade falsos.

— E do que se trata o complô que o senhor mencionou?

— Ele disse que iria assassinar o presidente dos Estados Unidos durante uma aparição pública no dia 18 de março.

— Pode nos passar uma descrição deste homem? — pediu o agente.

— Um metro e setenta e cinco, cabelos castanhos e olhos castanhos. É um sujeito robusto — respondeu Van. — Fiquei sabendo de vários planos radicais contra o presidente. Foram elaborados por um grupo de radicais fanáticos. O iugoslavo é o líder.

Aproximadamente às oito e quarenta e cinco da noite, o FBI alertou o DPSF sobre a localização de Van no número 100 da Embarcadero Street. O Serviço Secreto também foi notificado.

O agente manteve Van falando enquanto a polícia estava a caminho.

Às nove e quinze da noite, um oficial do DPSF tirou o telefone de Van enquanto outro o algemava. — O suspeito está sob custódia — informaram ao agente na linha. — Parece estar embriagado. Vamos levá-lo para a prisão municipal e detê-lo sob acusação de embriaguez.

O agente do FBI informou ao Serviço Secreto que Van estava na cadeia, mas o agente especial com quem ele falou não apareceu para interrogar meu pai.

O DPSF soltou Van na manhã seguinte sem consultar o FBI.

O FBI imediatamente começou a procurar por ele.

Não houve qualquer atentado contra a vida do presidente em 18 de março.

Em 19 de março, um agente do FBI foi ao Willian Penn Hotel e conversou com o ex-senhorio de Van.

— Ele foi embora em fevereiro do ano passado — disse o senhorio. — Morou aqui por uns seis meses. Ainda tenho correspondência para ele.

O agente do FBI retornou em 27 de março e depois em 2 de abril. — Ele passou aqui? — perguntou ao ex-senhorio de Van.

Acho que veio pegar a correspondência — disse o senhorio.

— Por favor, peça a ele para entrar em contato com o FBI se aparecer.

Van não apareceu.

Uma vez que não houve mais qualquer atentado contra a vida do presidente, o FBI acabou encerrando o caso.

40

O Tribunal de Justiça — que abrigava o DPSF, a Suprema Corte do condado de São Francisco, o Departamento do Xerife de São Francisco e a prisão municipal — fora construído em 1958 para causar impacto, com suas paredes de mármore e enormes candelabros abobadados. Na frente do prédio ficava uma banquinha de engraxates, onde advogados, detetives e magistrados se reuniam para trocar ideias. O quarto andar, onde a maioria dos crimes era investigada, consistia de corredores longos com portas bem trancadas e paredes cobertas pelos retratos dos heróis que fizeram história no DPSF. Uma placa de metal com a palavra HOMICÍDIOS se projetava de um batente de madeira que levava à unidade de crimes importantes. Próximo a uma janela ficavam presos alguns cartazes com fotos das vítimas e ofertas de recompensa para que todos soubessem quais casos ainda não tinham sido resolvidos.

Em meados dos anos 1970, o retrato falado do Zodíaco fora substituído por fotografias de suspeitos procurados por homicídios mais recentes. Mas detetives como Toschi mantinham o desenho do Zodíaco à mão, em caso de necessidade. Assim como Rotea, que às vezes usava um chapéu de pelo com listras brancas e pretas. Comprara a peça para comemorar sua participação na investigação do caso Zebra e a vestia com orgulho. Outros no departamento consideravam aquele um suvenir um tanto excêntrico, mas poucos se negavam a experimentá-lo. Na sala 450, o detetive Dave Toschi podia ser visto ocasionalmente em sua mesa usando o chapéu, com Rotea por perto, pronto para arrebatá-lo de volta.

Em 1975, cansado das mortes que atormentavam seus sonhos à noite, o parceiro de Toschi, Bill Armstrong, deixou a divisão de homicídios com o maior caso de sua carreira ainda sem solução. Toschi não estava disposto a colocar o Zodíaco de lado; tinha muito em jogo. Enquanto o extravagante detetive ainda se pavoneava sobre o caso na imprensa, Armstrong era a espinha dorsal da dupla e, em sua ausência, novas pistas acabaram sendo distribuídas igualmente entre todos os investigadores. Havia sempre algum outro assassino a ser capturado e o foco na apreensão do Zodíaco não era uma tarefa que consumia tanto tempo quanto seis anos antes.

Rotea finalmente conseguiu a oportunidade que buscava para investigar o caso mais de perto, mas outro assassino em série passou a atormentar a divisão de homicídios. O Rabiscador Negro, assim batizado pela imprensa devido ao hábito de atrair suas vítimas desenhando esboços delas antes de fazerem sexo, havia apunhalado violentamente e assassinado quatorze homossexuais entre janeiro de 1974 e setembro de 1975. Outros homens que foram atacados e conseguiram escapar relataram os incidentes ao DPSF.

De início, Rotea e Sanders pensaram estar lidando com três assassinos em série, já que o *modus operandi* era diferente em alguns casos. Cinco das vítimas eram travestis que frequentavam os bares gays do Tenderloin. Seis das vítimas estavam envolvidas com sadomasoquismo e eram vistas regularmente nos bares ao sul da Market Street, onde a indumentária habitual era o couro preto. As outras seis vítimas eram gays enrustidos — homens de negócio, um advogado, um artista, um diplomata, todos fisgados no distrito de Castro, seduzidos pela promessa de uma noite de divertimento.

Ao passo que Rotea e os outros detetives entrevistavam os sobreviventes, um panorama mais claro sobre o Rabiscador Negro foi se revelando. Em 1976, levaram um suspeito à delegacia para ser interrogado. Embora disposto a falar com os detetives, o suspeito se recusou a confessar. Mas Rotea estava convencido: o DPSF tinha o Rabiscador Negro sob custódia.

Mas havia um problema.

Tinham de soltá-lo.

Num artigo da Associated Press de 8 de maio de 1977, Rotea explicava que "há um ano a polícia vinha interrogando um rapaz a quem chamava de 'Rabiscador' sobre os quatorze homicídios e três ataques que ocorreram entre a comunidade gay de São Francisco.

O suspeito, sem ter seu nome revelado, falou abertamente com a polícia, mas não assumiu a responsabilidade pelos crimes, de acordo com Gilford.

Segundo ele, a polícia estava 'bastante segura' quanto a terem o homem certo, mas precisava do depoimento dos sobreviventes para identificar o 'Rabiscador'", continuava o artigo.

"Gilford disse que os três sobreviventes incluem o artista, o diplomata e um homem que deixou São Francisco e não responde a cartas ou atende ao telefone em seu novo endereço.

'Acredito que não queiram se expor.'"

Uma vez que as vítimas não estavam dispostas a sair do armário para colocar o assassino atrás das grades, o Rabiscador Negro nunca foi preso.

O caso deixou Rotea frustrado. Sabia quem era o assassino e onde ele vivia, mas não havia provas suficientes para condená-lo sem que as vítimas o identificassem.

O artigo prosseguia dizendo que Harvey Milk, "defensor dos direitos dos homossexuais, falou sobre a recusa das vítimas em se mostrarem: — Entendo a posição delas. Respeito a pressão que a sociedade colocou sobre elas."

"Milk alegou que muitos homossexuais mantêm sua preferência sexual em segredo, pois temem perder o emprego. — Eles têm de continuar dentro do armário", disse ele.

O Rabiscador Negro logo deixou de despertar a atenção pública. Não vendia jornais como fazia o Zodíaco. O assassinato de homossexuais não era tão interessante quanto as cifras do Zodíaco.

Já políticos homossexuais — essa era outra história. Quando Harvey Milk se tornou o primeiro gay declarado eleito para um cargo público na Califórnia, no fim de 1977, política e homossexualidade voltaram a dominar as manchetes. Apoiado pelo prefeito George Moscone, Milk, com sua língua sem rodeios, conquistou os eleitores e garantiu uma poltrona no Conselho de Supervisores de São Francisco.

Grande incentivador dos direitos homossexuais, Moscone foi o primeiro prefeito da cidade a nomear um número considerável de mulheres, gays e outras minorias para cargos municipais e conselhos administrativos. Com a ajuda do velho amigo de Rotea na Assembleia do Estado, Willie Brown, Moscone, como senador estadual, fora fundamental na revogação da lei californiana que tratava da sodomia. Nos bares pouco iluminados do Castro, jovens homens de negócio tinham celebrado e erguido seus copos, saudando Moscone e Brown pela vitória. Mas as decisões que Moscone tomou quando prefeito lhe custariam caro.

Nos meses que precederam a eleição para a prefeitura, Moscone recrutara Jim Jones, do Templo dos Povos, para ajudar em sua campanha, considerando que a enorme congregação de Jones pudesse pesar na balança. Jones transferira seu templo para São Francisco muitos anos antes e vinha ganhando espaço nos círculos políticos da cidade. Moscone o recompensou com a presidência da Comissão de Autoridade de Habitações de São Francisco pouco depois de vencer a eleição.

Era setembro de 1977 e Willie Brown também entrara na barca de Jim Jones, fazendo um discurso durante um banquete realizado na sede do templo na Geary Street, onde proclamou que Jones era uma mistura de "Martin Luther King, Angela Davis, Albert Einstein e Mao Tsé-Tung", segundo a PBS.org.

Em 1978, Rotea se aposentou precocemente do Departamento de Polícia de São Francisco para entrar na política. Moscone o nomeou como diretor-executivo do Conselho Municipal para Justiça Criminal, embora o processo por discriminação racial que Rotea ajudara a promover contra a cidade ainda estivesse em aberto.

E então tudo virou um inferno.

Em 18 de novembro de 1978, Jones liderou cerca de novecentas pessoas num assassinato/suicídio em massa em Jonestown, na Guiana, para onde transferira seu templo depois que acusações de abuso começaram a chegar à mídia. As imagens dos corpos — de crianças e adultos, deitados lado a lado no chão — tomaram os noticiários e um calafrio coletivo de terror atravessou o mundo. Entre os mortos estava o deputado californiano Leo Ryan, que fora à Guiana para investigar as acusações.

Os amigos políticos de Jones em São Francisco desapareceram, incluindo Willie Brown, Harvey Milk e George Moscone.

Nove dias depois, Dan White, supervisor municipal que acabara de deixar seu cargo, entrou na prefeitura e assassinou a tiros o prefeito Moscone e depois Milk, depois que os dois se opuseram ao pedido de White para ser readmitido em seu cargo.

Enquanto o mundo lamentava a tragédia na Guiana, a comunidade gay de São Francisco chorava a perda de seus dois maiores defensores na prefeitura.

Não era uma boa hora para se entrar na vida política em São Francisco, menos ainda para alguém como Rotea, que prezava pela integridade. No tempo que passou no DPSF, ele alcançara feitos inéditos para afro-americanos e recebera quinze condecorações em dezoito anos. Em 1979, o juiz Robert F. Peckham admitiu que as minorias não vinham sendo representadas em grandes números no departamento e estabeleceu novos procedimentos em relação ao recrutamento, às tarefas e às promoções, com um processo de reavaliação em vinte anos. Rotea e os Oficiais pela Justiça finalmente tinham levado a melhor na luta para acabar com a discriminação no DPSF.

Rotea atingira todos os seus objetivos.

Exceto um.

O Zodíaco ainda estava livre.

41

— É para você, querido. É o Van — disse Ellie, passando o telefone ao marido.

Earl pegou o telefone, esperando receber boas notícias. Nos últimos tempos, nas raras ocasiões em que Van ligava, seu pai mal conseguia compreendê-lo.

— Sim, alô, filho — disse Earl.

— Preciso de dinheiro, pai.

— Por quê? O que está acontecendo? — indagou Earl.

— Fui preso e preciso pagar minhas multas para ir ao México — disse Van, enrolando as palavras.

Earl sentou e se preparou para o que estava por vir. — O que você fez?

— São só umas multas por dirigir embriagado — balbuciou Van.

— Van, fala mais alto. Não estou te ouvindo.

— Já falei, dirigi embriagado.

— Van, você tem de parar com isso — disse Earl. — Quando vai tomar jeito?

— Eu vou, pai. Estou trabalhando nisso. Só preciso fazer mais uma viagem e vai ficar tudo bem. Eu prometo.

Van fora detido três vezes por dirigir embriagado em 1977: em 21 de março em San Bernardino, em 24 de junho em Riverside e em 24 de outubro novamente em San Bernardino. Earl sabia que o filho estava decaindo e não havia nada que pudesse fazer.

Naquela época, Earl já havia se aposentado do sacerdócio na Igreja Cristã do Refúgio e desfrutava do tempo livre ao lado de sua amada esposa. O pastor tinha muito do que se orgulhar. Fora eleito duas vezes para servir o país como capelão nacional dos Veteranos de Guerras Estrangeiras e trabalhara com vários presidentes, incluindo John F. Kennedy, Lyndon B. Johnson e Richard M. Nixon. Por muitos anos trabalhou como capelão dos Veteranos de Guerras Estrangeiras do Estado de Indiana e recentemente o governador de Indiana, Otis Bowen, o nomeara Cacique de Wabash, maior honraria que um governador podia prestar a um cidadão para reconhecer a importância de seus serviços prestados. O ministro possuía quatro diplomas. Sua vida fora de serviços prestados à congregação e ao país.

Seu único fracasso foi Van.

Van passou os cinco anos seguintes viajando de um lado para o outro pela costa da Califórnia. Morava em Long Beach, mas passava longos períodos no Hotel Corinto, no México. Vez ou outra encontrava algo de valor em suas viagens, mas na maior parte do tempo simplesmente trocava suas antiguidades por dinheiro que desse para comprar o álcool que tornava sua existência suportável. Os negociantes que costumavam esperar ansiosamente por suas visitas, impressionados pelo conhecimento e pelos achados incomuns de Van, agora hesitavam em gastar seu dinheiro, vendo a aparência descuidada do homem que antes se vestia de maneira tão elegante. Meu pai não conseguia mais dobrá-los com seu sorriso charmoso ou com sua lábia. Eles conseguiam sentir o álcool em seu hálito e vê-lo em seus olhos.

Seis anos depois que Judy se casou com Rotea, Van se recuperou por um tempo em 1982. Earl, aliviado em ver seu filho melhor, escreveu uma carta para a sobrinha: "Van parou de beber e agora o que ele fala e escreve faz sentido. A gente se fala por telefone de vez em quando e fico orgulhoso em saber que está andando na linha."

Depois de quarenta e oito anos, meu avô finalmente viveu um momento em que pôde sentir orgulho do filho.

Mas o momento não durou.

Naquele mesmo ano, Van voltou a beber.

Pai e filho nunca mais tornariam a se falar.

Earl Van Best Sr. morreu em 28 de março de 1984, aos setenta e nove anos. Ellie enxugou as lágrimas enquanto uma corneta alardeava as notas solitárias do toque de silêncio. A salva de vinte e um tiros, originada na Marinha, da qual Earl tanto se orgulhava, reconhecia seu marido como um herói militar. Parada ali no Cemitério Nacional de Arlington, assistindo ao homem que conquistara tanto respeito ser depositado no solo, Ellie olhou ao redor à procura de Van.

Mas ele não se importou em aparecer.

42

Em 1978, Dianne Feinstein sucedeu George Moscone e se tornou a primeira mulher a ser eleita para a prefeitura de São Francisco. Rotea Gilford foi nomeado por ela para o cargo de vice-prefeito.

Judy não podia estar mais orgulhosa. Ela adorava o homem que tanta estabilidade trouxera à sua vida. As coisas foram um pouco pedregosas no início, mas ela logo se deu conta de que não era culpa de Rotea. Judy não sabia como se comportar num relacionamento saudável. Fora condicionada ao drama, primeiro pelo pai e pelo padrasto, depois por Van. Assim, fez tudo o que podia para sabotar a relação durante os seis primeiros meses de casamento.

Rotea começou a se perguntar o que acontecera à garota cheia de vida com quem tinha se casado. Ela encontrava problemas em tudo o que ele fazia. Até que um dia, passados seis meses de casamento, Judy teve uma epifania.

— Eu estava indo para o trabalho hoje de manhã e fiquei pensando no que anda errado com o nosso casamento — disse ela ao marido naquela noite. Judy vinha trabalhando como gerente de escritório num projeto de construção.

— E o que você descobriu? — perguntou Rotea, com a voz transparecendo preocupação.

— Nada. Absolutamente nada. Não há nada de errado com o nosso casamento. Não sei por que venho me comportando assim ultimamente. Tenho um marido fantástico e uma vida para lá de interessante. Vou ser melhor a partir de agora. Prometo.

Rotea a puxou para perto, aliviado. Ele não sabia sobre o passado de Judy, mas às vezes percebia que ela lutava contra demônios sobre os quais não falara.

— Vamos comemorar — disse ele. — Vamos começar tudo do início.

Assim fizeram e Judy nunca foi tão feliz. Com três anos de casamento, ela finalmente superou seu medo de ter outro filho e deu à luz um menino, a quem batizaram de Chance Michael, em homenagem a Michael, filho de Rotea, que recém-falecido após sofrer por anos com os ferimentos decorrentes do acidente de carro.

Judy e Rotea babavam pelo filho. Era uma segunda chance para os dois.

Desde o nascimento, Judy sempre tratou Chance com zelo excessivo. Caso Rotea levantasse a voz para o menino, ela o repreendia para que não fizesse aquilo. Mas não tinha com o que se preocupar. Ele sempre foi um pai amoroso e, à medida que Chance crescia, Rotea provou em inúmeras ocasiões que existiam homens honrados no mundo.

Às vezes Judy flagrava o marido sentado junto à janela da cozinha observando Chance jogar basquete com seus amigos lá fora. Rotea fazia anotações, criando uma lista das coisas em que o filho se saíra bem e no que ele precisava melhorar. Quando Chance voltava, os dois debatiam sobre a lista.

Judy pôde ver o marido instilar disciplina, força e responsabilidade no filho. Pela primeira vez na vida, ela sabia que tinha tomado a decisão certa. Rotea costumava treinar Chance e outros meninos da vizinhança e se fazia presente para qualquer criança que precisasse de conselhos paternos. Sempre que passeavam pelas ruas de Hayes Valley, os vizinhos sorriam e acenavam para eles, sentindo-se seguros com a presença de Rotea.

Judy sufocava Chance de amor, tentando compensar de certa forma por ter me abandonado em Baton Rouge. Por mais que não falasse, ela às vezes se perguntava o que acontecera ao filho que dera para a adoção. Sentia firmeza em seu casamento, mas ainda assim não conseguia contar ao marido, que tanto amava crianças, sobre o abandono do próprio filho. Em vez disso, dedicou-se a ajudar Rotea a aconselhar as crianças da comunidade e pouco depois o casal convidou um menino de doze anos chamado Terry Marshall, abandonado pela avó, para morar com eles.

Viola, mãe de Rotea, morava num apartamento no andar térreo da casa do casal e ajudava com as crianças. Ela era uma grande cozinheira e Judy e Rotea encontravam o jantar pronto toda tarde quando voltavam para casa depois de pegarem as crianças no colégio.

Rotea foi se envolvendo cada vez mais com a vida política de São Francisco e Judy começou a ficar preocupada. Ele parecia mais cansado do que o habitual. Em meio a suas tarefas como voluntário, conselheiro e professor substituto, passou a ter problemas para se levantar de manhã. Aquele não era o homem cheio de energia com quem ela tinha se casado.

Harold Butler, um jovem oficial do DPSF, também percebeu que havia algo de estranho. Butler se tornara um dos projetos de Rotea: fazia o papel do policial negro que subia na hierarquia num ambiente muito diferente daquele que Rotea vivenciara. Os dois se conheceram por meio dos Oficiais pela Justiça e logo se tornaram amigos, ainda que Butler fosse muito mais jovem. Ele ouvira todo tipo de histórias sobre Rotea e o admirava.

— Está tudo bem com ele? — perguntou Butler a Judy certa noite na mesa de jantar. — Parece exausto.

— Ele anda muito cansado ultimamente — admitiu Judy. — Não sei o que há de errado. Ele diz que não é nada.

— Devia procurar um médico — disse Butler.

Judy tentou, mas Rotea insistia que estava tudo bem. — É o açúcar no sangue — disse ele, recorrendo a sua desculpa padrão quando algo não estava certo.

Rotea serviu à cidade durante o governo Feinstein, mas deixou o cargo quando Art Agnos foi eleito prefeito em 1988. Quando Willie Brown, que trabalhara na Assembleia de Estado da Califórnia por quinze anos, se tornou o primeiro prefeito negro da história de São Francisco, em 1996, Rotea foi chamado de volta à vida política. Brown o nomeou para a Comissão de Parques e Recreação.

Toda manhã, às seis em ponto, Rotea ligava para Brown. — Bom dia, prefeito — dizia sempre, numa maneira de reconhecer o feito de Brown. Os dois passaram décadas construindo aquela amizade, que não só envolvia um afeto verdadeiro pelo outro, mas também a luta pela igualdade racial.

Harold Butler ficava contente em fazer parte do círculo de amizades de Rotea. Ele e a esposa eram convidados frequentemente à casa dos Gilfords, e Butler gostava de planejar estratégias com seu mentor para os encontros que Rotea tinha com o prefeito acerca de novos projetos — que na verdade eram desnecessários, pois Brown apoiava as ideias de Rotea incondicionalmente. Rotea sabia o quanto era importante para o jovem policial tomar parte na política; por isso o chamava regularmente. Butler costumava consultar Rotea sobre os casos difíceis nos quais trabalhava, aproveitando-se da experiência e da sabedoria do detetive. Ele nutria grande admiração pelo homem que se tornara uma lenda na força policial, mas estava preocupado com a saúde de Rotea.

Assim como Judy. Nos últimos anos do casamento, ela foi perdendo o marido para o diabetes, membro após membro. Tudo começou com um dedo do pé que empalidecera quando Rotea estava com sessenta e poucos anos e logo veio a gangrenar. Judy prometera cuidar de Rotea, mas às vezes se perguntava como poderia suportar. "Quando ele chegou do hospital, uma enfermeira veio junto para me mostrar como trocar os curativos", escreveria ela ao documentar suas memórias de Rotea. "Quase desmaiei quando ela tirou as bandagens e vi o buraco aberto no lugar onde ficava o dedo. Consegui terminar a lição, subi a escada e fui à varanda da frente para tomar um pouco de ar. Como eu teria forças para fazer aquilo?"

Depois, quando parte do pé esquerdo de Rotea foi amputada, Judy precisou embeber o que restara em água sanitária a cada quatro horas, durante semanas. Tais procedimentos salvaram o que sobrou do pé e Rotea passou a usar um sapato prostético que lhe permitia coxear.

Depois ele perdeu o outro pé.

Quando Brown nomeou Rotea para a comissão, o diabetes já vinha lhe causando insuficiência renal. Toda manhã, Mitch Salazar, diretor de programas para a comunidade e um dos casos de sucesso de Rotea, levava seu mentor para o centro de hemodiálise. Ex-malandro de rua e traficantezinho barato, o rapaz mudara de vida com a ajuda de Rotea. Salazar, que abandonara os estudos na escola média, foi se infiltrando na política municipal por meio de seus trabalhos de voluntariado, ajudando outros que também tinham poucas chances de progredir.

Rudy Smith, outro amigo de infância de Rotea, também fora nomeado para a comissão pelo prefeito. Ele recebeu carta branca de Brown para prestar qualquer tipo de assistência de que Rotea necessitasse. Sempre leal, Smith pegava Rotea na hemodiálise por volta de meio-dia, levava comida dos restaurantes preferidos do amigo e juntos conversavam sobre a situação da cidade enquanto almoçavam na cozinha de Rotea.

Em meio às dificuldades, Judy e Rotea ficaram mais próximos do que nunca. Quando a gangrena se espalhou para os dedos, tiveram de amputá-los, um por um. Com medo de perder o homem que tanto amava, Judy tentou expressar seus sentimentos em palavras:

> Eu não queria casar. Não tinha a mesma visão que ele sobre o que ou como seria. Mas, depois que eu disse sim, ele me mostrou, me ensinou, na verdade, exatamente como aconselhava a tantas outras pessoas que tinha em seu coração antes e desde então. Aprendi com ele sobre todos os tipos de amor, fosse aquele entre duas pessoas, aquele dentro de nossas famílias e aquele por nossa comunidade, estado e nação.
>
> Ao me manter sempre tão perto, ele me libertou. No papel de primeiro e melhor professor, ele estabeleceu o padrão, de modo que eu pudesse me cercar de professores e guias para me ajudar quando ele não mais pudesse.
>
> Ele foi meu herói e guerreiro radiante e serei eternamente grata.
>
> Seu coração era cheio de disposição.

Quando Judy mostrou suas palavras a Rotea, ele disse: — Quero que este seja meu obituário.

Ao expressar seu amor, ela capturara a essência do homem que ajudara a tantos.

Em 13 de março de 1998, Rotea e Judy tomaram a decisão de que não haveria mais cirurgias ou hemodiálise. No dia seguinte, Rotea ligou para o prefeito e pediu que fosse a sua casa, informando a Brown que não queria mais lutar. — Eu vou morrer — disse ele. O prefeito chegou por volta de meio-dia.

Assim como Earl Sanders. O ex-parceiro de Rotea passara a maior parte da semana anterior na casa do amigo, encorajando-o e ajudando com os cuidados. Reconhecendo que aquele era o fim, Harold Butler e outros correram para a casa dos Gilfords para confortar o amigo.

Rotea sentou-se na beirada da cama e fez o que sempre fazia: contou histórias exageradas de suas aventuras, provocando a gargalhada de todos. Em meio a toda a tristeza, ninguém naquele quarto derramou uma só lágrima. Rotea não deixaria que aquilo acontecesse.

Depois que seus amigos se despediram, Rotea foi dormir. Judy e a ex-mulher de Rotea, Patricia, sentaram-se ao seu lado, observando em silêncio enquanto sua respiração ficava mais difícil. Outros familiares logo se juntaram a elas, orando em voz alta pelo homem que tocara suas vidas de maneira tão profunda. Quando terminaram, Rotea deu seu último suspiro.

E partiu.

"Foi uma passagem bela e tranquila nas asas do amor, que durou dois dias", escreveria Judy posteriormente.

— PARTE TRÊS —

A VERDADE DECIFRADA

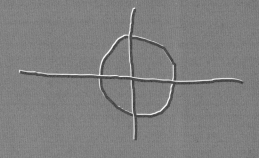

43

Sem Rotea, Judy não sabia bem o que fazer da vida. Passara quatro anos cuidando dele durante a enfermidade e subitamente se viu sem nada o que fazer. Chance e Terry já eram grandes e começavam suas próprias vidas. Às vezes, quando andava pela casa, ela parava na porta dos quartos das crianças e chorava baixinho lembrando-se do passado. A casa, antes cheia de vida e animada, estava agora vazia, e o silêncio acabava com Judy. Amigos e parentes a visitavam e tentavam mantê-la ocupada, mas não era o mesmo. Quando iam embora, o silêncio voltava a envolvê-la e ela passava horas olhando para as velhas fotografias do homem que mudou sua vida e dos meninos cujas traquinagens enchiam a casa de risadas. Judy preenchia seus dias com trabalho e voluntariado, mas nada podia mudar o fato de que, toda noite, ao chegar em casa, encontrava três cadeiras vazias na mesa de jantar. Pela primeira vez em vinte e cinco anos, Judy estava sozinha.

Com tempo de sobra para pensar, as memórias que colocara de lado com tanto cuidado começaram a se infiltrar em seus sonhos. Depois de anos de casamento, Judy finalmente criara coragem para confessar a Rotea sobre o filho de quem jamais falara.

— Quer procurá-lo? — perguntou Rotea.

— Não sei se devo — respondeu ela. — Tudo o que sei é que ele cresceu no sul. Não sei como se sentiria ao descobrir que tem um irmão mulato. E se ele nos rejeitar quando ficar sabendo? Lá eles pensam de maneira diferente.

Rotea concordou com sua preocupação e disse que apoiaria qualquer decisão que ela tomasse.

Judy acabou deixando a ideia de lado, com medo do que pudesse acontecer caso me encontrasse, das perguntas que eu poderia fazer.

E medo do que Rotea pudesse descobrir.

Ela ainda não estava pronta para reviver aquele período terrível.

Sem Rotea, as coisas mudaram. A curiosidade sobre o que acontecera comigo começou a superar seus medos. Cerca de um ano depois da morte do marido, Judy tomou uma decisão: tentaria me encontrar e lidaria com as consequências depois.

De certa maneira, Rotea a ajudou. As noites que passou à mesa de jantar ouvindo o marido discutir com Earl Sanders sobre os casos em que trabalhava e as técnicas de investigação empregadas agora lhe seriam úteis. Judy descobriu o nome de vinte e sete homens que nasceram na Luisiana em 12 de fevereiro de 1963 e começou a telefonar e a escrever cartas para todos, na esperança de que um deles fosse seu filho.

Foram precisos três anos, o auxílio de um grupo de busca de pessoas adotadas e de um funcionário público da Luisiana, mas minha mãe, em seu desejo implacável de me encontrar, descobriu meu nome de adoção.

E trinta e nove anos depois que minha tia Margie me tirou de seus braços, finalmente, voltamos a nos encontrar.

Na manhã seguinte a minha chegada a São Francisco, acordei meu filho Zach e partimos para a Igreja da Unidade de Cristo na Ocean Avenue, onde Judy e seu namorado, Frank, já nos esperavam numa capela exótica cercada por cachos de flores coloridas. Segurei a mão de Zach para atravessar a rua e entrar na igreja. Judy preparou tudo para que eu conhecesse a minha avó, Verda, e meu irmão, Chance, ali. Animado e nervoso, não sabia o que poderia dizer àqueles estranhos que subitamente faziam parte da minha família.

Verda partira cedo de Sacramento, por volta de sete da manhã. Enquanto se arrumava, imaginava como seria quando me conhecesse, como poderia explicar por que tomara a decisão de forçar Judy a abrir mão de seu filho. Ela não teve tempo de se preparar para o telefonema que recebeu em 1963, no qual descobriu que Judy dera à luz um menino e que o homem que a sequestrara e estuprara era o pai. Verda chorou quando o assistente social de Luisiana me descreveu: — Tem cabelos ruivos, olhos azuis, parecido com a mãe. É tão bonzinho e inocente.

Mas ela já tinha seus próprios filhos e um deles estava com apenas oito meses de idade. Não podia cuidar do bebê de Judy também. Sabia que era isso que aconteceria. Judy já demonstrara que não sabia ser responsável, nem tampouco ouvir a razão. Além disso, seu marido, Vic, nunca permitiria que ela levasse o bebê para casa. Verda fez o que era melhor para todos.

Mas será que o bebê, agora adulto, entenderia? Sentindo o estômago embrulhar, ela entrou no carro e partiu para São Francisco.

Quando Zach e eu entramos na igreja, Verda já estava lá, sentada sozinha num banco com as mãos cruzadas sobre a bolsa, como se estivesse rezando. Avistei-a de imediato, reconhecendo de alguma forma que aquela velha senhora era minha avó.

Fui até o banco e parei por um momento, sem saber o que dizer. Dava para ver a incerteza nos olhos dela.

— Bem, acho que conheço você — disse Verda, com sua voz fina e carinhosa. Ela se levantou do banco e me envolveu com os braços.

O abraço foi suficiente. Eu não podia odiar aquela mulher, cujas atitudes me deram pais como Loyd e Leona.

— Não se preocupe — tranquilizei-a. — Não há nenhum motivo para arrependimento ou culpa. Obrigado pela decisão que tomou. Eu te amo, Vovó.

Alguns minutos depois, Chance, sua mulher, Jasmine, e sua filha, Mia, juntaram-se a nós.

Os olhos de todos se encheram de lágrimas quando abracei meu irmão pela primeira vez. O temor de Judy quanto a um possível problema por causa de minha criação no sul não tinha fundamento. Eu não dava a mínima de meu irmão ser mulato. Eu tinha um irmão, e isso era tudo o que importava.

Passei boa parte de 2002 conhecendo melhor minha nova família por meio de telefonemas e e-mails, e visitei minha mãe quatro vezes aquele ano. Na época do Natal, estive na Califórnia para uma reunião da empresa e para nossa festa anual de fim de ano, animado em passar o primeiro Natal com minha mãe. Frank sugeriu que Judy e eu fôssemos a Tahoe e Reno para uma espécie de miniférias, onde poderíamos passar um tempo juntos, só nós dois.

Foi em Reno, onde Judy e Van se casaram muitos anos antes, que o desejo de saber mais sobre meu pai voltou com toda a força. Eu evitara fazer muitas perguntas nos seis meses anteriores, pois não queria aborrecer minha mãe e colocar nossa nova relação em risco. Agora, sabia que ela não queria falar sobre meu pai.

Mas eu precisava saber.

Passamos o último dia de férias em Tahoe. Estávamos bebendo café e assistindo ao sol nascer detrás das montanhas cobertas de neve quando fiz uma confissão: — Eu sei que falei que não queria saber do meu pai, mas acho que quero saber quem ele era. Quero tentar encontrá-lo.

Judy não hesitou. — Veja, querido. Se é isso que seu coração quer, então farei de tudo para ajudar a sua busca.

— Obrigado, mãe — falei, abraçando-a. — Só quero conhecê-lo.

Percebi que aquela era a última coisa que Judy gostaria de fazer, mas me deu sua palavra. Depois que voltei para Baton Rouge, ela começou a fazer alguns telefonemas. O primeiro número que discou foi o de Earl Sanders.

— Earl, preciso da sua ajuda — disse ela ao chefe de polícia de São Francisco. Anos antes, o prefeito Moscone prometera que Rotea faria história ao se tornar o primeiro chefe de polícia negro de São Francisco. O assassinato do prefeito impediu que isto acontecesse. No entanto, o parceiro de Rotea, Earl Sanders, quebrou aquela barreira em 2002.

Mas havia problemas.

Sanders e outros de seus principais homens tinham recentemente sido indiciados sob a acusação de obstrução da Justiça. O novato Alex Fagan Jr., filho do maior assessor de Sanders, envolvera-se numa briga de bar ao lado de outros dois policiais de folga. O incidente, batizado de "Fajitagate" pela imprensa, teve início quando o barman se recusou a dar aos policiais uma quentinha de fajitas de carne quando saía do trabalho. Isso deu origem a uma briga, que acabou com o barman ferido. Sanders e o pai de Fagan dirigiam o departamento lado a lado. Depois que os policiais que agrediram o barman não foram presos, o promotor público Terence Hallinan veio com tudo.

Escândalos no departamento de polícia eram tão comuns quanto os nevoeiros que cobrem a baía de São Francisco. Então Judy não deu muita importância ao imbróglio envolvendo Sanders.

— Qual o problema? — disse Sanders. Sua voz parecia fraca.

— Lembra quando te falei do meu filho? Bem, ele quer encontrar o pai e eu não sei por onde começar. Não sei nem mesmo seu nome completo.

— Ficaria feliz em poder ajudar, mas estou no hospital. Tive um ataque cardíaco — disse Sanders.

— Oh, meu Deus. Mil desculpas — lamentou Judy.

— Não se preocupe. Vou ficar bem — sorriu o chefe de polícia. — Ligue para Harold Butler. Ele poderá te ajudar.

— Obrigada, Earl. Depois eu ligo para saber como você está — disse Judy, desligando o telefone e temendo que o escândalo pudesse ter afetado a saúde do amigo.

— Earl não pode nos ajudar — ela me informou. — Está envolvido num grande escândalo e teve um ataque cardíaco. Sugeriu que falássemos com Harold Butler. Harold e Rotea eram amigos e ele sempre vinha aqui em casa. Sei que ele vai fazer tudo o que puder para me ajudar.

Judy telefonou para Butler.

— Harold, Earl disse para eu te ligar — falou, explicando que precisava que ele ajudasse seu filho de outro casamento a encontrar o pai.

— Eu não sabia que você tinha outro filho — disse Butler.

— Ninguém sabia — respondeu Judy. — É uma longa história, mas prometi ao meu filho que iria ajudar. Você pode dar uma olhada para mim? Sei que deve haver algum registro do pai dele em algum lugar, mas só lembro que se chamava Van.

Butler fez um monte de perguntas, tentando extrair toda informação possível de Judy. — Não se preocupe. Se ele tiver uma ficha criminal, vou encontrá-lo — garantiu.

Foi necessário um mês, mas Butler finalmente entrou em contato com minha mãe para compartilhar suas descobertas. Em 6 de junho de 2003, Judy me enviou um e-mail. No espaço dedicado ao assunto, escreveu: "Procure uma cadeira para sentar, Harold deu notícias...".

Butler descobriu que o nome do meu pai era Earl Van Best Jr. e que nascera em 14 de julho de 1934, em Wilmore, Kentucky. "Ele disse que todas as informações na ficha do seu pai têm trinta anos. A última vez que ouviram falar dele foi em 15 de agosto de 1967, mas Harold não contou em que situação isso ocorreu. Querido, há coisas na ficha que Harold não quis revelar, então basta dizer que estamos avisados. Detesto que tenha de ser assim, mas confio na avaliação de Harold e, afinal das contas, eu fui casada com o sujeito. Por que ele teria escolhido (ou se contentado com) uma menina de treze anos se... você sabe o que eu quero dizer", escreveu Judy.

Ela me disse que não havia uma carteira de habilitação da Califórnia válida em nome do meu pai, mas Butler descobrira seu número de seguro social e a fotografia de uma velha carteira de motorista. Prometeu que deixaria tudo com Judy. A ficha listava Haight Street como endereço de Van, mas também trazia o endereço de Gertrude na Noe Street. "Harold quer continuar a trabalhar em cima disso e gostaria de te conhecer. Sugeriu que você escrevesse diretamente para ele."

Fiquei encarando o computador, relendo o e-mail. Um ano depois de conhecer minha mãe, finalmente consegui informações concretas sobre meu pai. Descobri seu nome. Descobri meu sobrenome de verdade.

Best.

Empolgado, comprei uma passagem de avião para São Francisco, louco para conhecer o sargento que prometera me ajudar a encontrar meu pai.

Judy combinou de encontrarmos Butler e sua família para jantar no Valencia Pizza & Pasta, no distrito de Mission. Butler chegou antes de nós e se levantou quando nos aproximamos da mesa. Não conseguia desviar de mim seu olhar perplexo e cauteloso. — Estou surpreso em ver como você se parece com seu pai — disse ele.

— Não vejo a hora de ver a foto dele — falei. — Obrigado por encontrá-la.

Mas Butler se esquecera de levá-la. Mal consegui esconder minha frustração e decepção enquanto pedíamos a comida. Fiquei tentando imaginar por que ele não trouxera a fotografia, quando aquele era o motivo de nosso encontro.

— Pode me contar algo mais sobre o que achou? — perguntei.

— Não — respondeu ele. — Algumas coisas são confidenciais. É a lei.

— Mas isso tem quarenta anos — argumentei. — Certamente não vai fazer diferença alguma hoje.

— Lamento, Gary. Sei que você tem um monte de perguntas, mas não posso dizer nada além disso. Vou te mandar a fotografia, porém.

Durante o jantar, senti-me desconfortável em diversos momentos ao olhar para Butler e ver que ele estava me encarando, observando cada movimento meu. Decidi que era melhor parar de fazer perguntas.

Quando acabamos a refeição, Butler nos convidou para tomar café em sua casa. Acabara de fazer uma reforma e nos mostrou os cômodos com orgulho. Zach fizera amizade com seus filhos enquanto conversávamos e eles o convidaram para passar a noite.

— Lamento, mas temos de ir para o aeroporto cedo amanhã. Talvez na próxima — prometi.

Na hora da despedida, apertei a mão de Butler e agradeci pela ajuda.

— Vou mandar a fotografia por e-mail e enviar a original pelo correio — falou.

Deixei a casa dele me sentindo um pouco melhor.

Quando cheguei a Baton Rouge, o e-mail já estava em minha caixa de entrada.

Baixar aquele arquivo enorme pareceu levar uma vida, e minha ansiedade só aumentava a cada segundo passado. Eu estava prestes a ver o rosto do meu pai pela primeira vez desde que ele me abandonara naquela escadaria.

Finalmente, uma cabeça e ombros surgiram na tela. Passei um longo tempo olhando para a foto. Não lembrava em nada a descrição feita por minha mãe. Ela disse que Van era um homem charmoso e que tinha covinhas. Não tinha covinha nenhuma e muito menos charme.

Um rosto frio e com olhos mortos olhava de volta para mim.

Zach apareceu e espiou sobre meus ombros. — Pai, ele parece um assassino — falou.

— Não parece, não — rebati, mas entendi o que ele quis dizer. O homem da foto não parecia ser uma boa pessoa. Mas então comecei a notar algumas semelhanças: os cabelos, a mandíbula, a divisão no queixo, o formato dos olhos.

Olhando aqueles olhos, senti um frio percorrer minha espinha e me perguntei se estava fazendo a coisa certa. Butler disse que havia coisas na ficha que ele não podia revelar.

O que aquilo queria dizer?

Fiquei remoendo a questão por dias, sempre voltando à fotografia que salvara na área de trabalho do computador. Não sabia se devia deixar de procurá-lo, mas aquele imenso desejo de saber quem eu era, o mesmo que me atormentara por toda a vida, me fez seguir em frente.

O sargento sugerira que eu entrasse em contato com a Administração do Seguro Social para pesquisar se meu pai ainda estava vivo. Decidi então começar minha própria busca.

Em 15 de julho de 2003, às nove da manhã, entrei no prédio da Administração do Seguro Social em Baton Rouge, louco para saber o que a atendente poderia me dizer. Peguei uma senha e sentei, contando os minutos, depois as horas, até que finalmente meu número foi chamado.

Uma mulher simpática sorriu para mim detrás do balcão. — Como posso ajudá-lo?

— Meu nome é Gary Loyd Stewart e eu fui adotado. Descobri o número do seguro social do meu pai biológico e estou tentando saber se ele está vivo. Gostaria de saber se a senhora poderia me dizer se algum benefício foi emitido em seu nome — falei, ainda nervoso.

Butler falou que eu descobriria se tinha irmãos ao saber se algum tipo de pensão por sua morte fora paga.

— Pode me passar o número? — pediu.

— Sim, senhora — falei o número e ela inseriu a informação no computador. Depois, estudou o monitor por alguns instantes. — Não tenho permissão para lhe dizer se ele está vivo ou morto. O que posso dizer é que nenhum benefício foi pago em seu nome, mas que há benefícios disponíveis.

— Isso quer dizer que ele está morto ou ainda está vivo?

— Devido à Lei da Privacidade, não posso lhe dar essa informação — falou. Vendo minha cara de decepção, ela se inclinou e sussurrou: — Mas, se fosse declarado morto, eu diria que o senhor estaria apto a receber uma pensão por sua morte neste exato momento.

Estendi os braços além do balcão e dei um abraço naquela fantástica senhora.

Descobri o que queria.

Meu pai estava vivo!

WANTED

SAN FRANCISCO POLICE DEPARTMENT

0. 90-69 — WANTED FOR MURDER — OCTOBER 18, 196

ORIGINAL DRAWING

AMENDED DRAWING

Supplementing our Bulletin 87-69 of October 13, 1969. Additional information has developed the above amended drawing of murder suspect known as "ZODIAC".

WMA, 35-45 Years, approximately 5'8", Heavy Build, Short Brown Hair, possibly with Red Tint, Wears Classes. Armed with 9 MM Automatic.

Available for comparison: Slugs, Casings, Latents, Handwriting.

ANY INFORMATION:
Inspectors Armstrong & Toschi
Homicide Detail
CASE NO. 696314

THOMAS J. CAHILL
CHIEF OF POLICE

Cartaz de "Procurado" do Zodíaco distribuído pelo Departamento de Polícia de São Francisco.

Foto de Earl Van Best Jr. quando de sua detenção em 22 de fevereiro de 1962 pelo Departamento de Polícia de São Francisco.

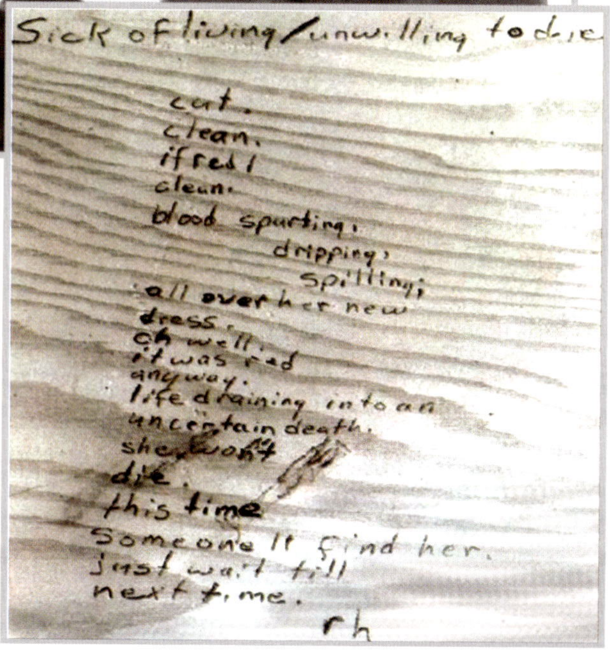

Poema encontrado debaixo de uma carteira na Biblioteca do Riverside City College, supostamente escrito pelo Zodíaco.

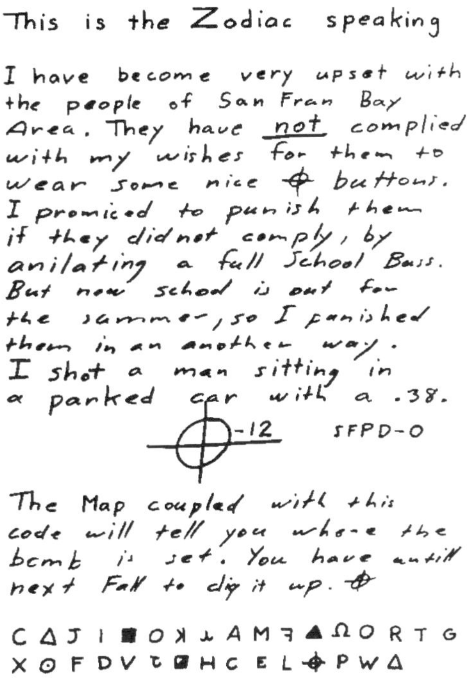
This is the Zodiac speaking

I have become very upset with
the people of San Fran Bay
Area. They have not complied
with my wishes for them to
wear some nice ⊕ buttons.
I promiced to punish them
if they did not comply, by
anilating a full School Buss.
But now school is out for
the summer, so I punished
them in an another way.
I shot a man sitting in
a parked car with a .38.

⊕-12 SFPD-0

The Map coupled with this
code will tell you where the
bomb is set. You have untill
next Fall to dig it up. ⊕

C Δ J I ■ O K ⅃ A M Ǝ ▲ Ω O R T G
X ⊙ F D V Ꞇ ⊠ H C E L ⊕ P W Δ

A cifra nesta carta enviada pelo Zodíaco ao *San Francisco Chronicle* **em 26 de junho de 1970 nunca foi solucionada.**

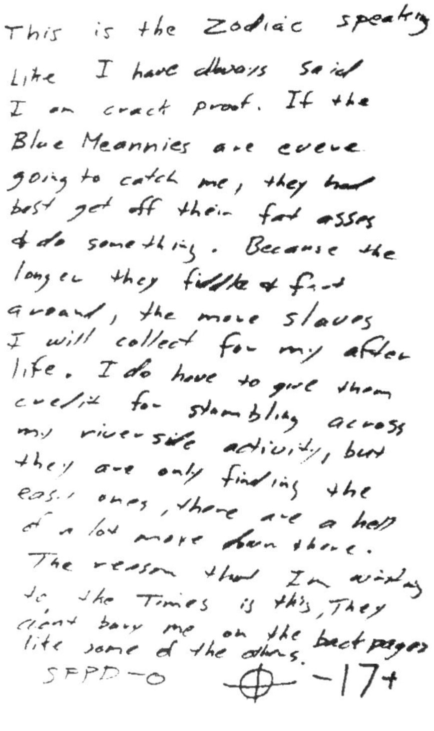
This is the Zodiac speaking

Like I have always said
I am crack proof. If the
Blue Meannies are evere
going to catch me, they had
best get off their fat asses
& do something. Because the
longer they fiddle & fart
around, the more slaves
I will collect for my after
life. I do have to give them
credit for stumbling across
my riverside activity, but
they are only finding the
easy ones, there are a hell
of a lot more down there.
The reason that I'm writing
to the Times is this, They
dont bury me on the back pages
like some of the others.
SFPD-0 ⊕ -17+

Na carta sobre os "azulões malvados" enviada ao *Los Angeles Times* **em 13 de março de 1971, o Zodíaco reivindica o crédito pelo assassinato de Cheri Jo Bates.**

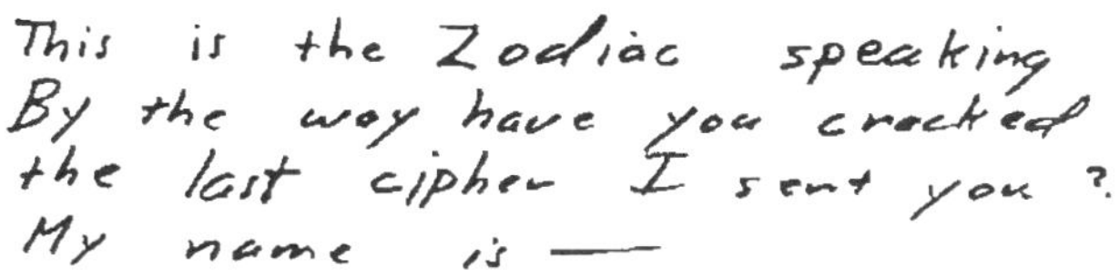
This is the Zodiac speaking
By the way have you cracked
the last cipher I sent you?
My name is —

O Zodíaco enviou essa carta com selo de 20 de abril de 1970 ao *San Francisco Chronicle*, **dando a entender que seu nome estaria na cifra dos 340.**

SAN FRANCISCO POLICE DEPARTMENT CRIME LABORATORY

LABORATORY EXAMINATION REQUEST

CASE NUMBER (DEPARTMENT) 041 238 785	UNIT REQUESTING Homicide 5H200	DATE OF THIS REQUEST 6/21/05
COMPLAINANT / VICTIM Gary Stewart	LABORATORY NUMBER	OTHER NUMBER
DATE EVIDENCE BOOKED 10/29/04	SUSPECT	CHARGE
	EVIDENCE IN CUSTODY OF Property Control Division	NUMBER OF SPECIMENS

DESCRIPTION OF EVIDENCE AND REQUESTED EXAMINATION

(A COPY OF THE INITIAL NARRATIVE POLICE REPORT SHALL BE ATTACHED TO THIS REQUEST)

Please analyze the booked reference swabs and develop DNA profile. Compare profile with Zodiac sample.

DATE RESULTS NEEDED

REASON FOR REQUEST:

- ☐ M.C. TRIAL
- ☐ REBOOKING
- ☐ ORDER OF D.A.
- ☐ S.C. TRIAL
- ☐ Y.G.C.
- ☐ PRELIM. HEARING
- OTHER ☐

REQUESTED BY	APPROVED BY	REFER TO
RANK / STAR #	RANK / STAR #	

SFPD 64 (06/90)*

Solicitação de análise laboratorial enviada pelo tenente John Hennessey à Dra. Cydne Holt, pedindo que meu DNA fosse comparado à amostra do Zodíaco.

REPORT OF THE DEATH OF AN AMERICAN CITIZEN ABROAD

American Embassy, Mexico City, Mexico, August 14, 1984
(Post & date of issue)

SSA No.

Name in full Earl Van BEST, Jr. Age 49

Date and Place of Birth July 14, 1934, Wilmore, Kentucky

Evidence of U.S. Citizenship Birth Certificate

Address in U.S.A. 319 Elm Ave. #34, Long Beach, Ca. 90802

Permanent or Temporary Address Abroad Corinto Hotel, Vallarta # 24, Mexico

Date of death May (Month) 20 (Day) - (Hour) - (Minute) 1984 (Year)

Place of death Vallarta # 24, Corinto Hotel, Mexico City, Mexico
(Number and street) or (Hospital or hotel) (City) (Country)

Cause of death Asphyxiation by obstruction of major air passages by passing
(Including authority for statement – if physician, include full name and official title, if any)
gastric matter. Cardiomegaly and valvular aortic stenosis, according to **

Disposition of the remains Interred at the San Lorenzo Tezonco Pantheon, Iztapalapa, Mexico City, Mexico.

Local law governing disinterment of remains provides that they may be disinterred upon obtaining official permission and complying with local sanitary regulations. Automatically subject to disinterment after six years unless the gravesite is held in perpetuity.

Disposition of the effects In custody of U. S. Embassy, Mexico City.

Person or official responsible for custody of effects and accounting therefor In custody of American Embassy, Mexico City, Mexico.

Traveling/residing abroad with relatives or friends as follows:

NAME	ADDRESS
alone	Corinto Hotel, Vallarta # 24, Mexico

Informed by telegram or telephone

NAME	ADDRESS	DATE SENT
Mary Gertrude Plummer	1745 Marygold, Space # 73	05/21/84
	Bloomington, CA. 92316	

Copy of this report sent to:

NAME	ADDRESS	DATE SENT
Mary Gertrude Plummer	Bloomington, CA. 92316	08/14/84
Edith Van Best		08/14/84

Notification or copy sent to Federal Agencies: SSA____ VA____ CSC____ Other____ (State Agency)

The original copy of this document and information concerning the effects are being placed in the permanent files of the Department of State, Washington, D.C. 20520.

Remarks: Birth Certificate seen and returned to Mrs. Edith Van Best. ** Dr. Aurelio Nuñez Salas, physician registration number 346788, Niños Heroes # 102, Mexico City, Mexico. (Continue on reverse if necessary.)

Hugh Timothy Dugan (Signature on all copies)

[SEAL] Vice Consul of the United States of America.

BEST (Jr.) (Last name)

EARL (First name)

VAN (Middle name)

May 20, 1984 (Date of death)

Atestado oficial de óbito emitido pela embaixada americana da Cidade do México em 14 de agosto de 1984.

Minha visita ao túmulo sem identificação de meu pai no México. (Cortesia de Sergio Villegas Montes)

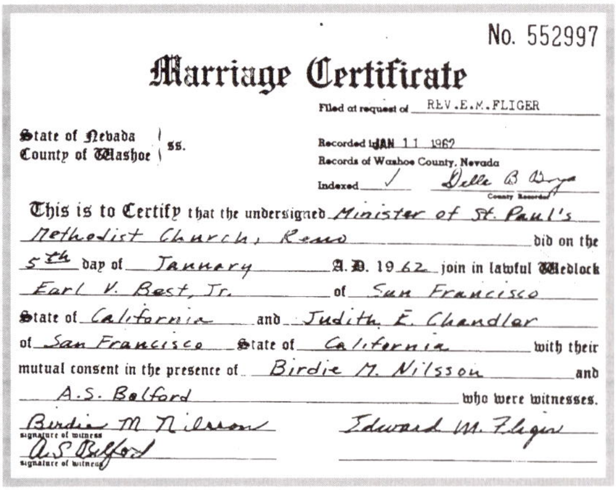

No. 552997

Marriage Certificate

Filed at request of REV.E.M.FLIGER

State of Nevada
County of Washoe } ss.

Recorded JAN 11 1962
Records of Washoe County, Nevada
Indexed / Della B. Boyd
County Recorder

This is to Certify that the undersigned Minister of St. Paul's Methodist Church, Reno did on the 5th day of January A.D. 1962 join in lawful Wedlock Earl V. Best, Jr. of San Francisco State of California and Judith E. Chandler of San Francisco State of California with their mutual consent in the presence of Birdie M. Nilsson and A.S. Belford who were witnesses.

Birdie M. Nilsson
signature of witness
A.S. Belford
signature of witness

Edward M. Fliger

Certidão de casamento de Judy Chandler e Earl Van Best Jr., preenchida por meu pai e usada para uma comparação de caligrafia adicional.

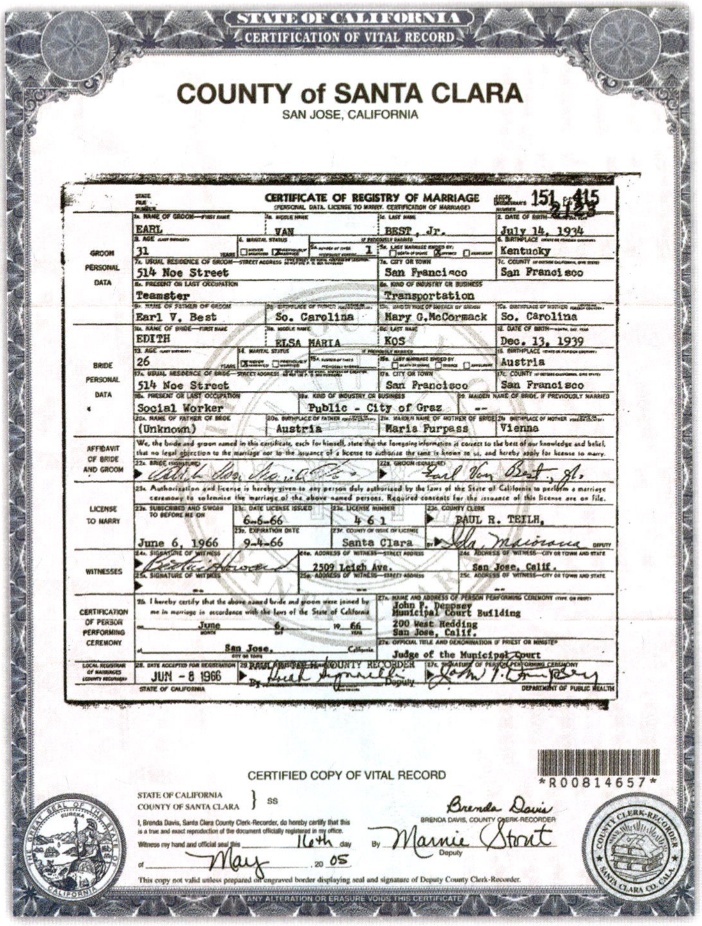

STATE OF CALIFORNIA
CERTIFICATION OF VITAL RECORD

COUNTY of SANTA CLARA
SAN JOSE, CALIFORNIA

CERTIFICATE OF REGISTRY OF MARRIAGE
(PERSONAL DATA. LICENSE TO MARRY. CERTIFICATION OF MARRIAGE)

151 415 2123

GROOM PERSONAL DATA
1a. Name of groom—first name: EARL
1b. Middle name: VAN
1c. Last name: BEST, Jr.
2. Date of birth: July 14, 1934
3. Age: 31
5a. Number of this marriage: 1
6. Birthplace: Kentucky
7a. Usual residence of groom—street address: 514 Noe Street
7b. City or town: San Francisco
7c. County: San Francisco
8a. Present or last occupation: Teamster
8b. Kind of industry or business: Transportation
9a. Name of father of groom: Earl V. Best
9b. Birthplace of father: So. Carolina
10a. Maiden name of mother of groom: Mary G.McCormack
10b. Birthplace of mother: So. Carolina

BRIDE PERSONAL DATA
11a. Name of bride—first name: EDITH
11b. Middle name: ELSA MARIA
11c. Last name: KOS
12. Date of birth: Dec. 13, 1939
13. Age: 26
15. Birthplace: Austria
17a. Usual residence of bride—street address: 514 Noe Street
17b. City or town: San Francisco
17c. County: San Francisco
18a. Present or last occupation: Social Worker
18b. Kind of industry or business: Public - City of Graz
19. Maiden name of bride, if previously married: --
20a. Name of father of bride: (Unknown)
20b. Birthplace of father: Austria
21a. Maiden name of mother of bride: Maria Furpass
21b. Birthplace of mother: Vienna

AFFIDAVIT OF BRIDE AND GROOM
We, the bride and groom named in this certificate, each for himself, state that the foregoing information is correct to the best of our knowledge and belief, that no legal objection to the marriage nor to the issuance of a license to authorize the same is known to us, and hereby apply for license to marry.
22a. Bride (signature)
22b. Groom (signature): Earl Van Best, Jr.

LICENSE TO MARRY
23. Authorization and license is hereby given to any person duly authorized by the laws of the State of California to perform a marriage ceremony to solemnize the marriage of the above named persons. Required consents for the issuance of this license are on file.
23a. Subscribed and sworn to before me on: June 6, 1966
23b. Date license issued: 6-6-66
23c. License number: 461
23d. County clerk: PAUL R. TEILH,
23e. Expiration date: 9-4-66
23f. County of issue of license: Santa Clara
Deputy

WITNESSES
24a. Signature of witness
24b. Address of witness—street address: 2509 Leigh Ave.
24c. Address of witness—city or town and state: San Jose, Calif.
25a. Signature of witness: --
25b. Address of witness—street address: --
25c. Address of witness—city or town and state: --

CERTIFICATION OF PERSON PERFORMING CEREMONY
26. I hereby certify that the above named bride and groom were joined by me in marriage in accordance with the laws of the State of California on June 6, 1966 at San Jose, California
27a. Name and address of person performing ceremony: John P. Dempsey, Municipal Court Building, 200 West Hedding, San Jose, Calif.
27b. Official title and denomination if priest or minister: Judge of the Municipal Court
27c. Signature of person performing ceremony

LOCAL REGISTRAR OF MARRIAGES (COUNTY RECORDER)
28. Date accepted for registration: JUN - 8 1966
29. County Recorder, By Deputy

STATE OF CALIFORNIA
DEPARTMENT OF PUBLIC HEALTH

R00814657

CERTIFIED COPY OF VITAL RECORD

STATE OF CALIFORNIA
COUNTY OF SANTA CLARA } SS

I, Brenda Davis, Santa Clara County Clerk-Recorder, do hereby certify that this is a true and exact reproduction of the document officially registered in my office.
Witness my hand and official seal this 16th day of May, 2005

Brenda Davis
BRENDA DAVIS, COUNTY CLERK-RECORDER
By Marnie Strout
Deputy

This copy not valid unless prepared on engraved border displaying seal and signature of Deputy County Clerk-Recorder.

ANY ALTERATION OR ERASURE VOIDS THIS CERTIFICATE

Certidão de casamento de Earl Van Best Jr. e Edith, datada de 6/6/66, que lista a profissão de meu pai como caminhoneiro. A assinatura do meu pai nesse documento foi usada para comparação adicional com a caligrafia do Zodíaco.

Q9 Consulting, Inc.

December 9, 2012

Susan Mustafa
Baton Rouge, LA

Re: **Compare writing of Earl Best with letters from the Zodiac Killer**
Document Examination Case Report No. 2012-31

Dear Ms. Mustafa:

You engaged my services to ascertain whether the writing or known writing of Earl Van Best identifies him as the writer of the letters and envelopes written by the Zodiac Killer.

I, Michael N. Wakshull, declare as follows:

All of the facts stated herein are personally known to me and if required to do so, I could and would testify to the truth thereof. The conclusions of my report are:

1. I've conducted a forensic handwriting analysis on copies of the Zodiac letters, comparing them to a copy of the marriage certificate between Earl Van Best, Jr. and Judith Chandler, the writer of which you have identified as Earl Van Best, Jr.
2. I am virtually certain that the writer of the marriage certificate between Earl Van Best, Jr. and Judith Chandler is the same writer as the writer of the Zodiac letters.
3. I am virtually certain the writer of the marriage certificate between Earl Van Best and Mary Annette Player, and the envelope addressed to the Press-Enterprise are the same person.
4. I am virtually certain the writer of the marriage certificate between Earl Van Best and Edith Kos and the Joseph Bates envelope are the same person.
5. It is probable that the writer of the Earl Van Best signature on the booking sheet is the writer of the envelope addressed to the Press-Enterprise
6. The "Channel Nine" letter was not authored by the same person who wrote the other Zodiac letters
7. There are indications the writer of the "Red Phantom" letter is the same person who wrote the other Zodiac letters

I declare under the penalty of perjury under the laws of the State of California that the foregoing are my true and correct opinions.

Executed this 9th day of December, 2012 at Temecula, CA.

If you have any questions about the findings of this report, please do not hesitate to contact me.

Sincerely,
Michael N. Wakshull

 www.quality9.com

Usando os termos mais contundentes disponíveis sem ferir os padrões da Sociedade Americana de Testes e Materiais diante da ausência dos documentos originais, o perito em documentação forense Michael Wakshull comprova que meu pai escreveu as cartas do Zodíaco.

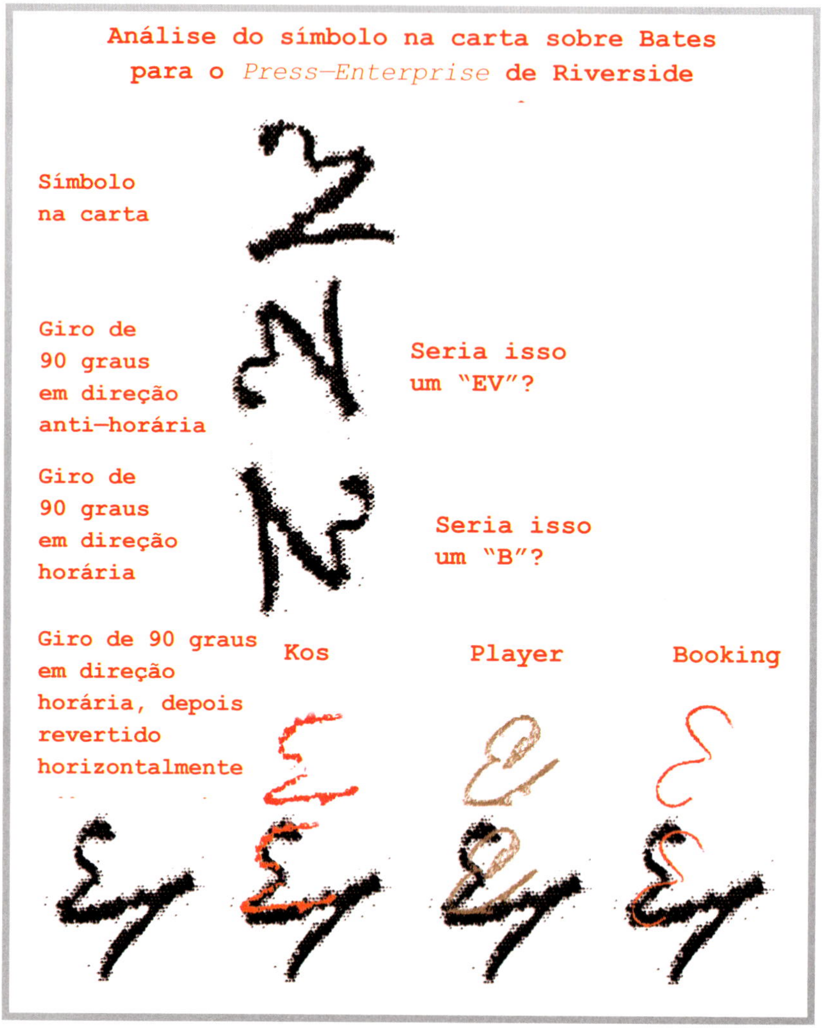

Comparação feita por Wakshull do símbolo que o Zodíaco usou para assinar a carta sobre Bates com o *E* nas assinaturas de meu pai em suas certidão de casamento e ficha criminal.

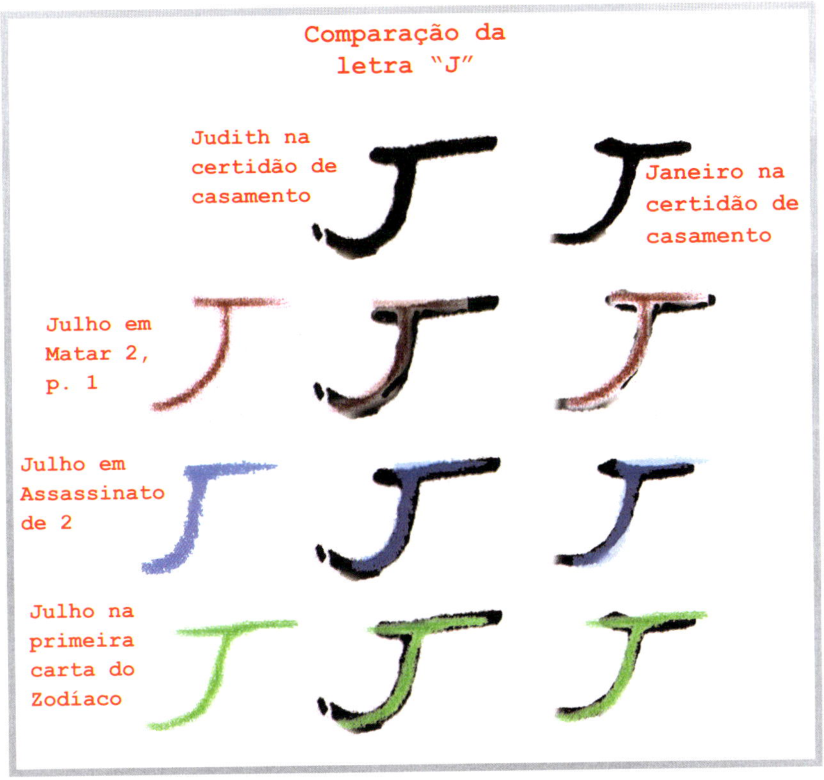

Comparação da letra *J* da certidão de casamento com minha mãe à caligrafia do Zodíaco.

(©Michael Wakshull)

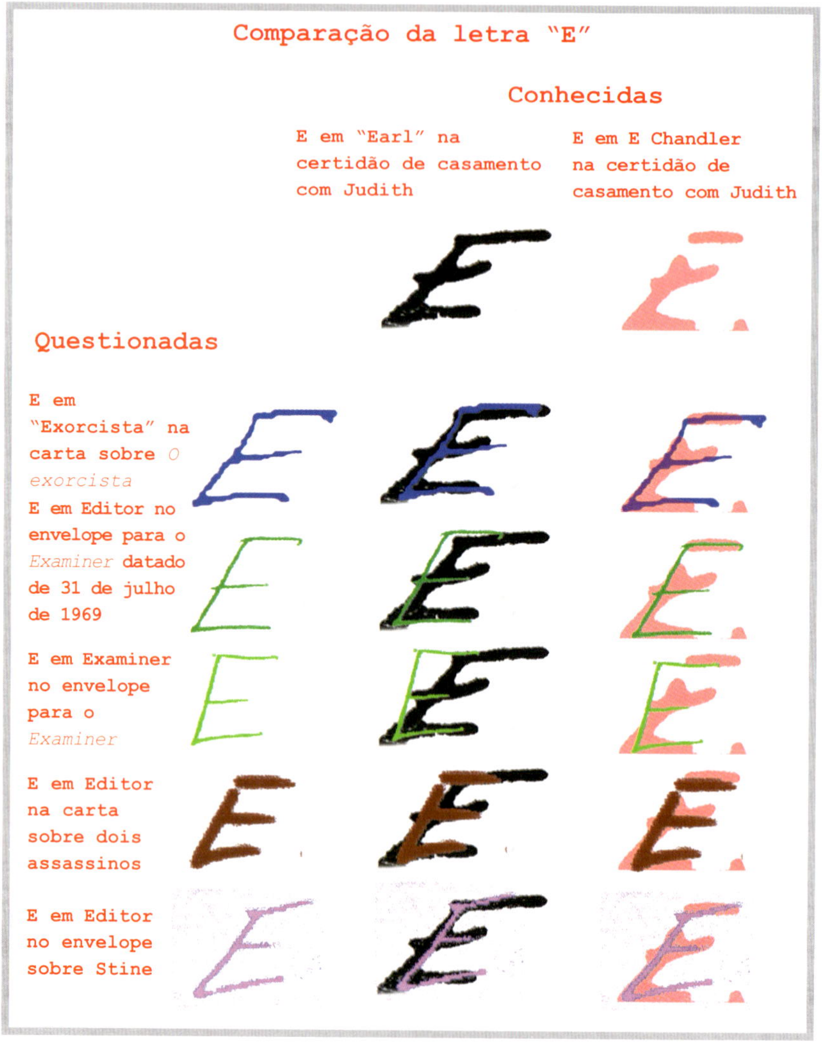

Comparação do *E* maiúsculo na mesma certidão de casamento com a caligrafia do Zodíaco.

(©Michael Wakshull)

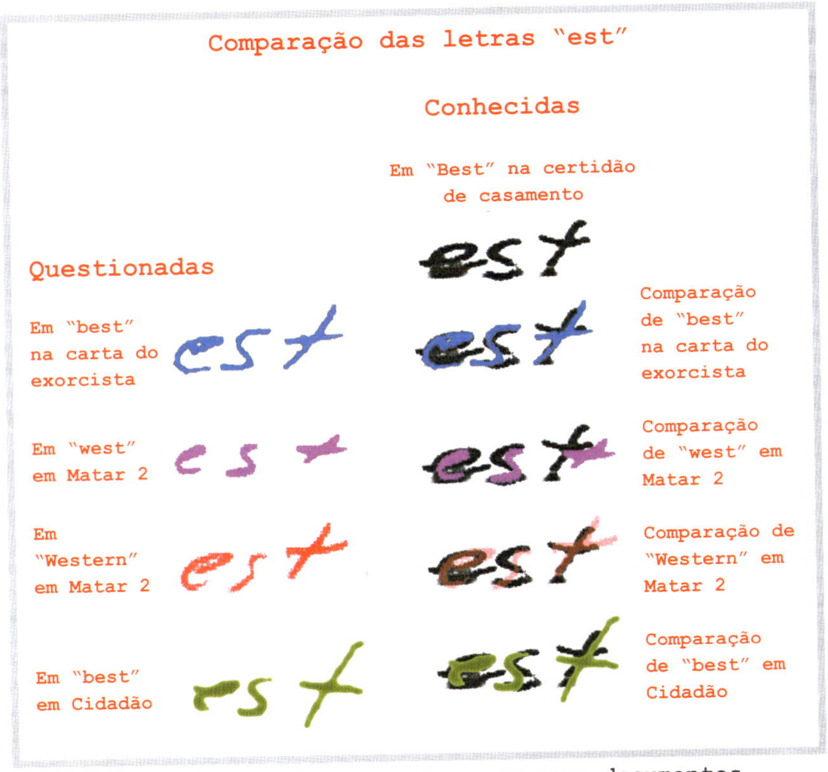

Comparação das letras *est* nos mesmos documentos.

(©Michael Wakshull)

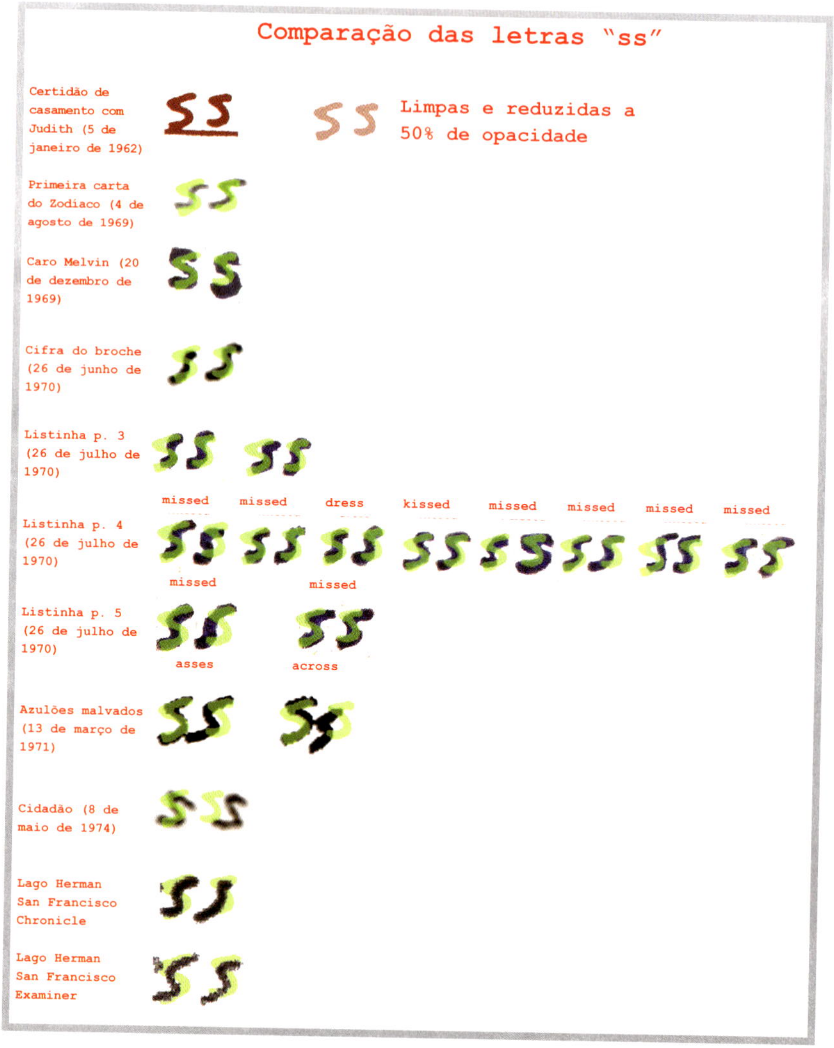

Comparação das letras *ss*.

(©Michael Wakshull)

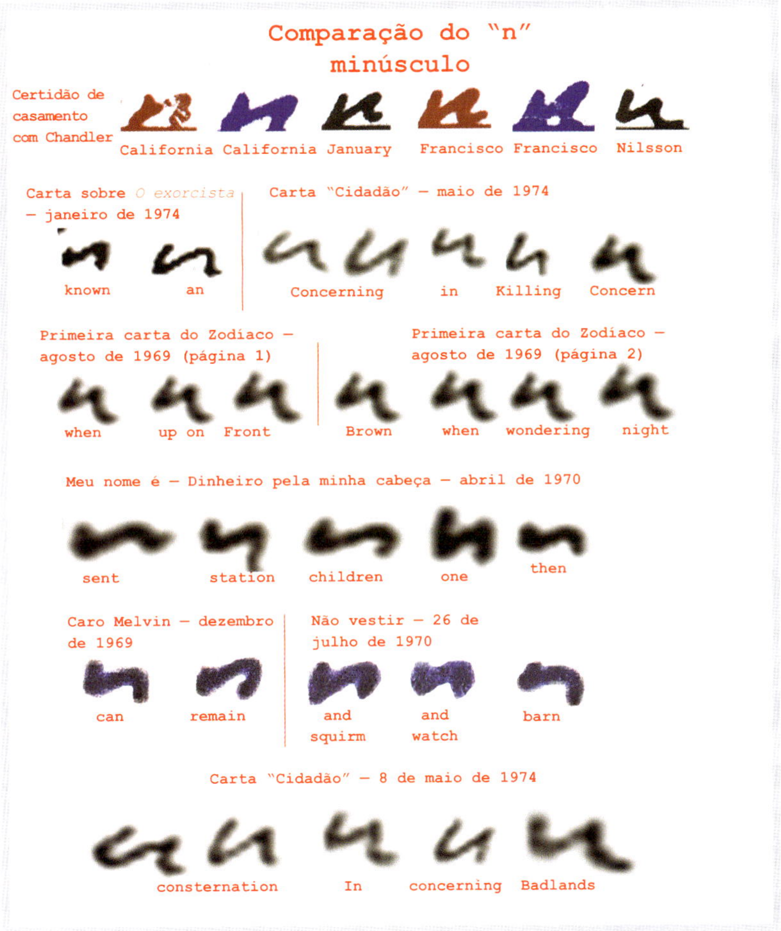

Comparação da letra *n*.

(©Michael Wakshull)

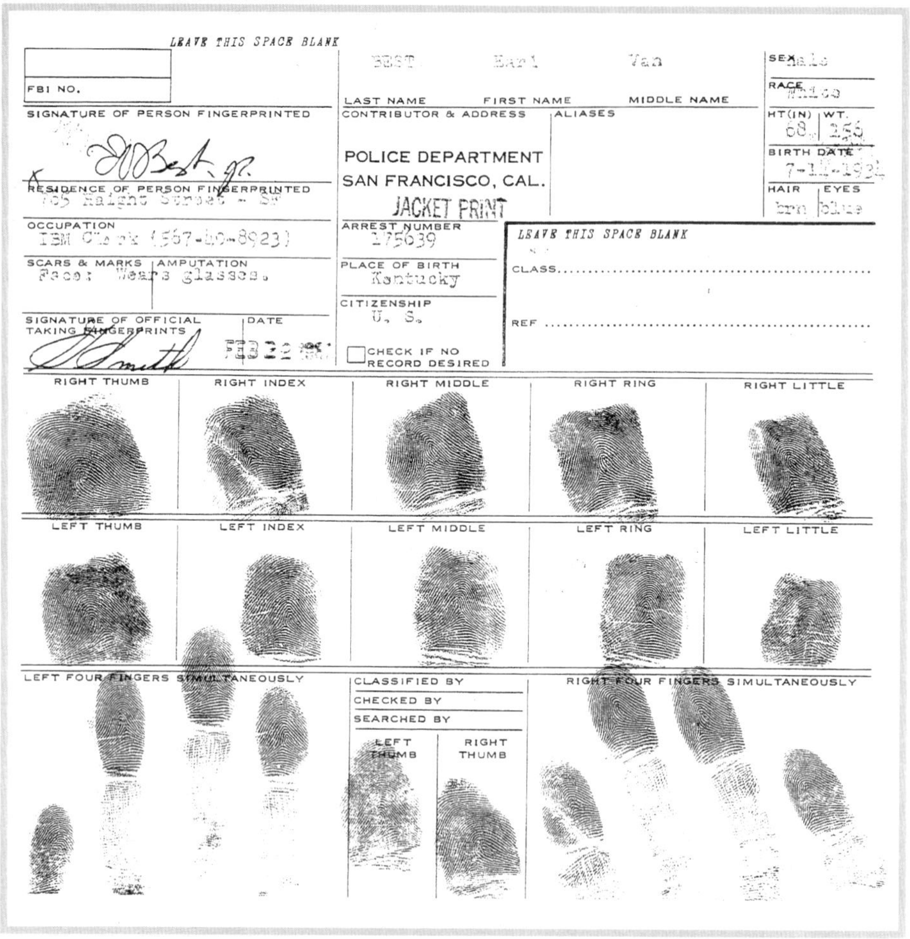
LEAVE THIS SPACE BLANK

FBI NO.

BEST Earl Van

LAST NAME FIRST NAME MIDDLE NAME

SEX Male

RACE White

SIGNATURE OF PERSON FINGERPRINTED

CONTRIBUTOR & ADDRESS

ALIASES

HT(IN) 68 WT. 256

POLICE DEPARTMENT
SAN FRANCISCO, CAL.

BIRTH DATE 7-11-1934

RESIDENCE OF PERSON FINGERPRINTED
705 Haight Street - SF

HAIR brn EYES blue

JACKET PRINT

OCCUPATION
IBM Clerk (567-40-8923)

ARREST NUMBER
175639

LEAVE THIS SPACE BLANK

SCARS & MARKS AMPUTATION
Face: Wears glasses.

PLACE OF BIRTH
Kentucky

CLASS.......

CITIZENSHIP
U. S.

REF ....

SIGNATURE OF OFFICIAL TAKING FINGERPRINTS

DATE FEB 22

CHECK IF NO RECORD DESIRED

RIGHT THUMB RIGHT INDEX RIGHT MIDDLE RIGHT RING RIGHT LITTLE

LEFT THUMB LEFT INDEX LEFT MIDDLE LEFT RING LEFT LITTLE

LEFT FOUR FINGERS SIMULTANEOUSLY

CLASSIFIED BY
CHECKED BY
SEARCHED BY

LEFT THUMB RIGHT THUMB

RIGHT FOUR FINGERS SIMULTANEOUSLY

Ficha de detenção de meu pai pelo Departamento de Polícia de São Francisco em 22 de fevereiro de 1962.

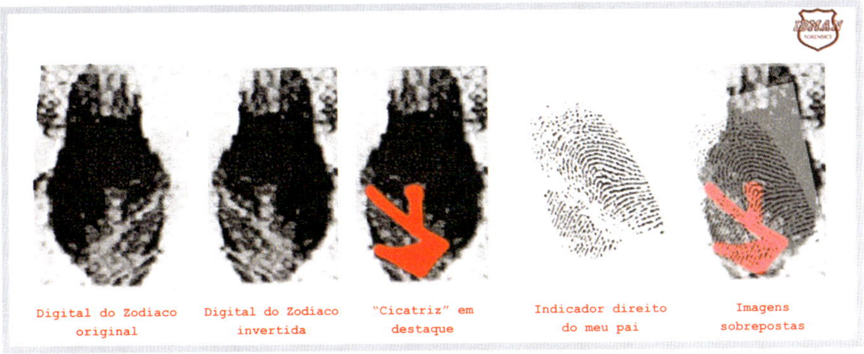

Impressão digital do Zodíaco coletada do veículo de Paul Stine sobreposta, por Bob Garrett, a uma impressão do dedo indicador direito do meu pai. A cicatriz é visível em ambas. (Cortesia de Bob Garrett)

Retrato falado no cartaz de "Procurado" do Zodíaco sobreposto à fotografia de meu pai quando de sua detenção.

(©Michael Wakshull)

44

— Acho que vou ligar para o meu amigo no Departamento de Justiça — falei para Loyd e Leona. — O policial de São Francisco não quer me contar nada, mas eu sei que ele sabe de alguma coisa.

— Tem certeza de que quer fazer isso? — perguntou Loyd.

— Preciso tentar encontrá-lo. Ele ainda está vivo.

— Mas e se as coisas não forem como você espera? E se o policial tiver um motivo para não contar? — disse Loyd. — Talvez seja melhor você ir com calma e pensar sobre o assunto.

— Não se preocupe — tranquilizei-o. — Judy me encontrou e tudo correu bem, não foi?

— Sim — respondeu Leona. — Mas agora é diferente. Esse homem se casou com ela quando tinha quatorze anos. Não gosto disso. Não gosto nem um pouco.

— Eu também não — disse Loyd.

— Vocês se preocupam demais — falei, beijando os dois antes de ir embora. — Depois conto a vocês o que descobri.

Sem dar ouvidos ao conselho de meus pais, liguei para o meu amigo no Departamento de Justiça da Luisiana.

— Tudo o que tenho é o nome do meu pai e seu número de seguro social — falei, explicando a situação. — Acha que consegue descobrir alguma coisa com isso?

Ele prometeu tentar e recorreu à ajuda de alguns amigos policiais.

Uma semana depois, ele me ligou e disse que um homem com o nome do meu pai fora preso em 1996 e encarcerado no Departamento de Correções da Califórnia.

Aquela era a última coisa que eu queria ouvir. Sabia que ele estava com 62 anos àquela altura. O que fazia na prisão?

Mandei um e-mail para Judy. — Por que Butler não me contou que Van foi preso em 1996? — perguntei.

— Vou ligar para ele — respondeu Judy.

Telefonei naquele dia para todas as prisões da Califórnia, sem resultado. Não tinham registro algum da prisão de meu pai em 1996. Eu devia ter prestado mais atenção nisso, mas estava tão ávido por informações que aceitei sua prisão como um fato.

E pagaria caro por aquele erro.

— Harold disse que sabia sobre a prisão e que seu pai foi entregue ao FBI, mas nada além disso — me informou Judy alguns dias depois.

— E por que ele não me disse isso logo de cara? — reclamei.

— Não sei — disse Judy —, mas vou falar com ele. Olha, eu não quero que você ache que qualquer coisa que seu pai tenha feito foi por causa de você. Ele me odiava, lembra-se? Não quero que você pense jamais que o que descobrirmos foi por sua culpa.

Não entendi o que ela estava tentando dizer. Judy estava claramente tentando me proteger do que sabia sobre meu pai, de que ele tinha me abandonado, mas na época não entendi o que ela quis dizer. O que meu pai tinha feito que era assim tão ruim? Por que ele odiava minha mãe?

Enviei um e-mail para Butler, pedindo outra vez a ficha do meu pai. "Não me importa o que estiver escrito. Tenho o direito de saber o que ele fez", escrevi.

Naqueles tempos, eu realmente não me importava com o que tivesse feito. Queria apenas conhecê-lo. Leona me criou para ter amor e piedade no coração. Eu tinha perdoado Judy. Tinha certeza de que podia perdoar meu pai.

Butler não respondeu o meu e-mail. Em vez disso, entrou em contato com minha mãe.

— Não vou revelar o que está naquela ficha. Vai parecer que o que ele fez com você não teve importância — disse a ela.

— Como estupro e sequestro podem parecer não ter importância? — perguntei a Judy quando ela me contou sobre a conversa com Butler. — O que pode ser pior que isso? Se é assim tão ruim, tenho o direito de saber.

— Não sei, querido. Isso foi tudo o que ele disse — respondeu Judy.

— Preciso saber o que meu pai fez — falei. — Sou filho dele. Mereço saber.

Judy começou a chorar. — Eu sei. Isso tudo é muito chato. Não queria que nada disso acontecesse.

— Não é culpa sua, mãe. É que essa coisa está me consumindo. Meu pai está em algum lugar por aí e preciso encontrá-lo. Ou pelo menos saber por que não deveria.

— Tudo bem, querido. Vou ligar para Earl Sanders e tentar descobrir exatamente o que seu pai fez.

Alguns dias depois, em 6 de abril de 2004, eu estava fora, comemorando uma vitória com meus colegas de trabalho, quando o telefone tocou. Minha empresa acabara de concluir seu primeiro grande projeto desenvolvido e executado pelos meus funcionários no escritório de Baton Rouge e nos reunimos no Lager's Ale House, na Veterans Boulevard, em Metairie, subúrbio de Nova Orleans. Quando vi o número de minha mãe, eu me afastei de nossa barulhenta mesa e fui ao banheiro para atender.

— Oi, mãe.

— Oi, querido — disse ela. — Tudo bem?

— Tudo. Estou comemorando nosso primeiro grande projeto. Meu chefe veio da Califórnia, estamos fazendo um bom trabalho. Como você está?

— Bem, eu acabei de sair do café onde encontrei Earl. Ele disse que não pode revelar o que seu pai fez. Falou que foi algo tão abominável que acabaria com a gente. Sei que não era isso que você queria ouvir, mas ele implorou para que eu pedisse a você que esquecesse essa coisa toda com seu pai. Foi muito firme quanto a isso.

Dava para ver o quanto ela estava chateada.

— Tudo bem, mãe. Sei que você fez tudo o que podia. Acho que nunca saberemos então. Mas e daí? Ainda temos um ao outro, certo?

— Querido, acho que é melhor a gente deixar isso tudo para lá.

— Acho que você está certa. Além do mais, tenho o melhor presente de todos: você. Isso, para mim, já é o bastante — falei, tentando animá-la.

Por dentro, sentia-me dividido. Havia algo de errado ali. Por que Earl Sanders se importava com o que podia acabar comigo? Nem nos conhecíamos. E por que Harold Butler dissera que o que estava escrito naquela ficha faria o que Van fez a Judy parecer sem importância? Quanto mais eu pensava, menos sentido fazia aquilo tudo.

Desestimulado, resolvi deixar aquilo de lado. Talvez Loyd e Leona estivessem certos. Talvez fosse melhor não saber o que Van fizera. Nos meses que se seguiram, tirei da cabeça qualquer ideia de pesquisar mais sobre meu pai.

45

31 de julho de 2004

Lembro-me daquele dia e da sensação de terror que percorreu minha espinha como se fosse ontem.

Zach e eu passamos a tarde no quintal, fazendo um churrasco com sua carne preferida: costeletas. Depois do jantar, lavamos a louça e fui tomar um banho para tirar o cheiro de carvão do corpo. Quando saí do chuveiro, vi que Zach estava no quarto jogando videogame.

Fui à sala de estar, sentei na poltrona, peguei o controle remoto e zapeei pelos canais da A&E. Eu gostava de assistir a programas sobre crimes reais e vi que estavam transmitindo um especial sobre o assassino do Zodíaco. Na época eu não sabia nada sobre o criminoso e achei que podia ser interessante.

Mas nada que pudesse mudar a vida de alguém.

Aconteceu de um instante para o outro.

O retrato falado do Zodíaco feito pela polícia apareceu na tela.

Fiquei ali sentado transfixado, incapaz de tirar os olhos da imagem na televisão.

As palavras que Sanders dissera a minha mãe começaram a ecoar em minha mente. *As coisas naquela ficha são tão abomináveis que acabariam com você e seu filho...*

— Zach, venha aqui — chamei. — Rápido!

Zach correu para a sala, mas parou de imediato quando olhou para a tela.

— Ei, pai, é você! — exclamou.

Levantei-me da poltrona, fui até o escritório e peguei a foto que imprimi de meu pai, voltando para a sala.

— Não sou eu, Zach — falei, alternando o olhar entre a fotografia e a televisão. — É o meu pai.

Era como se alguém tivesse tirado uma fotografia de Van e colocado num cartaz escrito "Procura-se".

Afundei-me na poltrona, encarando a fotografia e ouvindo sem muita atenção o que dizia o narrador sobre o reinado de terror que o Zodíaco infligira à Califórnia.

Pareceria que o que ele fez com você não teve importância... as palavras de Butler giravam na minha cabeça.

É impossível, disse a mim mesmo. *Meu pai não pode ter feito coisas horríveis como essa. Ele sequestrou Judy. Estuprou uma garota de quatorze anos. Quem sabe do que era capaz?*

Quando o programa terminou, fui ao escritório e procurei pelos retratos falados do Zodíaco na internet, comparando a fotografia do meu pai com os dois rostos no cartaz de "Procura-se", detalhe por detalhe. As semelhanças eram assombrosas.

Estava chateado demais para falar. Então enviei um e-mail para minha mãe. "Acho que descobri o que era assim tão horrível", escrevi. Contei sobre o retrato falado que vira no programa e as imagens que encontrei na internet.

Vinte minutos depois, escrevi hesitante um e-mail para Butler, dizendo a mesma coisa, por mais que soubesse que minha suspeita poderia soar como loucura. — Se eu for a São Francisco, poderíamos tomar um café para falar sobre o assunto?

Butler não respondeu.

Judy mandou um e-mail na manhã seguinte, explicando que fizera algumas pesquisas durante a noite. — Tem muita coisa sobre o Zodíaco — dizia. — Espero que você esteja errado, mas não posso dar uma opinião.

Na semana que se seguiu, minha mãe foi atormentada por pensamentos sobre Van. Lembrava-se do quanto ele podia ser cruel, do quanto gostava de matar animais, de como ela chegava em casa e me encontrava quase sem respirar dentro daquela arca fechada. Alguém que era capaz de fazer aquilo podia perfeitamente matar outra pessoa.

No dia 8 de agosto ela ligou para Butler. — Por favor, me diga o que tem nessa ficha, Harold. A ideia de que o pai dele pode ser o Zodíaco está aborrecendo Gary. Não quero que tenha de viver pensando em algo assim.

— Não se preocupe — disse Butler. — O caso do Zodíaco foi solucionado e encerrado dez anos atrás. O DNA de um cara chamado Arthur Leigh Allen bateu com o do Zodíaco. Diga a Gary para não se preocupar com isso.

— Harold disse que aquele caso foi solucionado — me informou Judy. — Isso é um alívio. Se eu achasse que seu pai fosse o Zodíaco, nunca teria te procurado e te sujeitado a algo assim. Harold não disse mais nada, mas pelo menos não temos mais que nos preocupar com isso.

Eu não tinha assim tanta certeza. Toda a pesquisa que fizera na semana anterior indicava que o Zodíaco jamais fora apanhado. Voltei ao computador para confirmar, procurando detalhes sobre Arthur Leigh Allen. Fiquei chocado com o que encontrei. Allen fora considerado um dos suspeitos do caso do Zodíaco, mas inocentado dois anos antes, quando determinaram que seu DNA não batia com um DNA parcial do Zodíaco extraído do verso de um selo postal. Descobri que a polícia não tinha nem mesmo a certeza de que o DNA pertencia ao Zodíaco — algum funcionário da agência de correio podia muito bem ter colado o selo. De qualquer forma, o caso não fora solucionado.

Butler mentira para minha mãe.

Alguns minutos depois, encontrei um artigo escrito por Tom Voigt na página Zodiackiller.com que afirmava que o caso do Zodíaco fora fechado pelo Departamento de Polícia de São Francisco em 6 de abril de 2004. Quase trinta e cinco anos tinham se passado desde o assassinato de Paul Stine e seu caso permaneceria sem solução.

Oh, meu Deus. Aquele foi o mesmo dia que minha mãe se encontrou com Earl Sanders e que ele suplicou para que ela me fizesse parar de tentar descobrir o que tinha na ficha do DPSF sobre meu pai.

O artigo mencionava que o DPSF estava reestruturando sua divisão de homicídios e pretendia concentrar seus recursos crimes mais recentes. O nome do tenente John Hennessey aparecia como contato para aqueles que pudessem ter novas informações sobre o caso.

Imprimi o artigo e coloquei na minha pasta de trabalho.

A semana seguinte foi dura para mim. Tentei não pensar no meu pai e me concentrar nas coisas boas que eu tinha na vida: Loyd e Leona, Zach, Judy. Não queria pensar no homem que magoou minha mãe. Queria um pouco de normalidade de volta. A ideia de assassinar alguém era tão fora da minha capacidade de compreensão que só de pensar que meu pai pudesse ter feito algo do gênero me embrulhava o estômago.

Mas aquele pensamento inquietante se recusava a ir embora.

Decidi, então, continuar investigando, nem que fosse para provar a mim mesmo que minhas suspeitas eram infundadas. Sabia que não podia confiar em Sanders e Butler, então parti para outro plano.

No dia 17 de agosto, viajei para a Bay Area a trabalho. Depois de me acomodar no hotel, tirei o artigo da pasta e liguei para o número de contato listado. Fui encaminhado para o correio de voz do tenente Hennessey, que indicava que ele estava de férias até o dia 21, ou seja, a segunda-feira seguinte.

Telefonei para Judy no fim de semana e contei o que planejava fazer. Ela se mudara para Tucson, Arizona, e eu odiava não poder mais visitá-la quando ia a São Francisco.

— Não vai mesmo desistir disso, não é? — perguntou.

— Não dá. Desculpe mãe, mas eu preciso saber.

Judy soltou um suspiro. Não era o que tinha em mente quando resolveu procurar o filho. Mas ela não entendia: eu tinha passado a vida inteira me perguntando quem eu era e agora precisava saber a verdade sobre meu pai.

Quando a segunda-feira chegou, fui à luta pensando em como apresentar minha história ao tenente. Não tinha grandes esperanças de que me levasse a sério, mas precisava tentar.

Depois do trabalho, voltei para o hotel e digitei o número outra vez. A secretária de Hennessey me informou que o detetive estava numa reunião.

— Deve sair em uns trinta minutos — disse ela.

Trinta e dois minutos depois, liguei outra vez.

— Tenente Hennessey, Homicídios — disse a voz do outro lado da linha.

Não esperava que Hennessey atendesse ao telefone e fiquei sem palavras por um instante. *O que eu falo agora?*

Limpei a garganta.

— Tenente Hennessey. Meu nome é Gary Stewart, moro em Baton Rouge, na Luisiana.

— Como posso ajudá-lo, Gary? — respondeu o tenente.

— Bem, senhor, eu estava pensando — gaguejei — se o caso do assassino do Zodíaco foi solucionado?

O tenente deu uma risadinha. — Não. Se fosse, eu já teria me aposentado.

—Veja, senhor. Eu tenho uma história, uma situação que se desenvolveu enquanto em buscava minhas raízes familiares. Sabe, eu fui adotado quando era pequeno. Meu pai, meu pai biológico, tinha uma ficha criminal no Departamento de Polícia de São Francisco e um de seus funcionários, Harold Butler, me ajudou a descobrir quem ele era. Mas Harry é um grande amigo de minha mãe biológica e ele disse a ela que o caso do Zodíaco tinha sido resolvido. Minha mãe foi casada com Rotea Gilford e, quando ela ligou para Earl Sanders, ele disse a ela para me aconselhar a deixar tudo isso de lado, pois as coisas escritas naquela ficha nos destruiriam.

Percebi que devia estar soando como um pateta atrapalhado, mas respirei fundo e fui em frente quando o tenente disse: — Continue.

Por vinte minutos, contei sobre os eventos em minha vida que levaram àquele ponto. Hennessey ouviu tudo sem interromper.

Quando terminei, ele disse: —Você poderia escrever um resumo do que me contou e enviar para mim no Palácio de Justiça?

— Sim, posso — respondi, anotando às pressas o endereço no artigo que listava seu número de contato.

—Você tem alguma coisa com a caligrafia do seu pai? — perguntou.

— Não, senhor, mas tenho algo melhor.

— E o que seria?

— DNA — falei.

—Você tem o DNA dele? — perguntou o tenente, incrédulo.

— Não. Tenho o meu.

Hennessey ficou em silêncio por um momento. — Os custos para análise de DNA são absurdos — falou. — É bem provável que a gente não consiga justificar que o seu DNA seja analisado, especialmente com a mudança na administração municipal. Vamos fazer o seguinte: vou ler o que você me mandar e entro em contato em algumas semanas.

— Poderíamos manter isso tudo confidencial? — pedi. — Prefiro que não toque no assunto com Harold Butler ou minha mãe.

— Não tenho a menor ideia do motivo pelo qual Butler disse a sua mãe que o caso do Zodíaco estava resolvido, mas não vou mencionar nada. Conheci Rotea Gilford, mas não sua mãe. Pelo momento, vai ficar entre nós dois.

— Obrigado — agradeci antes de desligar.

Na manhã seguinte, escrevi a carta a Hennessey.

E depois esperei.

Depois de duas semanas sem que ele entrasse em contato comigo, não consegui mais esperar. Liguei para o número de Hennessey.

—Teve tempo de ler minha carta? — perguntei quando o tenente atendeu.

— Sim, Gare — respondeu Hennessey, surpreendendo-me ao usar uma forma abreviada do meu nome.

Perguntei-me se não estaria fazendo pouco de mim.

— Você tem uma história e tanto. Gostaria de me encontrar com você para conversar mais sobre alguns detalhes. Quando vai passar por São Francisco de novo?

— Minha próxima viagem só está marcada para 8 de dezembro, mas isso é importante o bastante para eu embarcar num avião amanhã.

— Não, filho. Não precisa mesmo. Afinal, já faz trinta e cinco anos. O Zodíaco não se manifestou por todo esse tempo. Acho que pode esperar mais um pouquinho — disse Hennessey, rindo.

— Bem, se eu tiver de viajar antes de dezembro, entro em contato com o senhor para saber se tem tempo para nos encontrarmos. O que acha?

— Ótimo, Gare. Tenha uma excelente noite.

— O mesmo para o senhor. O mesmo — falei, sorrindo.

Parecia que ele queria saber mais sobre o meu caso.

46

Em setembro de 2004, Judy me ligou para dizer que finalmente decidira jogar as cinzas de Frank. Seu companheiro de cinco anos sofrera de uma embolia pulmonar no ano anterior e desde o ocorrido ela parecia um pouco perdida. Frank preenchera o vazio depois da morte de Rotea e ela se esforçava para suportar a perda de dois grandes homens num período tão curto.

Eu admirava Frank, em grande parte pelo modo como tratava minha mãe, mas também porque sempre fez o máximo para ser um bom avô para Zach. Sempre que a gente os visitava, Frank levava meu filho a parques de diversão, ao Fisherman's Wharf ou qualquer outro lugar para que Judy e eu tivéssemos um pouco de tempo sozinhos para nos conhecer melhor.

Frank dissera, meio que em tom de brincadeira, que ao morrer gostaria que suas cinzas fossem lançadas do conversível quando Judy estivesse atravessando o Parque Golden Gate. Por mais que o tivéssemos provocado por causa daquele pedido quando ele estava vivo, depois que morreu minha mãe não teve coragem de tomar uma atitude irreverente como aquela.

— Queria fazer isso no dia 30 de outubro — disse ela — no Parque Golden Gate. Era o lugar preferido de Frank.

Eu ri. — Todo lugar era o lugar preferido de Frank — falei.

— Eu sei — concordou Judy —, mas finalmente encontrei o local perfeito. Você pode me encontrar em São Francisco nessa data?

— Claro, mãe. Estarei lá.

Havia um banco em particular na orla do lago Stow onde Frank aconselhara muitas das pessoas que apadrinhara nos Alcoólicos Anônimos, e aquele foi o ponto que Judy escolheu. Uma das coisas que fazia de Frank Velasquez uma pessoa especial era que, como ele gostava de dizer, tinha passado os primeiros vinte e nove anos de sua vida procurando a felicidade numa garrafa e os últimos trinta explicando como o vício fora um desperdício de seus primeiros vinte e nove anos.

Foi para aquele banco que ele levou amigos e parentes e lhes ensinou o caminho da recuperação. Mais importante, ao ensiná-los a lutar contra o vício, Frank também os ensinava a rezar.

Quando terminei de falar com Judy, liguei para o tenente Hennessey na esperança de que conseguisse tempo para me encontrar quando eu estivesse em São Francisco.

— Estarei livre no dia 29 depois do meio-dia — falou.

— Então a gente se vê — respondi.

Cheguei ao aeroporto de Oakland, aluguei um carro e parti para o oeste pela Interestadual 80 rumo a São Francisco. Depois de pagar o pedágio na

Bay Bridge, liguei para o tenente e deixei uma mensagem, dizendo que estava a caminho. O tráfego na Van Ness estava bastante intenso para uma tarde de sexta-feira e levei quase uma hora para percorrer os cinco quilômetros de estrada em construção em volta do Embarcadero. Finalmente, cheguei ao Francisco Bay Inn, na Lombard Street. A rua de pedras vermelhas se vangloria do título de rua mais íngreme e sinuosa do mundo, com suas oito curvas acentuadas, e é enfeitada por canteiros floridos e casas singulares.

Aliviado por finalmente chegar ao hotel, joguei um pouco de água no rosto, vesti um paletó e calças jeans e parti para o Palácio de Justiça. Em pouco tempo cheguei ao número 850 da Bryant Street, estacionei o carro e subi pelas escadarias do imenso edifício.

Pisos caros de mármore italiano me deram as boas-vindas na entrada: não era o que normalmente as pessoas esperavam de uma delegacia de polícia. As paredes, antes brancas, agora eram de um bege amarronzado, numa tentativa da cidade de cobrir as manchas amareladas causadas por anos de exposição à nicotina dos oficiais que trabalhavam noite adentro. *Se essas paredes falassem*, pensei ao retirar o relógio e colocar o telefone celular na cesta antes de passar pelo detector de metais. Das fotografias de cenas de crime ensanguentadas às pequenas vitórias de uma pista que ajudou a solucionar um caso, ao luto por aqueles que caíram em batalhas e a escândalos internos que enfraqueceram a fé, as paredes grandiosas e velhas testemunharam tudo em silêncio.

Achei os elevadores e apertei o botão do quarto andar. Quando a porta abriu, entrei por um longo corredor. O primeiro escritório à direita tinha uma placa: HOMICÍDIOS 450. Sentindo-me surpreendentemente calmo, abri a porta e entrei.

Da recepção vi um homem em seus cinquenta e poucos anos diante de uma mesa em seu escritório, falando ao telefone e remexendo numa pilha de papéis. O homem levantou o olhar, sorriu e acenou. Uma mulher que achei ser a recepcionista chegou à área de espera. — Posso ajudá-lo? — perguntou.

— Estou procurando pelo tenente Hennessey — respondi.

Ela se dirigiu ao escritório aberto e o homem atrás da mesa cobriu o telefone com a mão. — Pode me dar cinco minutos? Já falo com você.

Fiz que sim com a cabeça e voltei para o corredor.

As paredes eram cobertas de fotografias de policiais na ativa. Examinei uma por uma na esperança de encontrar Rotea, mas não o vi.

Meia hora depois, Hennessey finalmente apareceu e estendeu a mão. — Me desculpe — disse ele.

Segui-o até o escritório e sentei. Ele ficou me olhando por um momento, examinando minhas feições, e pude perceber quando seu rosto empalideceu visivelmente. Identificara minha semelhança com o retrato falado.

— Tudo bem. Tenho todo o tempo do mundo — tranquilizei-o. Por algum motivo, não tinha percebido que Hennessey era o chefe da divisão de homicídios. Pensei que fosse apenas outro detetive trabalhando no caso do Zodíaco, como Dave Toschi, sobre quem eu tinha lido bastante nos últimos tempos.

Toschi se tornara uma celebridade tão notória que um filme intitulado *Bullitt*, cujo personagem principal era inspirado no detetive, foi produzido em 1968. Steve McQueen interpretava o papel do tenente Frank Bullitt, que carregava um coldre de cabeça para baixo no ombro esquerdo para sua arma principal, uma marca registrada de Toschi. Em 1971, o filme *Perseguidor implacável*, também baseado de maneira geral no caso do Zodíaco, foi lançado nos cinemas; para muitos, Toschi foi a inspiração para o personagem principal interpretado por Clint Eastwood, o inspetor Harry Callahan. No início dos anos 1970, Toschi era tão famoso que lhe pediram para dar uma segunda olhada nos assassinatos de John F. Kennedy e Martin Luther King. Ele declinou o pedido, alegando que isso tiraria sua concentração do caso do Zodíaco, justamente aquele que o colocou nos holofotes.

Outros detetives se perguntavam como a imprensa chegava à cena do crime antes deles. E sempre nos casos em que Toschi trabalhava. Não levou muito tempo para descobrirem. Enquanto Toschi cuidava da imprensa, seu parceiro, Bill Armstrong, trabalhava na cena do crime. À medida que o caso foi esfriando depois que o Zodíaco parou de escrever cartas em 1974, os momentos de Toschi diante das câmeras se tornaram mais escassos.

Em 24 de abril de 1978, alguém enviou uma carta ao *San Francisco Chronicle* com a assinatura do Zodíaco. A carta trazia mais selos do que o necessário, o que era uma marca do assassino. Ela dizia:

Caro Editor

Aqui fala o Zodíaco. Estou de volta com vocês. Diga a herb caen que estou aqui, sempre estive. Aquele porco do toschi é bom mas sou mais esperto e melhor ele vai cansar e me deixar em paz. Estou esperando por um bom filme sobre mim. Quem vai fazer meu papel. Estou agora no controle de tudo.

Sinceramente:

⊕ — adivinhem

DPSF — 0

Sherwood Morrill, especialista em caligrafia que examinara toda a correspondência do Zodíaco, logo descartou a legitimidade da carta. No dia 17 de julho de 1978, uma segunda-feira, o inspetor Toschi foi transferido à divisão de roubos sob a alegação de que enviara a carta numa tentativa fracassada de reacender a cobertura da imprensa sobre o caso do Zodíaco, embora tais acusações jamais tenham sido provadas e Toschi tenha negado com veemência qualquer tipo de envolvimento.

Fiquei pensando em quantas vezes Toschi não tinha se sentado naquela mesma cadeira para examinar fotos e testemunhos sobre o assassino que nunca conseguiria capturar. Enquanto esperava Hennessey se ajeitar, passei o olho pelo escritório. As paredes estavam cheias de fotografias em preto e branco, retratando seus trinta e cinco anos na polícia.

Até que finalmente pegou papel e caneta, e disse: — Vamos lá, Gare. A carta que você me mandou está por aqui em algum lugar, mas vamos começar do início. O que te faz pensar que seu pai seria o Z? Ele não falava com sarcasmo, mas dava para ver que não era a primeira vez que dizia aquelas palavras. Seu sorriso, porém, era gentil e amigável, e então não senti ofendido.

— Veja, senhor, é assim — comecei, repetindo o que já contara antes enquanto ele fazia algumas anotações.

Lembrei a Hennessey que minha mãe fora casada com Rotea e pedira ajuda a Harold Butler, da Corregedoria, e do ex-chefe de polícia Earl Sanders.

— Butler se recusou a compartilhar comigo a informação na ficha do meu pai, mas deixou a entender que havia ali algo muito pior do que eu sabia. Ele disse a minha mãe que o caso do Zodíaco fora solucionado — falei.

— Sanders disse que as coisas descritas naquela ficha eram tão terríveis que acabariam comigo e com minha mãe e implorou a ela para que me fizesse desistir da investigação. Não consigo entender.

— Veja, esse departamento foi tomado ao longo dos anos por escândalos varridos para debaixo do tapete por motivações políticas. É mais ou menos assim: se o seu filho vai à escola com o filho de outro alguém, você tem um acordo, uma espécie de laço de fraternidade, para se livrar de qualquer coisa.

— Parece muito com Baton Rouge, senhor. As relações políticas no sul da Luisiana são conhecidas mundialmente como as mais obscuras de todas — falei, sorrindo.

— Você suspeita que haja algum tipo de acobertamento em relação ao que Harry disse? — perguntou o tenente.

— Por que mais o chefe Sanders e Harold Butler fariam todo esse esforço para que eu e minha mãe não soubéssemos da verdade? Estão tentando proteger a reputação do grande Rotea Gilford? Não sei, mas imagine se descobrissem que Judy Gilford, viúva de Rotea Gilford, o primeiro investigador afro-americano do Departamento de Polícia de São Francisco e uma figura política notória, fosse antes casada com o assassino do Zodíaco?

Hennessey refletiu sobre a questão por um instante.

— Você tem algum artigo ou bem pessoal do seu pai que possa conter o DNA dele, uma escova de cabelo, por exemplo? — perguntou.

Em 2002, a polícia recolheu DNA que poderia pertencer ao Zodíaco. Não tinham os treze marcadores do perfil completo, mas conseguiram quatro marcadores e o indicador de gênero XY.

— Talvez o senhor possa ligar para o FBI e pedir minha ficha. Dois anos atrás, em Baton Rouge, a polícia estava à procura de um assassino em série que atacava mulheres jovens. Algumas testemunhas viram um homem branco numa caminhonete branca em algumas das cenas dos crimes. A polícia recolheu amostras de milhares de homens na área que eram donos de caminhonetes brancas. Eu era um deles. Devem ter meu DNA.

— E pegaram esse cara, o assassino?

— Sim, senhor — afirmei. — O nome dele era Derrick Todd Lee.

O tenente colocou a caneta no bolso da camisa e afastou a cadeira da mesa. — Então não adianta para nós. Seu DNA vai ficar preso na corte de apelação pelos próximos dez ou quinze anos. Nunca vamos colocar as mãos nele. Você teria algo escrito pelo seu pai, alguma coisa com a caligrafia dele?

— Não, senhor. Acho que não — falei.

Hennessey ficou me olhando por mais um instante e então disse: — Ah, quer saber? Pegou o telefone e enquanto discava perguntou: — Você tem mais alguns minutos ou precisa fazer alguma coisa?

— Tenho tempo.

Hennessey falou com alguém e então desligou. — Um perito forense estará aqui em menos de uma hora — falou.

Nos trinta minutos seguintes, eu e o tenente nos conhecemos melhor. Durante a conversa, tive a sensação de que ele percebeu que eu realmente queria saber mais sobre meu pai e não era um mero fanático pelo Zodíaco. Por outro lado, ele já tinha passado por isso, ouvindo histórias de pessoas que acreditavam mesmo ter algum tipo de ligação familiar com o Zodíaco. Ele conduziu discretamente a conversa de volta a esse tema.

— Sabe, o único suspeito que o DPSF divulgou foi um camarada em Vallejo chamado Arthur Leigh Allen. Ele morreu há uns dez anos, mas acompanhamos seus passos por anos. Chegamos a emitir um mandado de busca uma vez e confiscamos alguns artigos da casa dele, mas não encontramos nenhuma arma soltando fumaça. Na verdade, quando ele morreu, pedimos ao legista para armazenar parte de seu material encefálico para investigações posteriores e em 2002 fizemos uma análise de DNA para comparar ao do assassino do Zodíaco.

— Li sobre ele — falei. — Lembro-me de ver num registro policial na internet e em algum outro lugar que a polícia chegou a olhar algumas cartas criptografadas que Allen disse ter recebido de algum louco em Atascadero. Dizia que o homem alegava ser o Zodíaco. Estou dizendo, tenente, tenho certeza de que o senhor vai descobrir que meu pai passou um tempo em Atascadero quando ler sua ficha.

Hennessey pareceu um pouco surpreso, mas tirou a caneta do bolso da camisa e anotou mais essa observação. Antes que conseguisse guardar a caneta, o telefone tocou.

— Pode trazer um kit de DNA aqui? — falou.

Poucos minutos depois apareceu um policial. O som de suas algemas antecipara sua chegada. Tinha um metro e oitenta, era magro e grisalho, mas ainda assim era um homem bonito, com feições irlandesas marcantes.

— Antes de qualquer coisa, ele não fez nada de errado. Então estamos seguros — brincou Hennessey quando o homem se aproximou de mim.

— Então o que estamos fazendo aqui? — perguntou o perito com seu sotaque distinto.

— Bem, veja, o Gary aqui está oferecendo voluntariamente uma mostra do seu DNA — disse Hennessey.

— Para quê? — insistiu o perito. Aquilo era bem incomum e ele não trataria o assunto com descaso. — Tem um número ligado ao caso dele?

Hennessey não queria dizer que era para o caso 696314, o tal caso do Zodíaco, oficialmente fechado na época. Mas a análise do meu DNA custaria ao departamento cerca de mil e quinhentos dólares, e o laboratório forense precisava do número do caso para justificar a despesa.

—Vem comigo — disse Hennessey ao homem, tirando ele do escritório. Voltaram alguns minutos depois.

— Temos um número para o caso — disse Hennessey, visivelmente contente.

— Só precisamos dos seus dados aqui e da sua assinatura aqui declarando que oferece voluntariamente uma amostra de seus fluidos corporais para um exame de DNA — disse o perito, apontando para os lugares no formulário onde eu precisava assinar.

Preenchi as informações e assinei sem sequer ler, animado por ver que Hennessey parecia acreditar em mim o suficiente para gastar o dinheiro naquele exame caro de DNA.

O perito vestiu suas luvas de látex e tirou um kit de amostra bucal do bolso da camisa. — Abra a boca — instruiu.

Passou um cotonete na parte interna da minha bochecha duas vezes e guardou os dois cotonetes num saco plástico. Selou, agradeceu-me e foi embora.

—Vamos precisar de paciência — disse Hennessey. —Temos uma longa fila de amostras esperando para serem analisadas devido à falta de fundos e ao surgimento de uma série de novos crimes.

— Entendo — falei, levantando e apertando a mão do tenente.

—Vou falar com Butler e tentar dar uma olhada na ficha do seu pai — prometeu Hennessey.

— Muito obrigado por ouvir minha história.

— Se não acreditasse em você e no que me contou, eu não teria recolhido uma amostra do seu DNA — garantiu Hennessey. —Vamos até o fundo com isso. Espero, para o seu bem, que seu pai não seja o Zodíaco.

— Eu também, senhor.

No dia seguinte, sentei num banco no parque com Judy e segurei sua mão enquanto nos despedíamos de Frank e víamos o vento levá-lo para longe.

47

Quando voltei para Baton Rouge, sentia-me bastante aliviado. Hennessey deu a impressão de que realmente queria ir até o fim com aquilo. Eu esperava descobrir onde meu pai estava e o que tinha feito. Agora era uma questão de tempo. Saberia toda a verdade e teria de lidar com ela, fosse qual fosse.

Hennessey pediu que entrasse em contato com ele em três semanas. Eu tinha uma série de reuniões marcadas em Tarpon Springs, na Flórida, no dia 23 de novembro. Depois de um dia agitado, liguei para o escritório de Hennessey no caminho para o aeroporto internacional de Tampa. Mantendo a palavra, ele cumpriu a promessa de me ajudar.

— Estou atolado agora, mas tenho novidades para você — falou. — Estávamos esperando uma moça para chefiar nosso laboratório criminal e ela acabou de assumir o posto. Lembra-se de Cydne Holt, a garota sobre quem falei que nos ajudaria com o DNA?

— Sim, senhor. Lembro.

— Bem, ela está no posto mais alto da área criminalística agora e isso é bom, pois vai trabalhar comigo. Nós seguramos seu DNA de propósito à espera desse anúncio e agora está tudo certo. Ela está de férias esta semana por causa da Ação de Graças, mas volta na semana que vem e então poderemos dar início ao seu exame.

Eu sabia que a Dra. Holt tinha identificado o único DNA parcial disponível do Zodíaco. Então aquela era uma boa notícia.

— Isso é ótimo, senhor. E quanto à ficha do meu pai? Conseguiu dar uma olhada nela?

— Sabe, estou zangado com Butler — disse Hennessey. — Harold trabalhou para mim por anos. Quando perguntei pela ficha do seu pai, mesmo com ela em cima da mesa, ele se recusou a deixar que eu a visse. Não permitiu nem que tocasse nela. Aquele não era o Harold Butler que conheço há mais de vinte anos. Saí furioso do escritório dele.

Fiquei arrepiado com aquelas palavras.

— Tive que consultar o CLETS[14] para chegar à ficha criminal do seu pai. Os registros originais foram destruídos anos atrás, mas tem algumas coisas ali... pedofilia e mais. O FBI também tem registros sobre o seu pai, mas não estou com eles agora.

Hennessey parecia estar escolhendo as palavras com cuidado.

— E, como você suspeitava — continuou —, seu pai foi confinado numa instituição para criminosos insanos para receber avaliação psicológica e tratamento. Em Atascadero, bem como você falou. Mas, Gary, tem muita prova circunstancial aqui e precisamos ir direto ao ponto de uma vez por todas. Vamos fazer o exame do seu DNA e ver o que nos diz o resultado. Assim poderemos ter certeza.

Ainda tentando absorver as palavras do tenente, agradeci e disse que voltaria a São Francisco dentro de algumas semanas.

— A gente pode se encontrar quando você estiver aqui e falar sobre as outras informações e o exame de DNA — prometeu Hennessey.

— Tenente, não tenho palavras para dizer o quanto agradeço pela sua ajuda.

[14] N. do T.: Sistema de Telecomunicações das Agências Policiais da Califórnia.

— O prazer é todo meu, Gare. Quero que encontre as respostas que procura e lide com elas para poder seguir em frente com a sua vida. Tudo que eu puder fazer para ajudar é apenas parte do meu trabalho.

— Desejo a você e a sua família um excelente Dia de Ação de Graças — falei. — Vejo você em dezembro.

Não consegui dormir aquela noite. Fiquei virando de um lado para o outro e minha mente girava com uma série de perguntas que eu não sabia responder. E se o DNA batesse? E se Earl Van Best Jr. fosse mesmo o Zodíaco? Como alguém pode lidar com o fato de ter um pai que foi um dos assassinos em série mais infames da história americana? Como Zach e Judy se sentiriam? Como eu poderia viver sabendo disso? Será que eu me deixaria afetar por toda essa história? E se meu pai ainda estivesse por aí? O que aconteceria quando eu o encontrasse? Como ele reagiria? A ideia era inquietante, mas decidi não permitir que me impedisse de descobrir a verdade.

O tenente Hennessey parecia feliz de me ver quando entrei na sala 450 em 9 de dezembro. Acenou quando fui sentar numa cadeira perto da mesa da recepção.

— Não sente aí. Venha cá — falou, levantando para apertar minha mão. — Queria agradecer pelo pacote que você mandou. Não precisava.

Na semana antes da Ação de Graças, enviei ao tenente um pacote com acepipes *cajun* do Extremo Sul. Ele e a mulher vinham cuidando do pai, que se achava em estado terminal, todo dia após o trabalho, e achei que seria um gesto de consideração.

— Achei que gostariam de alguns produtos típicos da Luisiana.

Hennessey sorriu e então foi direto ao ponto. — Como falei pelo telefone, Cydne Holt assumiu o cargo mais alto no laboratório de criminalística e está completamente atolada de trabalho com casos atuais. Eles estão com uma fila de três anos envolvendo crimes mais recentes e urgentes. De certa forma sinto por ela estar começando assim, já precisando correr para fazer seu trabalho em tempo. Então não tive coragem de pedir que examinasse seu DNA. Especialmente neste momento. Ela começou tem só duas semanas e ainda há toda essa comoção nacional em torno do caso do estrangulador BTK.[15]

[15] N. do T.: sigla para Bind. Torture. Kill, que significa Amarrar. Torturar. Matar.

Hennessey levantou-se da cadeira e foi até a secretária eletrônica que ficava em sua estante de livros. — Ouça isso — falou, apertando o botão do *play*.

"Estou ligando para revelar a identidade do estrangulador BTK. O nome dele é _________. Ele mora no número 129 da rua _______________ em Wichita, Kansas. Ele também é o assassino do Zodíaco. Repito, ele se chama _______________ e mora no número 129 da rua _________________ em Wichita, Kansas. Ele é o estrangulador BTK e o assassino do Zodíaco. Cortou a cabeça da faxineira e guardou no freezer. Obrigado."

Hennessey sentou com um sorriso no rosto. — Entende agora por que decidi não falar ainda com Cydne sobre o seu caso? Não quero levar um *não* logo de cara e com todo o alvoroço em torno do julgamento de Scott Peterson, que está quase para receber a sentença, e agora esse estrangulador BTK, meu instinto diz para esperar mais um pouco.

— Faz sentido — falei, tendo de esconder minha decepção. — E quando acha que consegue fazer? Talvez depois dos feriados?

— Acho que no início do ano as coisas vão se acalmar um pouco e ela já vai estar mais à vontade com o novo trabalho. Esse provavelmente será o melhor momento para falar com ela. De qualquer forma, será feito. Temos de fazer isso por você, mas também porque parece uma forma de acobertamento. Sempre pareceu. Mas agora, com as informações que você trouxe sobre Rotea e Butler, é algo que precisamos fazer.

— Está preparado, tenente? Digo, já pensou em como será quando o senhor anunciar que solucionou o caso do Zodíaco?

Hennessey esfregou a testa. — Meu Deus. A imprensa vai ficar louca. Acho que não dá para se preparar para esse tipo de coisa. Não sei se estou pronto para isso agora — falou, sorrindo. — A propósito, estou com as informações sobre o seu pai que encontrei no CLETS, se quiser dar uma olhada.

Meu coração acelerou. — Claro.

Mexendo nos documentos sobre a mesa, o tenente encontrou uma pilha de papéis. Era a ficha criminal do meu pai. — Não consegui o arquivo original do DPSF, pois Butler se recusou a me dar — prosseguiu Hennessey, me passando os papéis. — Então dei outro jeito.

Senti um calafrio percorrer minha espinha quando vi a primeira página. No canto superior direito havia duas fotos. Uma era igual à que Harold Butler me deu, vinda do Departamento de Veículos Motorizados, e a outra era uma foto de quando ele foi fichado ao ser detido pela polícia de São Francisco no caso 175639, em 22 de fevereiro de 1962, um ano antes do meu nascimento.

Quando vi as fotos, percebi que o retrato que Butler me deu não vinha do Departamento de Veículos Motorizados.

Era a fotografia de quando meu pai foi preso.

O crime: G11284Sec. 261.1 do Código Penal da Califórnia. "Estupro, atos ocorridos quando a mulher é menor de dezoito anos de idade."

O tenente deixou que eu pegasse a pilha de papéis da sua mão e se inclinou para a frente, observando em silêncio enquanto eu absorvia as informações contidas na ficha. Hennessey percebeu que meus olhos começaram a marejar.

Virando a página, vi as impressões digitais do meu pai, ao lado de sua assinatura na ficha de registro. O endereço listado era Haight Street, 765. Parei ali por um instante. Butler me fizera acreditar que aquele fora o endereço do meu pai de meados ao fim dos anos 1960, não em 1962.

O segundo choque foi descobrir que meu pai tinha olhos azuis. Olhando para a fotografia em branco e preto — que Butler me deu, pensei que fossem castanhos. Fiquei perplexo ao saber que tinha herdado os olhos de meu pai.

Fui passando pelas páginas: estupro, sequestro de menor, instigar uma menor a deixar o lar, fuga, falsificação de documentos, fraude financeira, conspiração criminosa, fraude financeira, direção alcoolizada, direção alcoolizada, direção alcoolizada.

Pude imaginar a vida de meu pai com clareza por meio de sua sucessão de crimes.

Hennessey me mostrou onde estava escrito que Van fora condenado a passar um tempo no Hospital Estadual de Atascadero.

Quase todos os crimes possíveis estavam naquelas páginas.

Menos homicídio.

— Fiz uma cópia para você — disse o tenente quando me levantei para ir embora. Precisava digerir aquilo tudo. — Pode levar, mas, por favor, não mostre para mais ninguém. Eu não deveria estar fazendo isso.

Li e reli no voo de volta para casa, à procura de pistas, memorizando a sucessão de eventos. Quando cheguei a Baton Rouge, comparei os períodos em que meu pai esteve na cadeia aos assassinatos do Zodíaco. Van estava solto durante todos os assassinatos.

Fiquei imaginando o que poderia levar um homem a fazer o que meu pai fizera. Ver aquilo no papel tornava tudo mais real. Pensei no que Judy devia ter passado. Não me surpreendo que ela não quisesse mais se lembrar dele.

À noite, deitado na cama, lutava comigo mesmo. Aquele homem era meu pai. Loyd e Leona me educaram para acreditar que a família estava acima de tudo, não importa o que acontecesse. Por mais que soubesse da possibilidade de meu pai ser o Zodíaco, não consegui suprimir o pouco de compaixão que sentia por ele. Devia ser um homem bastante perturbado. Tentei imaginar o que o fizera seguir aquela vida de crimes. O que lhe deu em mente para sequestrar uma menina de quatorze anos e casar com ela?

Judy contou que meu pai me dera a uma igreja, o que devia significar que ele se importava ao menos um pouco comigo. Tinha me levado a um lugar seguro, onde sabia que encontrariam um lar para mim. Mas por quê? Por que meu pai quis se livrar de mim? O que aconteceu para fazer com que Van se rendesse a uma vida criminosa?

E o que mais Butler e Sanders sabiam e eu não? Hennessey me disse que Butler se recusou a deixar que ele visse a ficha criminal de meu pai. Por quê?

Presumi que tivesse algo a ver com Rotea.

Fiquei ainda mais determinado a descobrir.

48

No início de fevereiro de 2005, recebi um e-mail inesperado de Linda Woods, uma das mulheres do grupo de busca de pessoas adotadas que ajudara Judy a me encontrar. Perguntava se eu podia encontrá-la em Nova Orleans, pois tinha alguns registros da minha adoção que queria me dar.

— Que bom te conhecer — disse ela, levantando-se para me dar um abraço quando entrei em seu escritório alguns dias depois. —Você é um dos casos de sucesso. Como está sua mãe?

— Está bem — respondi.

Conversamos por alguns minutos e então ela me deu uma pasta de papel com os arquivos da correspondência que recebera de Judy três anos antes.

— Faz quase três anos que sua mãe te encontrou e agora me sinto à vontade para te dar isso. Não sei se você sabe, mas alguém deu à sua mãe informações sobre seu arquivo confidencial e se meteu em encrenca por isso. Mas agora, que está tudo acabado, achei que estava na hora de passar o restante das informações sobre você.

Esperava que fosse minha certidão de nascimento. Eu vinha brigando com o Estado da Luisiana para conseguir a liberação dos meus registros de adoção, de modo que pudesse ter minha certidão de nascimento, sem sucesso.

Fiquei decepcionado ao não encontrá-la na pasta.

Ali estava, porém, meu decreto de adoção original, assinado pelo juiz Sartain, concedendo minha guarda a Harry Loyd e Leona Stewart. No documento, meu nome foi alterado legalmente de Earl Van Dorne Best para Gary Loyd Stewart.

Estava tudo ali, preto no branco.

Meu nome completo. Judy me dissera que eu tinha o mesmo nome de meu pai, mas não mencionou o sobrenome Dorne. Fiquei imaginando o motivo pelo qual ele fora acrescentado.

Sorri ao esquadrinhar o resto do conteúdo da pasta.

Uma carta em particular me chamou a atenção quando reconheci a caligrafia de Judy. Nela, dizia achar que "sua história sobre a história de seu filho certamente seria digna de aparecer nos jornais". Ela escrevera a carta num encontro do grupo de busca de adotados da Search Finders da Califórnia quando alguém a aconselhou a pesquisar os obituários para descobrir se o filho ainda estava vivo.[16] Judy dizia na carta que achava que um artigo sobre

[16] N. do T.: O Search Finders da Califórnia é uma organização sem fins lucrativos que ajuda as pessoas a procurar por familiares adultos que foram adotados e por pais biológicos.

encontrar "uma criança abandonada, como Van abandonara seu filho em Baton Rouge", merecia estar na capa de algum jornal.

Fiquei olhando para a carta, lendo e relendo para ter certeza de que tinha entendido direito.

Abandonado?

Judy nunca disse que eu fora abandonado. Segundo contou, meu pai me entregara a uma igreja.

Digno de aparecer no jornal?

O que tinha de notório na minha história? Crianças são adotadas todos os dias.

A carta, escrita um ano antes que ela me encontrasse, também continha o nome completo do meu pai. Judy me disse que lembrava apenas que meu pai se chamava "Van", por mais que eu tivesse pedido inúmeras vezes que tentasse recordar seu nome completo.

Ela mentira para mim.

O que diabos estava acontecendo?

Será que minha mãe tinha mentido sobre tudo para mim?

Foi então que me toquei que *era claro* que ela sabia o nome completo do meu pai. Como, então, Butler poderia localizá-lo?

No dia 6 de fevereiro, fui ao encontro das duas pessoas no mundo com quem eu sempre soube que podia contar: Loyd e Leona.

— Vocês acham que é possível que uma mulher esqueça que teve um filho? — perguntei a Leona. — Judy me disse isso uma vez.

— Não sei dizer. Sei que esquecemos as dores do parto, mas não vejo como alguém possa esquecer que teve um filho.

— Foi o que pensei — disse eu a Leona.

— Mas você precisa tentar entender pelo que ela estava passando na época — Leona acrescentou de imediato. — Ela era uma menina traumatizada, uma criança, na verdade, que vivia num ambiente de abusos. Talvez se esquecer de tudo fosse a única maneira que tivesse para lidar com o trauma pelo qual passou.

Loyd concordou. — Ouça o que sua mãe diz. Conceda a ela o benefício da dúvida. Ela passou por maus bocados.

— Mas ela se lembra das coisas — falei, contando a eles o que descobri.

— Talvez ela não tivesse coragem de contar a você — disse Leona. — Era uma situação dolorosa. Pode ter achado que você ficaria magoado.

— Eu *estou* magoado — falei. — Seria melhor saber logo de início do que descobrir dessa maneira.

— O que você pretende fazer? — perguntou Loyd.

— Vou descobrir o que aconteceu de verdade.

Saí e fui à Biblioteca Paroquial de East Baton Rouge para tentar encontrar a história "digna de jornais". Com base nas únicas informações que tinha — minha data de nascimento e a de adoção — sabia que o que quer que tivesse acontecido teria de ser entre fevereiro e maio de 1963.

Na época, Baton Rouge tinha dois jornais: o *Morning Advocate* e, à noite, o *State Times*. Comecei a pesquisar os artigos de jornal datados de 12 de fevereiro de 1963 e fui avançando. Esperava encontrar um artigo, algum texto simples, sobre um bebê e uma igreja, perdido em algum lugar no meio de um daqueles jornais.

O que encontrei no *Morning Advocate* acabou comigo — uma fotografia de um bebê nos braços de um agente de polícia de Baton Rouge. A manchete, datada de 16 de março, dizia: CRIANÇA ABANDONADA É LEVADA A HOSPITAL PARA OBSERVAÇÃO.

Mal consegui respirar quando vi minha foto estampada na capa do jornal. A legenda da foto dizia: MENINO ABANDONADO — a Sra. Essie Bruce, da Divisão Juvenil municipal, segura um menino louro de olhos azuis encontrado abandonado na escadaria de um prédio de apartamentos em North Boulevard. A polícia está tentando encontrar um novo lar para o bebê e determinar a identidade dos pais.

Fiquei olhando para o artigo sem conseguir acreditar. Não havia qualquer menção a uma igreja. Fui encontrado por acaso por uma senhora chamada Mary Bonnette na escada de seu prédio.

Perplexo, busquei mais informações e encontrei uma manchete de 19 de abril que dizia: "Adolescente pode ser a mãe do bebê abandonado". O artigo revelava que uma menina de quinze anos fora recolhida por vadiagem em Nova Orleans e podia ser a mãe da criança abandonada. Um artigo de 20 de abril dizia: "Preso pai da criança abandonada aqui". Falava que Earl Van Best Jr., 28 anos, de São Francisco, fora preso por abandonar o filho de dois meses em Baton Rouge.

Notei que o jornal havia se equivocado. Eu não tinha dois meses. Tinha apenas quatro semanas quando meu pai me abandonou.

Levantei lentamente de trás da máquina de microfilme, recolhi os artigos que imprimi e fui até minha caminhonete. Entrei, liguei o motor e parti na direção do centro de Baton Rouge. Eu conhecia bem North Boulevard. Passara diversas vezes por aquela rua.

Eu não tinha sido deixado num lugar seguro por pessoas que me amavam, mas não podiam cuidar de mim. Fui largado como lixo, deixado para que alguém me encontrasse ou não.

Uma sensação intensa de rejeição tomou conta de mim enquanto eu procurava pelo endereço descrito no jornal: o número 736.

Cheguei ao local em poucos minutos. Bem do outro lado da rua ficava uma igreja anglicana, quase escondida pelas folhas de musgo espanhol que desciam dos galhos das árvores de carvalho que a encobriam. Estacionei o carro e saí.

Olhando ao meu redor, fui até os fundos do prédio e entrei num estacionamento onde havia um pátio, refazendo os passos de meu pai muitos anos antes. Dei uma espiada ali dentro, na esperança de ver a escadaria que levava ao apartamento de número 8. O jornal afirmava que fora naquele lugar que me encontraram.

Parado ali, eu me dei conta de que a última vez que vi meu pai foi naquele ponto. Com lágrimas descendo pelo rosto, dei meia-volta e me encaminhei a North Boulevard, atravessando na direção da Primeira Igreja Presbiteriana. A velha construção estava ali exatamente como estivera em 1963, quando meu pai passou por ela.

Talvez ele tenha tentado me deixar nessa igreja, pensei, na tentativa de aplacar a dor que sentia. Talvez as portas da igreja estivessem trancadas. Talvez o padre já tivesse ido para casa.

Parei na escadaria da igreja, tentando me convencer de que aquele era o plano que meu pai tinha em mente. Algo saíra errado e ele não teve outra opção que não me deixar naquele prédio de apartamentos.

De certa forma, reconfortado, voltei ao carro. Já estava escuro para ver qualquer outra coisa.

Quando cheguei em casa, não sabia o que sentir: raiva, humilhação, traição, mágoa.

Judy prometeu que seria sempre honesta comigo e mentira.

Sobre tantas coisas.

Os dias que se seguiram foram difíceis. Passei a me sentir abandonado mais uma vez. Lembrei-me de quando Loyd e minha irmã Cindy me levaram para minha primeira ida ao salão de barbeiro. Cindy percebeu uma cicatriz na minha cabeça quando o barbeiro cortou meu cabelo curto demais. Loyd e Leona não se lembravam de nenhuma queda ou machucado que pudesse ter deixado aquela cicatriz. Um médico me disse que meu nariz já tinha sido quebrado, mas Loyd e Leona disseram que aquilo também nunca acontecera. Agora eu me perguntava se realmente era assim.

Li os artigos outra vez e me dei conta de que meu pai fora preso. Na manhã seguinte, fui à sede da polícia de Baton Rouge e preenchi o formulário para conseguir uma cópia do registro policial sobre o incidente.

Quando a funcionária perguntou meu nome, respondi: — Earl Van Dorne Best. — Achei que usar aquele nome me proporcionaria uma chance maior de conseguir o registro. Pela primeira vez na vida, assinei meu nome de nascença num pedaço de papel. Levou cerca de uma hora, mas a funcionária, Regina, finalmente apareceu com o registro. Os nomes tinham sido ocultados. Então pedi a ela uma cópia sem as omissões. — São informações sigilosas — respondeu.

— Mas estes documentos falam de mim — insisti. — Não tem nada que possa ser feito?

— Vou tentar — respondeu ela.

No Dia dos Namorados, fui até Nova Orleans na esperança de conseguir duas coisas: os registros policiais da prisão de Van e qualquer artigo que pudesse encontrar no *Times-Picayune*. Fui informado na véspera de que as fichas criminais daquela época estavam disponíveis em microfilme na biblioteca.

Não conversei com Judy sobre nada disso. Ainda estava muito zangado e chateado.

Nos registros policiais, finalmente descobri a história completa. Li que Judy fugira com meu pai para Nova Orleans e dera à luz no Southern Baptist Hospital.

— Earl não suportava ficar perto do bebê — disse ela em sua declaração policial. — Não tinha comida em casa e o bebê precisava de leite. Então comecei a trabalhar num bar. Estávamos em meados de março e, quando eu voltava do trabalho para casa, normalmente encontrava o bebê dentro da arca com a tampa fechada. Perguntava a Earl por que ele fazia aquilo e ele respondia que estava cansado de ouvir aquele choro.

Não consegui ler mais.

Imprimi o registro, saí e vomitei.

49

Respirando fundo, digitei o endereço de e-mail de Judy no computador. Primeiro, mandei o registro policial. Depois, um artigo do *Times-Picayune*, datado de 20 de abril de 1963, que dizia que meu pai fora preso e confessara ter abandonado o filho. O texto dizia ainda que Judy fora detida por vadiagem e que se encontrava encarcerada pela negligência criminosa do filho.

— Gostaria apenas de saber por que você disse que tinha ido embora quando ele voltou de Baton Rouge sem mim. Você ficou com ele por mais de um mês depois que eu fui abandonado. Queria apenas saber a verdade, chega de mentiras — escrevi. Antes que tivesse tempo de mudar de ideia, apertei o botão de "enviar".

Naquela mesma noite enviei o último registro de prisão. — Espero que consiga lembrar melhor agora — foi tudo o que escrevi. Ela respondeu na manhã seguinte.

> Fico muito triste por você pensar que estou mentindo para você. Por que eu faria isso, Gary? Não me dei todo aquele trabalho de te encontrar para estragar sua vida, Gary. Por favor acredite.
>
> Eu não estava morando com ele e não vinha morando com ele. Não tenho certeza absoluta de que o deixei no exato dia em que ele voltou sem você (eu poderia jurar sobre uma pilha de bíblias que foi o que fiz), mas tenho

certeza absoluta de que fazia um certo tempo que eu não morava mais com ele quando fui presa.

Gary, eu tinha quinze anos. Fiquei chocada ao descobrir que você foi largado num prédio de apartamentos. Não consigo mesmo me lembrar disso. Fiquei chocada ao descobrir que já estava trabalhando no bar quando ele levou você para Baton Rouge — que eu tinha arranjado um emprego porque ele não conseguia arrumar um. Gary, eu não sou mentirosa e nunca mentiria para você.

Senti-me péssimo quando li a resposta dela. Independentemente do que acontecera, eu amava Judy e estava feliz por ela ter me encontrado.

— Lamento por ter perdido a cabeça e dito "chega de mentiras". É algo muito pesado e gostaria de pedir perdão — escrevi a ela. — Preciso tirar isso do peito, pois, assim como você, fiquei surpreso com as discrepâncias entre as histórias. Mãe, eu não queria te magoar... foi só uma explosão repentina. Desculpe-me. Eu te amo mais a cada dia que passa.

A resposta de Judy não foi bem o que eu esperava. — Essa é a segunda vez desde que nos encontramos em que me arrependo de ter feito minha busca — escreveu. — Espero que encontre suas respostas, filhote, mas sei que jamais terei todas aquelas de que você precisa. Eu me sinto muito desconfortável quando você continua a fazer perguntas que não posso responder. Fico mal em saber que isso te trouxe tanta angústia. Fico triste por você e fico triste pela sua família, sua mãe e seu pai. Isso só me mostra mais uma vez que não há vencedores nesse pesadelo da adoção.

Judy depois me explicaria que não quis dizer que lamentava ter me encontrado; lamentava que aquele encontro tivesse me causado tanta dor. Acreditei no que disse, mas nossa relação ficou balançada por um tempo.

Em maio viajei a São Francisco, dessa vez para visitar a biblioteca pública. Queria ver se os jornais de lá tinham mais informações do meu interesse. Comecei a pesquisar o conteúdo de cada jornal entre 1961 e 1963. Os artigos que detalhavam o romance ilícito e a fuga de Van e Judy começaram a aparecer um atrás do outro. Se não os tivesse lido, não teria acreditado. Ali, nas páginas do *San Francisco Chronicle* e do *San Francisco*

Examiner, estavam as fotografias de meus pais. As declarações de meu pai sobre seu amor pela minha mãe só me fizeram ter certeza de que ele era um homem bastante perturbado.

Judy me acompanhou no segundo dia. Estávamos tentando melhorar nossa relação e, agora que eu sabia de tudo, ela parecia sincera em seu desejo de me ajudar. Começamos com as datas das prisões do meu pai listadas em sua ficha criminal, acrescentando o *San Francisco News-Call Bulletin* à nossa busca. A quantidade de informação que encontramos era inacreditável.

"Digno de jornais" era pouco.

Judy sentou-se do meu lado diante da máquina de microfilme, exclamando, "Ah, eu me lembro disso" e "Ah, sim, agora eu me lembro disso", aparentemente se divertindo ao ler sobre sua adolescência.

Comecei a sentir uma dor no âmago do estômago. Ela não entendia. Tudo aquilo tinha levado ao meu abandono. —Tratava-se de crimes. Van era um pedófilo que estuprara, sequestrara e engravidara uma menor de idade. Ela não tinha ideia de como tudo aquilo estava me afetando.

Voltei a Baton Rouge desanimado, levando em minha pasta os fatos dolorosos que imprimira.

Em 21 de junho de 2005 recebi um aviso inesperado do tenente Hennessey enviado de seu e-mail pessoal, não o do DPSF.

Gary:

Peguei a diretora do laboratório forense num momento de fraqueza e fiz que ela aceitasse meu pedido.

Tenha paciência, leva tempo.

Tinha anexado a solicitação de exame de laboratório que listava meu caso com o número 041238785. No campo "Denúncia/Vítima", escreveu "Gary Stewart".

Ele também incluíra uma nota para o laboratório no formulário: "Por favor, examinem as amostras de referência arquivadas e tracem um perfil de DNA. Comparem o DNA com a amostra do Zodíaco".

A data em que a prova foi arquivada estava listada como 29 de outubro de 2004. A data da solicitação ao laboratório era 21 de junho de 2005. O DPSF tinha ignorado meu DNA por oito meses.

Mesmo diante de toda aquela demora, fiquei em êxtase. Estava tão concentrado em lidar com minhas novas descobertas que acabei deixando a questão do Zodíaco de lado. Hennessey, ao fazer a solicitação ao laboratório, mostrou que levava minhas suspeitas a sério. Eu sabia que apenas algumas comparações de DNA com o do assassino do Zodíaco tinham sido feitas nas últimas quatro décadas. O chefe da divisão de homicídios do DPSF estava dando um grande passo.

Com as energias renovadas, comecei a ir mais fundo na vida de meu pai.

50

Em 2005, Loyd e Leona celebraram uma marca que poucos casais atingem: o aniversário de 53 anos de casamento. A mãe de Loyd vinha morando com eles nos últimos vinte anos e para aquela ocasião especial eles precisavam de uma "babá". Eu me ofereci para passar a noite com minha avó, esperando que meus pais aproveitassem a ocasião sem se preocupar. Sempre fiquei admirado ao ver que, mesmo depois de tantos anos juntos, um ainda era o melhor amigo do outro.

Eu tinha um pouco de tempo livre aquela manhã. Então liguei o computador e acessei um novo mecanismo de busca que tinha acabado de descobrir chamado Dogpile. Digitei "Earl Van Best". Esperava mais um "Resultado não encontrado", como sempre acontecia, mas deparei com uma lista de cerca de vinte endereços residenciais da família Best em Conway, na Carolina do Sul. Liguei para todas, mas ninguém conhecia Earl Van Best.

Frustrado, pesquisei nas cidades vizinhas. Uma listagem do Cemitério do Velho Sião, em Galivants Ferry, apareceu na tela. Cliquei no link e fui redirecionado para a página da Sociedade Histórica do condado de Horry. Examinei a lista de nomes e ali estava: Best, Earl Van Dorn 1866-1905.

Aquele era o meu nome! Embora Van tivesse acrescentado um *e* no fim de Dorn, tive certeza de que aquele homem era meu antepassado.

Animado com a descoberta, saí para ir à casa dos meus pais.

Leona estava deslumbrante, como sempre. E, como sempre, tinha escolhido a roupa de Loyd. Seu marido era notoriamente daltônico e por cinquenta e três anos Leona o vestira para ter certeza de que suas camisas combinavam com as calças e que as meias eram da mesma cor. Tão elegante quanto estivera cinco décadas antes, Loyd deu o braço à esposa e a conduziu até o carro. Ver aqueles dois saírem num encontro romântico àquela idade me deixou emocionado e me fez lembrar o quanto fui abençoado ao ser adotado por eles.

Alguns dias depois, voltei à página na internet e descobri que no distrito de Galivants Ferry ainda habitavam indivíduos cujo sobrenome era Best. Descobri também o nome de J.M. Best listado no diretório da cidadezinha de Aynor, também nas redondezas.

Digitei o número, e uma jovem atendeu ao telefone.

— Poderia falar com o Sr. Best? — perguntei.

— Aqui quem fala é Alison Best, filha dele. Meu pai faleceu há alguns meses, mas eu ficaria feliz em poder ajudá-lo. O que você gostaria com meu pai? — disse ela.

Expliquei quem eu era e por que tinha telefonado. — Estou procurando pelos parentes do meu pai.

— Acho que você encontrou a família certa — disse Alison. — É melhor ligar para o Tio Pressley. Ele vai saber te dizer com certeza.

Liguei sem perder tempo para o número que ela me passou. Antes que conseguisse terminar com minha lenga-lenga, Pressley me interrompeu. — Espere aí um minuto. Sei que você encontrou a família certa, mas não sou bom com essa coisa de genealogia. Você tem de falar com minha irmã, Hattie. Ela é a historiadora da família.

E me deu o número de Hattie.

Hattie ouviu educadamente enquanto eu disparava minha história pela terceira vez naquele dia e depois disse que conhecia meu avô, Earl Van Best Sr. — Ouvi dizer que era um pastor fantástico e um grande homem — falou. — Meu pai e seu bisavô eram irmãos. Seu bisavô era Earl Van Dorn

Best. Você tem alguns parentes diretos, alguns primos distantes, acho, que vivem na velha casa ao lado de onde mora meu irmão, Pressley. Uma delas se chama Bits. Acho que pode ser sua prima de segundo grau. Lembro-me de algo sobre meu pai e seu avô, mas faz muito tempo e foi varrido para debaixo do tapete. Não recordo os detalhes.

Esperando aguçar sua memória, disse a ela que tinha descoberto que meu pai era um criminoso.

— Um assassino? — sussurrou Hattie.

Fiquei chocado. Fazia poucos minutos que eu estava falando com ela e não consegui acreditar que aquela palavra tenha surgido tão rapidamente na conversa.

— Não sei de tudo o que fez — falei. — Alguns registros sobre ele foram destruídos.

Hattie ficou em silêncio por um instante, percebendo que talvez tivesse dado com a língua nos dentes. Depois, mudou de assunto e me convidou para a reunião da família Best que estava para acontecer.

— Achei ótimo você ter aparecido. Será um prazer contar com a sua presença — falou, informando que era ela quem estava planejando a reunião. Disse também que havia finalmente localizado o túmulo do bisavô, o capitão John James Best, e planejava anunciar a novidade na reunião, mas que aquilo seria ainda melhor. — Ele foi um atirador na Guerra Civil, um dos Pee Dee Rifles — disse Hattie, orgulhosa.

Prometi a ela que apareceria e Hattie disse que me enviaria algumas informações sobre a minha família.

Naquela noite, escrevi uma mensagem na página da Sociedade Histórica do condado de Horry:

— Meu nome é Gary Loyd Stewart. Nasci sob o nome de Earl Van Dorne Best em 1963 e meu pai era Earl Van Best Jr., filho de Earl Van Best Sr. e neto de Earl Van Dorn Best. Fui entregue para a adoção por meu pai e recentemente conheci minha mãe biológica. Estou em busca de qualquer familiar que possa ter conhecido meu pai ou tenha algum nível de parentesco com o meu ramo da família Best.

Tinha esperança de que minha mensagem rendesse algum fruto.

No dia seguinte, liguei para minha prima em segundo grau, Bits Best Rosser, e me apresentei. Hattie já a avisara que eu telefonaria. Quando contei minha história para ela, Bits disse que havia alguns rumores circulando pela família sobre um bebê, mas fazia muito tempo e ninguém parecia se lembrar.

— Seu avô, o Tio Earl, era o preferido de todos. Era o caçula da casa e se tornou o orgulho da família Best — explicou Bits. — E ele era um ótimo pastor. Seu pai era, bem, vamos colocar assim, "diferente". Quando íamos à casa de praia no verão, nós, crianças, queríamos nadar no mar e brincar na areia. Mas Van não gostava de nada daquilo. Tinha interesse em outras coisas. Gostava de coisas antigas. Lembro-me da velha arca que tinha a concessão original das terras do rei da Inglaterra e todos os velhos vestidos de batismo dentro. Aquilo fascinava seu pai. Para falar a verdade, eram tão velhos, e ele abriu a arca tantas vezes, que o ar deteriorou o que estava ali dentro e tudo acabou se desintegrando.

Bits estava apenas começando. — Você sabe como são as crianças. Não devíamos, mas implicávamos com ele. Depois, quando ele ficou mais velho e soubemos que estava encrencado e em fuga, perguntamo-nos se podíamos ter contribuído de certa forma para que acabasse daquele jeito. Sua avó Gertrude era uma bela senhora, tinha uma voz linda e tocava piano como um anjo. Não sei também o que deu nela, mas começou a trair o Tio Earl, até mesmo aos domingos, enquanto ele pregava. Aquilo acabou com a gente. Sei que seu pai também ficou arrasado. Ele nos contou muitas vezes que ouvia o estrado da cama rangendo e a porta do quarto da mãe abrindo e fechando diante do vaivém de homens. Acho que isso deve tê-lo afetado bastante.

Ouvi atentamente enquanto os detalhes sobre o passado da minha família continuavam a jorrar.

— Eles foram ao Japão como missionários quando a Segunda Guerra Mundial teve início — continuou Bits. — Tio Earl costumava nos escrever e mandar programas das peças, musicais e óperas que frequentava com tia Gertrude e Van. Eles adoravam música, e seu pai amava peças. Todos pensamos que o Japão seria bom para tio Earl e tia Gertrude, mas começamos a ouvir rumores de que ela andava tendo casos por lá também. Quando o Japão bombardeou Pearl Harbor, tio Earl colocou tia Gertrude e Van no primeiro navio de volta para casa e ele veio no último a partir de lá. Voltou para casa e entrou para a Marinha, frequentando a escola de capelães, quando então o enviaram de novo para o Pacífico. Dessa vez, foi sozinho. Foi aí que acho que seu pai realmente deu uma guinada para pior. Sei que ele ficou arrasado ao ver o pai ir para a guerra e ter de viver com tia Gertrude em São Francisco. Que coisas deve ter visto! Foi por volta dessa época que tio Earl veio a Galivants Ferry para contar à família que tinha pedido o divórcio de Gertrude. Sabia que seria excomungado da Conferência Metodista caso se divorciasse, mas não podia viver ao lado de uma esposa infiel. Era uma coisa que acabava com ele. Todos ficamos acabadas ao ver nosso menino de ouro protagonizar o primeiro divórcio da família. Logo ele, um pastor respeitado e tudo o mais. Deve ter sido isso que magoou seu pai de verdade.

Bits explicou como Earl Sr. conheceu sua nova esposa, Eleanor Auble, e como os dois acabaram se casando. — Ficamos tão contentes pelo tio Earl. Quando batemos o olho em Ellie, ficamos apaixonadas por ela.

Conversamos por mais de duas horas. Bem, na verdade Bits falou e eu ouvi, absorvendo cada detalhe. Naquela noite, recebi um e-mail de Joyce Long Smith, que morava em Palatka, na Flórida. Ela era filha de Mildred, irmã de Bits. Não pude deixar de abrir um sorriso ao ler a mensagem. A família Best estava aparecendo para conhecer o filho perdido de Van. Como crianças diante de uma atração de circo, todos queriam conversar com o bebê sobre quem tinham falado havia tantos anos.

— Quando seu avô descobriu que seu pai deixou você em Baton Rouge, ele pegou um voo para Indianápolis e disse à mulher, Ellie, que queria ir a Baton Rouge para adotar e criar você. Seu avô ficou inconsolável quando chegaram à cidade e descobriram que você já tinha sido adotado por outro lar. Ele nunca superou isso — escreveu Joyce.

Pouco depois, recebi um convite oficial para a reunião da família Best, onde Zach e eu fomos recebidos de braços abertos.

51

Em uma tarde de domingo, depois de ter ido à missa com Leona e Loyd, sentei diante do computador para fazer o que se tornara natural para mim:

procurar por mais pistas sobre meu pai. Lembrava que tinha escrito uma mensagem na página da Sociedade Histórica do condado de Horry e decidi verificar se alguém respondera.

Encontrei uma mensagem debaixo da minha assinada por alguém chamado Anônimo William. Ele dizia:

— Acredito que seu pai tenha sido preso em São Francisco por raptar sua mãe. Ela tinha quatorze anos na época. Você nasceu em Nova Orleans. Fico contente por você ter conhecido sua mãe biológica! Tem um Earl Best morando hoje em São Francisco, na 46th ou na 47th Avenue. Ele está na lista telefônica. Pode ser você ou algum parente. Boa sorte. William.

Essa pessoa aparentemente conhecera Judy e Van. Sem perder tempo, cliquei em seu endereço de e-mail para responder, perguntando a William como conheceu meu pai. — Você é a única pessoa com quem tive contato que não era um parente distante. Você é descendente da família Best? — escrevi.

Enquanto aguardava pela resposta, procurei na internet por algum Earl Best em São Francisco e o encontrei na lista. Nervoso, digitei o número, e uma mulher atendeu. Depois que expliquei que estava procurando meu pai, que tinha me abandonado, ela falou: — Você ligou para a pessoa errada — e desligou o telefone.

No dia seguinte, o estranho misterioso escreveu de volta.

William me informou que ele e meu pai foram grandes amigos na escola média e na vida adulta. Quando li aquilo, meu coração acelerou. Ele contou que tinha levado Van e Judy ao aeroporto quando os dois fugiram.

— Se quiser saber mais dos tempos dele na escola ou de nossas aventuras, por favor me avise. William.

O Anônimo William era na verdade William Vsevolod Lohmus von Bellingshausen. Começamos a nos corresponder toda semana, quando não todo dia, por diversos meses. Tentei tirar dele cada detalhe de que pudesse se lembrar. Para minha sorte, William tinha uma memória excelente, ainda que tivesse me dito de maneira nada sutil que guardava algumas lembranças bem ruins de meu pai.

— Fui convocado para testemunhar diante do Grande Júri — escreveu. — Eu não sabia o que Van ou sua mãe tinham dito às autoridades quando foram capturados. Acontece que, sem o meu conhecimento, o Grande Júri me acusou de colaborar com a abdução de uma menor. Levei mais de um ano para me livrar dessa confusão, isso para não falar de milhares de dólares em despesas legais.

Em pouco tempo passamos a nos falar ao telefone regularmente. Em certo ponto, a dragagem de todas aquelas memórias antigas se tornou demais para ele, que disse: — Você devia procurar um bom psiquiatra, deitar no divã e tentar endireitar essa cabeça perturbada que seu pai te deixou. Tenha uma boa vida.

Pedi desculpas imediatamente. Estava tão ansioso para descobrir tudo o que pudesse que não levei em consideração como aquilo poderia estar afetando William. Ele fora um amigo de verdade para meu pai, que também feriu seus sentimentos.

— Sinto muito pelo que meu pai fez com você — falei. — Por favor, não desconte em mim o que ele fez.

William então começou a contar mais histórias do que eu podia imaginar. Pouco depois me convidou para vê-lo quando passasse de novo pela Califórnia.

Em 25 de janeiro de 2005, atravessei a Ponte Golden Gate e entrei no condado de Marin à procura da cidadezinha de Novato, animado com a perspectiva de encontrar o melhor amigo de meu pai, ainda que eu tivesse certas ressalvas quanto à ideia, sabendo o que sabia agora sobre Van.

Quando parei diante da garagem de William, fiquei atônito com a beleza da região. À distância, altas sequoias ponteavam a paisagem. Uma cerca de madeira rodeava os arbustos, árvores e flores que delimitavam o terreno, quase encobrindo a visão da casa de quatro andares e multifacetada. Próximo à porta de entrada ficava uma moita enorme e solitária repleta de hortênsias violeta e azuis.

Subi a escada e toquei a campainha.

William, vestindo um suéter verde-oliva, camisa listrada roxa e calças azuis, abriu a porta. Ao seu lado estava uma bela senhora de cabelos grisalhos, com um sorriso adorável. William apoiou a bengala na parede e estendeu a mão para me cumprimentar. Manteve a outra mão enfiada cuidadosamente no bolso. Mais tarde, eu viria a descobrir que ele sofrera um derrame e um ataque cardíaco que paralisaram seu braço direito.

Ele me apresentou a sua esposa, Tania. — Siga-me — disse ela, mostrando o caminho até o saguão, subindo alguns degraus. — Vsevé logo estará aqui — me disse ela, empregando o apelido do marido.

Segui Tania por outro corredor curto e viramos à esquerda, entrando na sala de estar. — Sente-se — disse ela, apontando para um sofá em forma de L. — Ele demora um pouco mais para se locomover hoje em dia.

Quando William entrou coxeando na sala, percebi o esforço que fizera para me cumprimentar na porta de casa. Tania nos fez companhia por alguns minutos e depois disse a William que iria a seu estúdio. — Ela é pintora — disse William, apontando para uma pintura a óleo impressionista pendurada na parede sobre estantes de livros gigantescas. Havia livros sobre cada artista histórico que você pudesse imaginar.

— Você tem os olhos iguais aos do seu pai — disse ele. — É incrível.

De início, William pareceu um pouco reservado. Talvez não soubesse ao certo se podia confiar no filho do homem que o fizera ser preso, mas com o passar das horas ele me conheceu melhor e relaxou.

Estar no mesmo ambiente daquele homem, que fora amigo de meu pai, também era um tanto desconcertante para mim, mas ao ouvir William falar sobre sua vida como criminalista pude ver que ele não era nem um pouco como Van. E, quando começou a compartilhar suas histórias, parecia contente de trazer suas memórias à tona.

— A gente não era como os outros garotos lá do colégio — falou. — Enquanto eles praticavam esportes, ficávamos no quarto de Van recitando *O Mikado*. Conhecíamos cada palavra daquela ópera. Ele também gostava de *Tosca*.

Eu tinha lido na internet que o Zodíaco citara *O Mikado*.

— Van conhecia *O Mikado*? — perguntei a William.

— Se ele conhecia? — repetiu, abrindo um sorriso. — Seu pai era obcecado por ele. Disse que seu avô o conheceu. Mas eu nunca acreditei nele. Van sempre contava umas histórias exageradas. Uma vez me falou que conheceu a rainha da Inglaterra também. Disse que foi à coroação dela. Isso na época em que esteve em Hinchingbrooke. Quando voltou, por um tempo ficou todo perturbado.

William contou então a história sobre a clava ensanguentada e a obsessão de Van por armas.

— Van tinha ideias muito supersticiosas — lembrou William. — O pai dele tinha lhe dado um carro depois da formatura e estávamos dirigindo por aí, não lembro para onde, quando decidimos passar a noite na estrada. Depois de um tempo, vimos um canteiro de obras com o que pareciam ser construções brancas inacabadas. Devo mencionar que nós dois éramos míopes e tínhamos deixado nossos óculos em casa. Estacionamos e dormimos no carro. Na manhã seguinte, quando acordamos, o dia estava belo e ensolarado. Depois de ajustarmos a visão e olharmos bem para o local, descobrimos que tínhamos passado a noite num cemitério. As construções brancas que vimos na noite anterior eram mausoléus e lápides brancos. Achei engraçado, mas Van viu aquilo como um mau presságio.

Quando perguntei sobre as empreitadas financeiras de meu pai, William disse que no início algumas das viagens de Van para o México tinham sido bastante lucrativas. — As coisas que Van trazia do México não duravam muito. Em semanas, tudo era vendido. Eu costumava observar quando ele organizava os documentos e me lembro de um deles em particular, assinado pelo rei Filipe II. Sei que aquele documento lhe deu um lucro considerável.

Ele também me contou sobre LaVey. Disse que os dois costumavam se encontrar no bar da Lost Weekend, no distrito de Sunset, onde Van e LaVey se revezavam no órgão de tubos. — LaVey e Van tinham muito em comum: música, o amor pela filosofia e livros. Van sempre foi fascinado por tudo que tinha a ver com "outras" maneiras de pensar e queria sempre mais dos processos refletivos incomuns de LaVey — explicou William.

— Estudávamos criminalística no San Francisco City College quando seu pai conheceu Mary Player — recordou William.

— Quem era ela? — interrompi.

— Sua primeira mulher. Parecia com Audrey Hepburn, mas acho que aquele casamento só durou alguns meses.

— O que aconteceu? — perguntei, surpreso. Judy não mencionara outra esposa.

William não quis se aprofundar, mas disse que Van às vezes ficava "fora de si".

— Também conheci seu pai — disse Tania, entrando na sala com uma bandeja de doces que preparara para nós. — Frequentamos a Lowell High

School juntos. Tenho de dizer a verdade: eu não gostava dele. Era um falastrão, sempre se vangloriando de seus feitos sem jamais mostrar algo que os comprovasse.

William sorriu para ela, passando a mão pela barba grisalha. — Tania é bem direta — falou.

Ouvindo William, percebi que ele tinha uma maneira de falar bastante formal. Ele me contou que Van tinha uma gramática impecável e pude entender por que os dois gostavam tanto de conversar. William era um grande orador. Não dava para perceber que ele era estrangeiro ao ouvi-lo falar com sua voz quebrada e suave.

— Deixe eu te mostrar uma coisa no meu escritório — disse ele, levantando devagar e se esgueirando pela sala de estar. Segui-o pelo corredor e subimos pela escada até entrarmos num quarto com mais estantes embutidas cheias de livros. As prateleiras eram tomadas por volumes sobre criminologia, ciências forenses e homicídios.

— É aqui que eu trabalho — falou, apontando para um computador sobre a mesa. — Seu pai também estudou criminalística, sabe? Tentei convencê-lo a trabalhar comigo algumas vezes, mas ele estava determinado a encontrar um tesouro no México.

William tirou um livro de uma das prateleiras. — Quero que veja isso. Foi um presente do seu pai. É extremamente raro, trata-se de um dos meus bens mais preciosos. Veio do México.

Sabendo que estava para tocar algo que meu pai tocara antes, estiquei a mão de maneira quase reverente.

— Cuidado — disse William. — É do século XVI.

Folheando cautelosamente as páginas, percebi que estavam escritas em espanhol.

— Sabe do que se trata? — perguntei.

— Mas é claro — respondeu William. — Esse livro foi escrito como uma forma de guia para ensinar aos astecas como administrar os sacramentos. Os espanhóis estavam tentando disseminar o catolicismo naquela época e precisavam se certificar de que os astecas haviam entendido completamente os rituais da religião.

Ao ver a coloração rósea incomum da capa, falei: — Que estranho.

— Não sei se isso não é pele humana — disse William. — Certamente não é couro de vaca ou de cabra, que é o que costumavam usar. Já pensei nisso muitas vezes.

Examinei o livro por um instante, desejando ter coragem para perguntar se poderia comprá-lo, mas dava para ver pelo cuidado com o qual o tratava que aquilo era algo que tinha um significado para ele.

— Van sempre nos trazia presentes do México. Tania tem uma pulseira linda que dei a ela em algum lugar por aqui.

— Posso ver? — perguntei.

— Vou perguntar se ela sabe onde está.

Quando fui embora aquele dia, pude entender perfeitamente por que meu pai gostava de William. Era um dos homens mais dignos e inteligentes que já conheci.

Nos cinco anos que se seguiram, William e eu mantivemos contato constante e voltei a encontrá-lo outras três vezes. Depois da minha segunda visita, ele pediu que o chamasse de Tio Bill e começou a assinar TB em seus e-mails. Com o aprofundamento de nossa relação, ele passou a se abrir mais e a compartilhar uma ou outra nova informação sobre meu pai no caminho. Às vezes, eram lembranças boas: beber cerveja no Schroeder's, passar o tempo no Salão Tonga. Outras vezes, suas lembranças me assombravam.

Como no dia em que ele me mostrou um pequeno cubo de madeira decorado com entalhes de rostos angustiados tentando escapar das profundezas do inferno.

52

Durante o ano de 2006, estive muitas vezes em São Francisco na esperança de descobrir mais informações sobre a vida de meu pai. William, Judy e a família Best me deram pontos de partida, lugares onde eu poderia pesquisar.

Comecei a retraçar os passos de meu pai na Bay Area. Dessa vez eu tinha uma perspectiva diferente. Agora eu sabia o quanto Van podia ser cruel.

Visitei a Catedral Grace e, assim como aconteceu com meu pai, fiquei estupefato diante da beleza da música que flutuava pelos tubos na parede. Meus olhos foram atraídos para o piso próximo ao órgão, decorado com um círculo com uma cruz no meio, o que me fez arrepiar. Parecia com o símbolo usado pelo Zodíaco para assinar suas cartas.

Contemplei as pinturas esplendorosas que retratavam passagens da Bíblia. Judy me contou certa vez que Van dissera a ela que ele estava num daqueles quadros. Examinei as pinturas com atenção e avistei um homem vestido num robe cujo rosto trazia uma leve semelhança com o de Van, mas me dei conta de que aquela era mais uma de suas histórias para impressionar as pessoas.

Na prefeitura, pedi uma cópia da certidão de casamento de Earl Van Best Jr. e Mary Annette Player. A recepcionista me disse que duas certidões apareceram na tela.

— Qual você quer? — perguntou.

Duas? Devia ter uma só, pensei.

— As duas — respondi.

Descobri que ele tinha se casado com Mary Annette Player em 19 de agosto de 1957 e também que voltou a se casar depois de Judy com uma mulher chamada Edith Kos. Foi então que vi a data daquele matrimônio: 6/6/66.

Visitei o Cinema Avenue, onde meu pai tocava órgão. O velho cinema agora abrigava a Igreja dos Canais da Bênção, mas o letreiro original escrito AVENUE ainda se projetava da entrada do prédio, lembrando aos visitantes de sua importância histórica.

Ainda lá dentro, liguei para o celular do tenente Hennessey a fim de convidá-lo para o almoço. Durante nossos telefonemas ocasionais, falávamos sobre nos encontrar uma hora ou outra.

— Eu adoraria, Gare, mas estou construindo uma rampa de cadeira de roda na casa do meu pai. Ele não consegue mais se locomover muito bem — disse Hennessey.

— Eu ficaria feliz em ir aí e ajudar — voluntariei-me. — Sou muito bom com um martelo na mão.

— É muita gentileza sua, mas não poderia deixar que fizesse isso. Seria pedir demais. De qualquer forma, agradeço. Espero que tenha um bom dia.

Depois de desligar o telefone, resolvi caminhar junto à baía para espairecer. Visitar alguns dos lugares que meu pai frequentava me deixara um pouco inquieto e eu queria fazer como Hennessey sugerira e aproveitar o dia. Enquanto observava os aviões decolarem e aterrissarem na pista do outro lado da água, pensei no amor de meu pai pela música e em como Zach e eu herdamos parte de seu talento musical. Eu tocava guitarra e cantava numa banda que se apresentava em algumas casas de Baton Rouge e Zach aprendera a tocar guitarra desde pequeno. Era a única coisa boa que meu pai nos tinha dado.

Num certo ponto da caminhada, uma ideia estranha me veio à mente. Durante os anos 1960, o submundo de São Francisco se uniu numa irmandade musical; o próprio Charles Manson tentou conseguir um contrato de gravação com Terry Melcher, proprietário anterior da casa de Polanski e Tate. Fiquei imaginando se meu pai conhecera Manson ou algum membro de sua "família". Eu sabia que os investigadores se perguntavam se havia alguma conexão entre o Zodíaco e o clã de Manson.

Quando voltei para casa, decidi tentar entrar em contato com alguns dos membros que ainda estavam vivos. Aquilo era uma ideia surreal. Antes de Judy entrar na minha vida, nunca pensei em procurar assassinos e entrar em contato com eles. E agora aqui estava eu. Loyd e Leona ficaram estarrecidos quando contei a eles o que estava fazendo.

Nem mesmo cogitei entrar em contato com Charles Manson, pois ele simplesmente me dava medo. Porém, acabei deparando com o fato de que Bobby Beausoleil estava encarcerado na Penitenciária Estadual de Oregon. Li sobre como ele havia assassinado Gary Hinman. Depois de descobrir uma página na internet que possibilitava enviar e-mails aos detentos, achei que valia a pena tentar.

Em 10 de setembro de 2006, enviei um e-mail a Beausoleil perguntando se ele esbarrara com Earl Van Best Jr. em Haight nos anos 1960. Fiquei surpreso ao receber uma resposta no dia 14 de outubro.

Beausoleil dizia que Van tocara algumas vezes com sua banda, a Orkustra, num armazém. — Muitos músicos entravam e saíam do nosso pequeno círculo e Van era um deles. Não sei dizer para onde foi depois daquilo... nem tampouco de onde ele apareceu. O que posso dizer é que ele arrasava no órgão Hammond.

Na assinatura, escreveu "Bobby".

Em poucas linhas, minhas suspeitas se confirmaram.

Meses mais tarde, voltei à Bay Area e liguei para Hennessey de meu escritório em Benicia, dessa vez para perguntar se a comparação do DNA tinha rendido algum fruto. — Estamos com um atraso de anos, Gare. Não dá para dizer quando vamos saber — falou.

Frustrado, desliguei o telefone. Ter paciência era mais difícil do que eu esperava. Se não tivesse me enviado o formulário de solicitação, talvez até duvidasse que ele de fato submetera minha amostra de DNA. No ano seguinte, fiquei sabendo que Hennessey fora transferido de sua posição como chefe da divisão de homicídios para a divisão de investigações especiais.

Numa tarde no fim de 2007, enquanto pesquisava a página Zodiackiller.com e lia os registros policiais sobre os homicídios, deparei com uma carta aberta que um detetive aposentado da divisão de homicídios da polícia de São Francisco submetera em 2006.

O detetive Michael Maloney, estrela número 2014, servira no DPSF por mais de trinta anos. Ele sempre teve um interesse especial pelo Zodíaco e fora nomeado para o caso em 2000 ao lado de seu parceiro, Kelly Carroll. Maloney não era um policial comum e tinha reputação de ser rebelde. Por mais que Maloney tivesse dito que "não queria que o Zodíaco o acompanhasse em sua aposentadoria", o ressentimento por não conseguir resolver o caso claramente persistia.

Quando o caso do Zodíaco foi fechado em 2004, o *Los Angeles Times* citou Hennessey com as seguintes palavras: "O caso está sendo classificado como inativo. Dadas a pressão de nossa carga de casos e a quantidade de casos que permanecem abertos atualmente, precisamos usar nossos recursos com mais eficiência." Hennessey acrescentou que o caso seria reaberto se alguma pista importante surgisse.

Em sua carta, Maloney parecia discordar da posição de Hennessey. Dizia: "O caso do Zodíaco não será resolvido até que o atual chefe da divisão de homicídios do Departamento de Polícia de São Francisco seja transferido. Ele [Hennessey] fechou o caso [do Zodíaco] e ordenou que um dos inspetores de polícia mais informados e competentes do DPSF, Kelly Carroll, arquivasse o caso e jamais respondesse a perguntas sobre o assunto no futuro, de ninguém, para sempre. E, em vez de passar o caso para outra equipe, Hennessey o colocou de lado após o primeiro avanço significativo em trinta anos."

Maloney explicava: "Meu parceiro e eu fomos a primeira dupla a aplicar técnicas forenses de DNA ao caso do Zodíaco. Fomos a primeira dupla a resolver um caso esquecido de vinte e cinco anos por meio de DNA. Sabemos o que fazer e fazemos bem. Poderíamos ter encerrado aquele caso com o DNA.

Não conseguia acreditar no que eu estava lendo.

Maloney prosseguia: "Quando Hennessey for transferido, o caso será reaberto. Os exames de DNA vão ficar mais baratos com o tempo. Quando isso acontecer, o caso vai ganhar em emoção, pois diversos exames de DNA serão feitos para que se chegue a algumas conclusões, como saber se a mesma pessoa tocou ou lambeu todos os envelopes. Se for mais de uma, de quantos traços de DNA estamos falando? Isso significaria que outras pessoas estariam envolvidas? Será que existe DNA semelhante sob a posse de outras jurisdições policiais ligadas ao caso? Que DNA está presente na camisa de Paul Stine? Não acredito que não exista nenhum numa camisa envolvida num homicídio sangrento. O suor contém bastante DNA.

Ao ler aquilo, lembrei-me de ter falado com Kelly Carroll uma vez. Liguei para ele anos depois de Butler parar de se comunicar comigo. Carroll me disse que o caso estava encerrado. — Não tenho permissão para falar sobre esse caso com ninguém — disse o detetive. Lembro que Carroll não parecia muito contente com aquilo. Achei a conversa estranha, mesmo na época.

Quando terminei de ler a carta, voltei a ficar em dúvida se Hennessey realmente enviara meu DNA. Três anos parecia ser um longo tempo de espera para um resultado de exame de DNA referente ao caso de um assassino em série, especialmente este. Por que Hennessey me recebeu várias vezes se ordenara a seus detetives que não seguissem mais nenhuma pista que recebessem sobre o Zodíaco? Por que me enviara a solicitação de exame de DNA do nada? Será que Hennessey queria ser aquele que solucionaria o caso ou estaria apenas brincando comigo? Ou talvez algo mais tenha acontecido. Talvez Harold Butler ou Earl Sanders tenham descoberto o que ele estava fazendo e ordenaram que se afastasse do caso.

Pensei em todas as possibilidades e esta última me parecia a mais provável. Meu instinto me dizia que Hennessey estava sendo sincero. Decidi perguntar a ele.

Quando voltei a Benicia, liguei para o DPSF do meu hotel.

— Hennessey se aposentou — fui informado.

Afundei na poltrona, entendendo na hora o que aquilo significava. Meu DNA provavelmente estava largado em algum lugar do laboratório, onde poderia ficar para sempre sem jamais ser testado.

Liguei para o celular de Hennessey e deixei uma mensagem para que ele me telefonasse.

Ele não telefonou.

Esperei alguns dias e lhe enviei um e-mail. Tive de comprovar que o conhecia respondendo a algumas perguntas antes que o e-mail pudesse ser enviado.

Ele não me respondeu.

Aguardei mais alguns dias e enviei um novo e-mail.

Nada.

Telefonei uma última vez antes de desistir.

Sabia que algo tinha acontecido. Meus pensamentos se voltaram para Butler e Sanders. Eram amigos íntimos de Rotea. Não seria do agrado deles que o mundo soubesse que Rotea fora casado com a ex-mulher do Zodíaco. Mas eu não tinha provas. Lembrei de uma vez que Hennessey me perguntou: — Está suspeitando de um acobertamento? — E eu sorri e respondi: — Mas é claro que sim.

— Bom, a gente vai entrar de cabeça nessa história então — respondera Hennessey.

Lembrei que Hennessey me dissera que Butler se recusara a deixar que ele visse os arquivos de meu pai. O tenente foi obrigado a consultar o CLETS para conseguir informações sobre as prisões de meu pai. Por que Butler se recusava a dar ao chefe da divisão de homicídios o arquivo que lhe foi solicitado? Será que meu pai já fora um dos suspeitos do caso? O que tinha feito de tão horrendo que não podíamos ver o conteúdo daquela pasta?

Agora eu nunca saberia.

Voltei à página na internet, tentando encontrar uma maneira de entrar em contato com Maloney, mas descobri que ele morrera devido a um ataque cardíaco no início de 2007.

Droga.

Acabara de encontrar alguém que podia me dar algumas respostas, que declarara publicamente suspeitar de um acobertamento, mas nunca poderia conversar com ele.

53

Decidi que era melhor começar a pensar como um detetive e voltei aos homicídios do Zodíaco. Li todos os registros policiais que consegui encontrar na internet, notando que, embora os homens tenham sido atacados e às vezes mortos, eram as mulheres que pareciam ser o alvo principal da fúria do assassino. Eu tinha lido diversos livros sobre assassinos em série e o que os motivava, e sabia que muitos deles eram sádicos sexuais. Achei interessante que nenhuma das mulheres fora abusada sexualmente. Aqueles homicídios não foram motivados por controle.

Foram motivados por raiva.

Vingança.

Operando segundo essa teoria, imprimi fotos das vítimas mulheres e as coloquei lado a lado na minha mesa, próximas a uma fotografia de Judy. Ao pegar os retratos um a um e compará-los com a fotografia de minha mãe aos dezesseis anos de idade, minhas mãos começaram a tremer.

Todas elas lembravam Judy de alguma forma.

Resolvi estudar tudo o que podia sobre as vítimas do Zodíaco, na esperança de que aquilo me levasse a outra epifania. À medida que descobria mais detalhes pessoais, o horror protagonizado por meu pai se tornava cada vez mais real.

Numa tarde, lembrei-me do que um detetive me disse sobre a resolução de um crime: — Você sempre tem de voltar à fonte. — Com isso em mente, imprimi todas as cartas do Zodíaco e comecei a analisá-las. Esperava que minhas respostas estivessem escondidas em algum lugar naquelas cartas.

Fui lendo todas elas até chegar à citação do *Mikado*, quando ouvi a voz de William em minha mente: — Conhecíamos cada palavra daquela ópera.

Quando li sobre os "escravos para a vida após a morte" do Zodíaco, lembrei-me da caixa de madeira de William. — Seu pai era obcecado por ela — disse ele.

Todas as obsessões de meu pai despontavam naquelas cartas — suas pretensões anglófilas e o modo britânico de falar, sua admiração por Anton LaVey, seu conhecimento de armas e treinamento militar.

Mas, quando cheguei à carta com selo postal de 20 de abril de 1970, meu coração bateu acelerado. Ali, o Zodíaco dizia "Meu nome é" e incluía uma cifra com treze caracteres. Escrevi o nome do meu pai: Earl Van Best Jr.

Tinha treze letras.

Animado, continuei a pesquisar e descobri que nenhum dos suspeitos principais dos assassinatos tinha treze letras no nome. Comecei a rever a cifra dos 408, aquela que fora enviada em partes a três jornais diferentes (ver a página seguinte).

O Zodíaco dizia que, se aquela cifra fosse solucionada, a polícia chegaria a ele.

Encontrei na internet uma versão com a mensagem decodificada digitada sobre a cifra do Zodíaco. Estudei as três seções do criptograma como se fossem um caça-palavras, olhando para uma determinada letra e depois seguindo na vertical, na diagonal e na horizontal pelo nome de meu pai.

Encontrei-o logo de cara. Estava na parte da cifra enviada ao *San Francisco Examiner*: EV Best Jr.

Não acreditei no que vi. Muitos detetives — profissionais e amadores — passaram anos procurando pelo nome do assassino naquelas cifras.

Mas eles não conheciam o verdadeiro nome do Zodíaco.

Quando tinham um suspeito, como Arthur Leigh Allen, não conseguiam encontrar seu nome entre os símbolos e letras.

Enquanto o sol desaparecia no horizonte do lado de fora da minha janela, a magnitude do que eu acabara de descobrir começava lentamente a tomar conta de mim.

Meu pai era mesmo o Zodíaco.

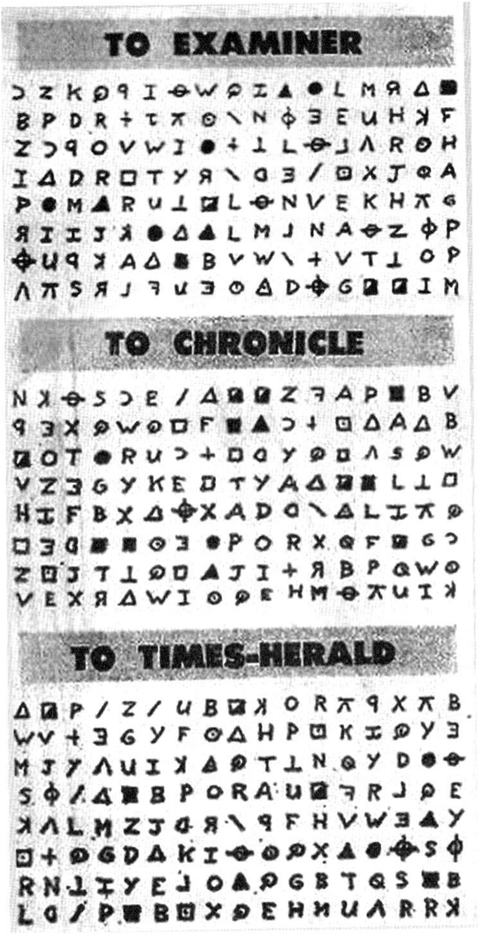

Lembrei-me de quando vi aquele cartaz de "Procurado" no A&E três anos antes. Estava decidido a provar a mim mesmo que minhas suspeitas eram infundadas. Na época, todos acharam que eu era louco, incluindo Judy.

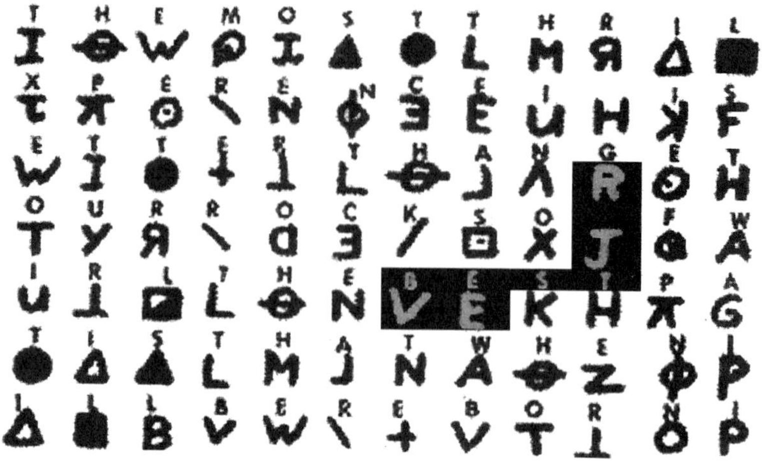

Eu achei que estivesse louco.

Mas ali estava a prova inequívoca. "Nesta cifra se encontra minha identidade", escrevera o Zodíaco.

Com ou sem DNA, eu finalmente tinha algo tangível que provava que meu pai era o Zodíaco.

54

Agora já fazia cinco anos que Judy me encontrara. Durante todo esse tempo, passamos por muitos altos e baixos em nosso relacionamento à medida que eu tentava entender o papel que ela teve naquilo tudo. Passei a vida inteira me questionando sobre minha identidade. À sua própria maneira, Judy me ajudou a descobrir quem eu era, mas aprendi que ela nem sempre era uma fonte de informações confiável sobre o meu passado e que queria proteger meu irmão, Chance, e a vida que vivera com Rotea.

Ela era minha mãe. Eu a amava. E ela me amava, por mais que eu a levasse à loucura ao forçá-la a se lembrar de coisas que ela preferia esquecer. Deixara claro que queria colocar uma pedra no passado. Mas eu não conseguia.

Pouco depois de descobrir o nome do meu bisavô na página da Sociedade Histórica do condado de Horry, enviei cartas a todo mundo que tivesse o sobrenome Best no condado de Horry, explicando que tinha sido adotado e perguntando se alguém conhecia Earl Van Best Sr. ou seu filho. Recebi uma resposta de um homem chamado Robert Armstrong, que dizia ser o executor do espólio da mulher de meu avô, Eleanor. Segundo ele, meu avô fora o pastor de uma pequena igreja cristã que ele costumava frequentar. "Ele era pastor da minha mãe e fizemos amizade. Ele faleceu muitos anos atrás (desculpe, mas não sei a data)", escreveu Armstrong explicando que lhe pediram para ser o executor por trabalhar num banco.

Ele contava que meu avô frequentara o Seminário Teológico de Asbury, em Wilmore, Kentucky, e tinha um filho, embora os dois fossem brigados. "Minha memória fraca diz que ele era alcoólatra", escreveu, em referência a Van. "Aparentemente, ele morreu no México e foi enterrado lá aparentemente sem nenhuma identificação no túmulo. Ele se casou com uma mulher na Áustria e deixou três filhos no país. Se você estiver seguindo o caminho certo, eles seriam sua meia-irmã e seus meios-irmãos.

Armstrong citava o nome de Guenevere Obregon, filha de Van, junto de seu endereço e e-mail. — Ela tem ou tinha dois irmãos, Oliver e Urban. Parece que foi juíza na Áustria — continuou.

Li o restante da carta sem conseguir me concentrar nas palavras.

Meu pai tinha morrido e fora enterrado no México num túmulo sem identificação?

Meu avô estava morto?

Li e reli a carta, sendo tomado por um sentimento de perda e tristeza. No início, fantasiei como seria encontrar meu pai. Imaginei nós dois tomando uma xícara de café, saindo para jantar e contando histórias, como fiz com Judy.

Rindo de tudo juntos.

Por toda a vida, imaginei que tipo de homem ele seria.

Agora isso não poderia mais acontecer.

Segundo Armstrong, meu avô fora um tipo militar, um homem honrado. Tive uma sensação de orgulho crescendo em meio à dor.

Fiquei ali sentado por alguns instantes, com as ideias confusas. Por que a mulher no Serviço de Seguro Social dera a entender que meu pai estava vivo? Por que Butler não me disse que ele tinha morrido? Será que ele sabia?

Foi então que caí em mim: "Ele casou com uma mulher na Áustria e teve três filhos..."

Eu tinha uma irmã e dois irmãos.

Precisava encontrá-los.

Liguei para Judy imediatamente, pois achei que ela deveria saber que Van estava morto. Em vez de dizer as palavras, li a carta para ela.

Ela riu.

E riu ainda mais alto quando cheguei à parte que falava dos meus irmãos na Áustria.

— É bem a cara do seu pai ir para Viena e ter três filhos para depois acabar enterrado no México — comentou com sarcasmo.

Desliguei o telefone, chateado com a reação de Judy. Ela parecia aliviada, quase feliz, de saber que meu pai estava morto. Dava para ouvir em sua voz, em sua risada.

Fui até o computador e escrevi um e-mail curto para Guenevere Obregon, explicando que eu tinha sido adotado e citando o que Armstrong me dissera.

Não recebi resposta alguma.

Pensei que talvez ela não estivesse mais usando o endereço de e-mail que Armstrong me dera. Então resolvi escrever uma carta e enviá-la à moda antiga. Incluí algumas fotos minhas e falei que ficaria muito contente em encontrá-la.

Um mês se passou.

Nada.

Perdendo as esperanças de ter o endereço certo, digitei o nome dela no site de busca. Um documento intitulado "República da Áustria, Relatório de Atividades do Conselho de Análise do Asilo Federal Independente" apareceu em minha tela. Cliquei em cima dele.

Bingo.

Guenevere era juíza, uma *magistère* do conselho. Fiquei impressionado. Não via a hora de falar com ela e perguntar sobre suas lembranças de nosso pai. Fiquei imaginando se o passado de crimes de Van a motivara a ajudar delinquentes a solicitar asilo.

Três horas depois, encontrei o telefone do conselho.

Disquei o número uma vez após a outra, mas minha incapacidade de falar alemão dificultava qualquer progresso.

Até que finalmente fui atendido por uma mulher que reconheceu as palavras "Guenevere" e "*magistère*".

— Sim, sim, mas não, ela não está aqui. Ela está de, como vocês dizem, maternidade? — conseguiu me falar.

Entendi pela mulher que Guenevere tirara uma licença-maternidade de dois anos.

— A senhora tem o telefone dela? — perguntei, cruzando os dedos.

— Não. Ligue na segunda-feira. Talvez alguém possa ajudá-lo.

Voltei a telefonar na segunda-feira seguinte e falei com uma mulher, que disse: — Está procurando por Guenevere, certo? — antes de informar que era sua secretária.

— Sim — respondi, tentando esconder a empolgação em minha voz.

— Ela está de licença-maternidade. Está em casa, esperando o bebê.

— Pode dar um recado a ela?

— Claro — respondeu a mulher.

— Peça que telefone para Gary Stewart. Diga que sou o irmão dela dos Estados Unidos.

Dei a ela o número de telefone do escritório.

Ela soltou uma risadinha, surpresa. — Ah, o irmão. Tudo bem, Gary. Vou dar o recado, espero que ela ligue de volta. Adeus.

Desliguei o telefone com a sensação de ter usado minha última ficha, mas animado por saber que Guenevere receberia meu recado.

Minha mudança de humor era evidente quando entrei em meu escritório aquela manhã. Phillip Schmidt, um colega de trabalho e também um grande amigo, logo percebeu. — Viu passarinho verde essa manhã, foi?

Eu ainda não tinha comentado com ninguém no trabalho sobre meu pai. Todos sabiam de Judy, mas não mencionei que estava procurando por Van. Contei a Phillip que descobrira ter dois irmãos e uma irmã na Áustria. O telefone, que normalmente tocava sem parar, estranhamente permaneceu em silêncio enquanto conversávamos. Ainda estávamos falando sobre o que eu devia fazer a seguir quando o telefone tocou. Eram nove e meia.

Phillip atendeu. — Delta Tech, aqui quem fala é Phillip. Como posso ajudá-lo?

Ouvi uma voz feminina e vi o olhar confuso estampado no rosto de Phillip. Estava com dificuldade para entender o que a mulher estava falando. Até que ele a ouviu dizer "Gary" e cobriu o telefone com a mão.

— Acho que é sua irmã — falou.

Fiquei ali parado, subitamente petrificado.

— Vou deixar vocês dois a sós — disse Phillip, passando-me o telefone. Quando ele fechou a porta, falei "Alô" com certa alegria exagerada e a voz tremulante.

— Olá. Gostaria de falar com Gary Stewart — disse em inglês perfeito uma voz com forte sotaque alemão.

Apertando o telefone, respondi: — Está falando com ele.

— Aqui quem fala é Guenevere. Que história é essa de você ser meu irmão?

Dava para sentir que ela sorria por seu tom de voz e finalmente soltei a respiração.

Nossa conversa durou quarenta minutos. Guenevere perguntou por que eu achava que éramos irmãos. Contei que tinha sido adotado e o que me dissera Armstrong.

Guenevere falou que tinha um filho, Karl, de dois anos, e teria outro bebê em março. Explicou que se mudara do endereço para onde enviei a carta porque ela e o marido precisavam de uma casa maior para a família em expansão. Não recebera os e-mails porque não tinha ido ao escritório.

Meu coração flutuava. Ela não estava me ignorando.

Contei a ela sobre a minha família, todas as duas, e repeti as informações que escrevi nas cartas.

— Pode me dizer algo sobre nosso pai? — perguntei.

— Não conheci nosso pai — disse ela. — Ele nos abandonou quando eu era bebê.

Suas palavras atravessaram meu corpo. Van fizera o mesmo que fez comigo aos meus irmãos. Eu conhecia bem a tristeza que ela deve ter sentido ao descobrir aquilo.

— E foi por causa do passado de crimes do nosso pai que você dedicou sua vida a ajudar aqueles como ele a procurar asilo? — perguntei, com a voz tomada de empatia.

Do outro lado da linha, silêncio.

— O que quer dizer com passado de crimes do nosso pai? — perguntou Guenevere, alterando o tom de voz.

Eu sabia que tinha dado um passo em falso. — Apenas supus que, se você trabalha no conselho de asilo, nosso pai talvez estivesse fugindo de algo nos Estados Unidos.

— Minha carreira não tem nada a ver com meu pai — rebateu Guenevere com frieza. — Foi só o que aprendi na faculdade, nada mais.

Depois de nos despedirmos e trocarmos informações de contato, percebi que tinha dado um tiro no pé. Esperava não ter feito muito estrago, mas a Guenevere que disse adeus não foi a Guenevere simpática que dissera olá.

Escrevi uma carta aquela noite me desculpando por surpreendê-la daquela forma e compartilhando com ela tudo que descobrira até então sobre Van, incluindo as informações equivocadas fornecidas pelo meu amigo no Departamento da Justiça e por Harold Butler.

Ela respondeu, contestando o que escrevi. Afirmava que o pai nunca fora preso nos Estados Unidos. —Você diz que o policial contou que meu pai foi preso na Califórnia em 1996. Isso é completamente absurdo, pois meu pai morreu em 1984 no México. Continuava dizendo que depois de sofrerem tantas dificuldades, ela, os irmãos e a mãe tinham virado de vez a página sobre o pai e sua família nos Estados Unidos. — Não queremos mais nenhuma ligação com a família do meu pai e assim não queremos que você ou qualquer um interfira na minha vida, nas dos meus irmãos ou na da minha mãe. Pedimos que respeite nossa vontade. Obviamente, desejamos a você e a sua família tudo de bom no futuro.

Queria me estapear por ter sido tão burro. É claro que ninguém quer descobrir que tem um irmão e imediatamente ser informado de que o pai era um criminoso. Presumi que, sendo minha irmã, ela se identificaria automaticamente com a situação.

Escrevi outra carta a Guenevere tentando me explicar e recebi uma resposta mais amigável.

— Tente imaginar como me senti — disse ela — quando você falou no telefone: "Sou seu irmão, seu pai teve um relacionamento com uma menor e também era um criminoso..." Senti e ainda sinto como se tivesse sido atropelada por um caminhão que apareceu do nada!

Ela pediu para ver minha certidão de nascimento para que pudesse ter certeza de que eu era seu irmão e pediu tempo para absorver aquilo tudo. — Se isso tudo for verdade, isso seria um choque para minha mãe, que não anda bem de saúde.

Ela disse que meu pai "sufocou" no México e que sua mãe viajara até lá para se despedir por todos eles. — Ele foi enterrado num túmulo sem lápide porque a esposa do meu avô não quis transportá-lo para os Estados Unidos para que tivesse um funeral adequado.

Continuava dizendo que não chegara a conhecer meu avô. — Nunca recebemos um brinquedinho sequer dele. Aos onze anos, viajei para uma excursão nos Estados Unidos e ele poderia ter me visitado, mas não quis me ver. Quando terminei o curso de Direito e fui escolhida pelo reitor da Faculdade de Direito Rutgers para trabalhar como assistente da universidade na América por um ano, me prontifiquei a visitar sua esposa, Eleanor, mas ela também não quis me ver.

Guenevere concluía dizendo que não entendia por que era tão importante que eu tivesse contato com ela, mas que precisaria de provas e de tempo.

Na assinatura, escreveu "Gueny".

Aquilo me deu esperança.

Dei a ela o tempo de que precisava. Nos meses que se sucederam, tentei inúmeras vezes obter minha certidão de nascimento original junto ao estado da Luisiana e por fim levei meu caso ao tribunal, mas não teve jeito. Meus registros de nascimento eram sigilosos e ponto final.

Com o passar dos meses, fui perdendo a esperança de que Guenevere voltasse a me procurar, por mais que eu tivesse escrito a ela explicando que estava me esforçando ao máximo para conseguir minha certidão de nascimento.

Até que finalmente, sete meses depois, encontrei em minha caixa de correio uma carta com um selo escrito ÖSTERREICH. Meu coração parou de bater quando abri o envelope.

A carta não era de Guenevere.

Era de sua mãe, Edith.

Com um mau pressentimento, entrei e sentei para ler a carta.

A terceira esposa de meu pai dizia que era normal que crianças adotadas procurassem por seus pais biológicos, mas que poucas conseguiam lidar com a realidade que encontravam. Afirmava que as informações descritas por Harold Butler sobre Van estavam incorretas e que seu marido não podia ter sido preso em 1996, já que morrera em 1984. — Isso é um fato para mim. Ou então você está me dizendo que visitei o túmulo errado. Se meus filhos quiserem saber algum detalhezinho sobre o pai, podem perguntar para mim — escreveu. — Pare de incomodar meus filhos e de me perturbar. PARE COM ISSO. Você não é o único que, depois de trinta anos, quer ter algum tipo de parentesco comigo (que moleza viajar para a Europa e passar um tempo em Viena). — Ela então me informava que as pessoas podem escolher os amigos, mas não os parentes, e me desejava "a grande família paternal" que seus filhos nunca tiveram.

Fiquei ali sentado, anestesiado, com milhares de pensamentos girando na cabeça. Guenevere deve ter contado à mãe tudo sobre mim. Gueny parecia tão jovial em sua última carta. Edith não queria ouvir falar do filho de outro casamento.

As lágrimas desceram pelo meu rosto quando me dei conta de que teria de abrir mão daquilo.

55

O ano de 2008 teve início e minha luta para conseguir a certidão de nascimento prosseguiu, embora sem sucesso. Cheguei a levar Judy comigo ao Escritório de Estatísticas Vitais para provar que eu sabia quem era minha verdadeira mãe, mas meu pedido foi negado mesmo assim.

Assim que recebi a carta de Edith, entendi por que a Administração de Seguridade Social não tinha ideia de que meu pai estava morto: Edith voltou à Áustria sem declarar sua morte. Ainda que eu não soubesse a data exata, resolvi fazer uma declaração formal para que houvesse um registro nos Estados Unidos. Estimei que tivesse morrido em agosto de 1984. Estava errado.

Finalmente consegui obter o registro de óbito oficial de meu pai por meio do Departamento de Estado Americano. Segundo o documento, meu pai morreu num hotel — o Corinto — na Cidade do México. "Asfixia por obstrução das principais vias aéreas por material gástrico em trânsito".

Eu sabia o que aquilo significava. Tinha sufocado com o próprio vômito.

O Dr. Aurelio Núñez Salas foi o responsável pela autópsia.

Van morreu no dia 20 de maio de 1984 e foi enterrado no Panteón San Lorenzo Tezonco, na Cidade do México.

Corri para pegar um avião. Precisava ver o homem que atormentara meus pensamentos e sonhos pelos últimos cinco anos.

No Hotel Corinto, no centro da Cidade do México, senti uma sensação de *déjà vu*. Foi ali naquele mesmo hotel que minha mãe e meu pai se hospedaram em 1962. Eu sabia por que Judy descrevera um hotel de nove andares com uma piscina no topo. Aquele prédio alto, próximo ao Monumento a la Revolución na Plaza de la República, era o único hotel com uma piscina no nono andar. Ali, minha mãe e meu pai desfrutaram os dias mais românticos de seu relacionamento.

Ali começara sua lua de mel.

E ali, naquele mesmo hotel, a história dos dois chegara ao fim.

Sentado no bar com suas paredes cobertas de espelhos e retroiluminação azul, onde se alinhavam garrafas de Crown Royal, Jack Daniel's e tequilas de todos os tipos, perguntei-me quantas vezes meu pai sentara naquele exato ponto, talvez no mesmo banco, encarando o homem que olhava para ele do outro lado do espelho. Fiquei imaginando o que pensava daquele homem, se algum dia chegou a compreender o que permitira se tornar.

E tentei imaginar no que pensou logo antes de morrer.

Foi então que percebi a ironia de tudo aquilo: o homem que machucara tantas pessoas morreu sufocado com o próprio vômito.

De certa forma, parecia apropriado.

Sacudi a cabeça para acordar daquele devaneio, pedi um drinque ao barman e disse casualmente: — *Mi padre murió aquí.*

Uma mulher sentada num banco ali perto ficou me estudando por um bom tempo e então acenou com a cabeça. — Ah, bambino Van Best.

Tentei perguntar se conhecia bem meu pai, na esperança de ouvir algumas histórias sobre sua vida no México, mas ela não falava inglês e meu frágil esforço para falar com ela em espanhol foi em vão.

Até que finalmente desisti e me encaminhei para o nono andar.

Sentei numa das cadeiras da piscina diante de uma vista maravilhosa da cidade, onde era possível ver Popocatépetl, a segunda maior montanha do México, despontando a setenta quilômetros de distância. O vulcão ainda ativo, ou "monte fumegante", é chamado pelos locais de "El Popo" ou "Don Goyo".

Imaginei minha mãe brincando na piscina e meu pai rindo de suas traquinagens. Ela era muito jovem na época, tinha apenas quatorze anos, e sua alegria devia ser contagiante. Era muito bonita e Van a admirava com carinho, ignorando os outros hóspedes, que deviam olhar para ele de nariz torcido, questionando a natureza da relação entre os dois. Seria ele o marido ou o pai?

O sol estava se pondo atrás da montanha e fiquei assistindo até desaparecer por completo. Em seguida levantei e voltei para o meu hotel, o Sheraton Maria Isabel. Não quis me hospedar no Hotel Corinto. Aquilo já seria demais.

Na manhã seguinte, liguei para a recepção e perguntei se podia contratar um motorista por um dia. Eu tinha negócios importantes e precisava de alguém de confiança. Às 9h45 da manhã, um mexicano baixo de cabelos brancos que se apresentou como Sergio me encontrou na frente do hotel.

— Señor Gary? — perguntou.

— *Sí* — respondi.

— Parece que o senhor tem um pedido muito especial hoje?

— *Sí, señor* — falei, apertando sua mão. Tinha explicado ao recepcionista que queria encontrar o túmulo de meu pai.

— Muito bem — disse ele, com seu sotaque pronunciado. — Não vamos deixar seu pai esperando então, meu amigo.

Embora o cemitério San Lorenzo Tezonco ficasse a menos de vinte e cinco quilômetros do centro da Zona Rosa, a viagem foi consideravelmente mais demorada devido às obras e ao tráfego infinito na comunidade de Iztapalapa, uma das áreas mais perigosas da Cidade do México.

— Eu não passo por aqui, *señor* — informou Sergio. — Nunca na vida. Em todos os meus anos de vida, *señor*, nunca me pediram algo assim. Eu me sinto muito honrado em levar o *señor* para ver seu pai pela primeira vez na Cidade do México.

A viagem ao sul da antiga cidade de Tenochtitlan — nome dado à área pelos astecas antes de virar Cidade do México — levou quase duas horas. Achei que tínhamos chegado ao nosso destino quando comecei a ver barraquinhas de madeira com tetos de estanho oferecendo belas flores, crucifixos e estatuetas, incluindo a de La Catrina, para os camponeses pobres que visitavam o lugar do descanso final de seus entes queridos. O comentário de William quando contei que pensava em visitar o túmulo de meu pai me passou pela cabeça.

— Lembre-se de não ir no Día de los Muertos — avisou.

— O que é isso?

Ele explicou que no México as pessoas acreditavam que no Dia de Finados — 2 de novembro — e nos dias próximos seus parentes e amigos que já se foram tinham permissão divina para visitar a terra. Um festival é realizado ao longo de três dias, no qual os vivos acolhem as almas dos mortos oferecendo flores, pratos especialmente preparados, velas, fotografias e incenso. É uma ocasião tranquila e alegre para manter a memória de quem já partiu nas mentes dos que ficaram.

— Mas não é algo para estrangeiros — disse William. — E você não vai querer esbarrar com um desses espíritos que podem ter acabado ficando para trás.

Ainda pensava naquilo quando entramos no cemitério. Algumas letras em preto sobre uma pequena placa de madeira compensada anunciavam nossa chegada ao Panteón Civil San Lorenzo Tezonco. Não consegui tirar os olhos daquela placa: era o símbolo da última parada na lamentável vida de meu pai. Meu estômago começou a revirar.

— Aqui estamos, *señor*. Lamento. É um lugar muito, muito pobre.

Olhei ao redor e pude ver o que ele quis dizer. Meu pai estava enterrado no cemitério mais pobre do pior bairro da Cidade do México. Comecei a sentir tudo desacelerar, como uma cena em câmera lenta num filme onde o silêncio toma conta de todos os sentidos. Tudo parecia surreal. Respirar foi ficando difícil. Embora tivesse sofrido com o cansaço em meu primeiro dia na Cidade do México, devido a seus mais de 2.250 metros de altitude, não se tratava daquilo. Tinha a ver com o fato de estar realmente ali naquele lugar.

Com meu pai.

Fiquei observando os escritórios da administração do cemitério enquanto Sergio guiava o carro lentamente pela via ladeada por fileiras de árvores.

— Vire à direita — falei ao ver um velho escritório de tijolos escondido atrás de uma mata de algarobas. Ele parou numa vaga em frente ao prédio enquanto eu remexia em minha mochila do exército suíço em busca do registro de morte e da certidão de nascimento de meu pai.

Lá dentro, Sergio falou com uma senhora de idade sentada diante de uma máquina de escrever e explicou por que estávamos ali. Ela nos disse para dar a volta no balcão, seguir até os fundos e passar por uma portinha.

No escritório, outra senhora idosa se encontrava numa mesa e um homem de meia-idade trabalhava arquivando documentos. A parede dos fundos era coberta de gabinetes, mas foi um armário preto duplo com portas brancas que me chamou a atenção em particular. Nele estava escrito "1980-1984".

Quando Sergio explicou à outra mulher por que estávamos ali, ela apontou para esse armário.

Peguei um enorme livro onde se lia "1984" e comecei a folhear as páginas, verificando nome por nome. Quando cheguei ao dia 23 de maio, vi o nome de meu pai registrado pela última vez. Dezesseis pessoas foram enterradas ali naquele dia, oito crianças e oito adultos. O meu pai era o de número quinze, entre Francisca Quintero Cruz e Fernando Lecuona Armaz. Havia uma marca azul ao lado de seu nome. Imaginei que talvez fosse por ele ser americano.

Chamei o homem. Ele anotou o número do lote num pedacinho de papel e então balbuciou algo para Sergio.

Sergio pôs o braço no meu ombro. — Ele se chama Alejandro. Vamos atrás dele, *señor*. Vai nos levar até o seu pai.

Ao sairmos do escritório, mal consegui me controlar. Esperei anos para chegar até ali, depois de passar por muitas mágoas e decepções desde que descobrira o nome daquele homem. Agora que estava ali, perguntava-me o que estava fazendo, por que estava fazendo aquilo.

Caminhei na direção da perua de Sergio, mas ele me pegou pelo braço.

— Não, *señor*. Vamos a pé. Ele disse que não é muito longe.

Lutei contra minhas emoções no caminho até chegarmos a uma área pequena com fileiras de árvores e estradas de terra que levavam ao que um dia foi uma bonita capela de pedra. As paredes da capela estavam esmigalhadas junto às janelas e portas e o teto desabara — uma casualidade em decorrência de um terremoto que devastara a Cidade do México em 1985.

Ali perto nas montanhas, trovões começaram a ecoar e nuvens negras tomaram o céu. Tentei não olhar para a frente, pois sentia que estávamos perto e, quanto mais nos aproximávamos, ficava mais difícil respirar. Coloquei a mão no bolso para pegar um lenço e limpei os olhos. De repente, todos pararam.

De início, eu não quis ver. Fiquei olhando para as flores que enfeitavam os túmulos até onde a vista alcançava. Havia lixo e destroços espalhados pelo chão. Lembrei-me de meu avô, enterrado no esplêndido Cemitério Nacional de Arlington, entre os leais patriotas, em solo sagrado.

Pensei em Gertrude, cujo túmulo tinha visitado havia pouco em San Bernardino. Ela testemunhou as mortes dos únicos três homens que a amaram, ocorridas numa sucessão rápida em 1984: o comandante, seu primeiro marido, em março; seu segundo marido, John Harlan Plummer, em abril; e o filho em maio. Sentei de pernas cruzadas em seu túmulo e conversei com ela pela primeira vez. Ela morreu sozinha numa casa móvel em 1986. Nem mesmo um obituário foi escrito.

Eu sabia de alguma forma que ela, ao seu próprio modo, sofrera como o resto de nós. Sentado ali, abri meu coração para ela, mas quando parti não disse "eu voltarei". Não falei "espero que esteja feliz e em paz". Disse apenas que a amava e que lamentava por ela não conseguir aceitar o amor quando este lhe foi oferecido. Aquilo custara caro a muitas pessoas.

Olhando ao meu redor, fiquei feliz por meu avô não ter vivido o bastante para ver o filho enterrado como indigente. Seria algo insuportável para aquele homem orgulhoso, que pregara sobre o júbilo do céu em muitos dos funerais respeitáveis de seus paroquianos.

Percebi então que Sergio e Alejandro estavam parados entre duas lápides de mármore de frente para um montinho de terra seca. Alejandro sussurrou algo para Sergio, tirou respeitosamente o chapéu de palha e o colocou sobre o coração, abaixando a cabeça.

— Ele está aqui, *señor* — apontou Sergio para o monte de terra sem qualquer identificação aos nossos pés.

Por um momento não consegui falar.

Fiquei parado em silêncio na presença de meu pai.

Olhei mais uma vez para as lápides nos outros túmulos, colocadas carinhosamente por familiares indigentes que sentiriam para sempre a falta de seus entes queridos. A maioria das lápides era ornamentada por belas cruzes, pavimentando o caminho para a entrada daquelas almas no céu. Olhei então para o monte de terra que ninguém jamais visitara, a não ser Edith. Não havia nenhuma cruz ali.

Perguntei então a Sergio se podia deixar umas fotografias no túmulo. Numa delas estávamos eu e William e na outra eu, Judy e Zach.

— O vento vai soprar as fotografias para longe e elas vão virar lixo no fim do dia — respondeu Alejandro a Sergio em espanhol. — Mas posso cavar um buraco na terra na altura do coração do pai dele e colocá-las ali.

Alejandro colocou o chapéu no chão. Cavou um buraco de uns quarenta centímetros, bem em cima do coração do meu pai. Deu um passo para trás e se curvou, abrindo espaço para eu me ajoelhar e colocar as fotos no buraco. Depois que Alejandro as cobriu de terra, dei cinquenta pesos a ele e cinquenta para Sergio.

— *Un momento, por favor* — falei.

Alejandro respondeu num inglês perfeito: — Leve o tempo que for preciso, *señor*.

Sergio disse que esperaria num salgueiro não muito longe dali.

Foi então que me dei conta de que, pela primeira vez desde o dia em que ele me deixou na escadaria, estava sozinho com meu pai.

Eu me ajoelhei e tentei não deixar que a raiva tomasse conta de mim. Amava aquele homem de uma maneira inexplicável. Era meu pai. Estávamos ligados por um cordão invisível e inquebrável, embora eu ainda o odiasse por tudo aquilo que fez. Olhei para o alto e pedi ajuda a Deus para dizer as palavras certas. Orei do jeito que Leona me ensinou. Pedi a Deus que perdoasse meu pai. Pedi que tivesse piedade da alma de Van. E pedi a Ele que me perdoasse pela raiva que sentia em relação ao que meu pai fizera, não só comigo, mas também a tantos outros.

Olhando para o solo, vi minhas lágrimas caírem sobre a terra que cobria meu pai. Lembrei que Van odiava me ouvir chorar.

Naquele instante, soltei as amarras.

Abri meu coração para ele: toda a dor, toda a mágoa.

E depois o perdão que Leona e Loyd instilaram em mim.

Ao me afastar, vi as nuvens escuras retrocederem para trás do vulcão. "*Adiós, mi padre*", sussurrei, desejando de todo o coração que ele pudesse ter sido o homem que eu queria ter como pai.

Sem saber quanto tempo passei ali, olhei para o relógio. Percebi que era 17 de maio: aniversário do dia em que Earl Van Dorne Best morreu e deu lugar a Gary Loyd Stewart.

56

Quando Leona e Loyd conheceram Judy e Frank em 2002, fiquei num estado de pura alegria ao sentarmos todos na mesma mesa para compartilhar uma refeição. Sentia-me abençoado por ter não somente uma, mas duas belíssimas mães. O tempo foi passando e comecei a procurar meu pai, mas não sem me preocupar algumas vezes com o efeito que aquilo teria em meus pais adotivos. Tinham sido bons demais comigo e eu não queria magoá-los com aquela busca.

Sempre soube da influência que a enorme força e a fé extraordinária de minha mãe tiveram em minha vida. Mas num certo ano, por volta do Dia dos Pais, comecei a perceber o quanto a busca pela minha identidade fortalecera meu amor por Loyd e o quanto ele me apoiara, à sua maneira discreta. O Dia dos Pais nunca significara tanto para mim quanto agora.

Quando crianças, minhas irmãs e eu sempre assinávamos o cartão que minha mãe comprava e dávamos a ele antes de ir à missa. Depois de crescidos, todos fazíamos uma vaquinha para comprar um presente bonito para Loyd — uma churrasqueira, uma televisão nova — e lhe dávamos nosso próprio cartão personalizado. Nesse ano em particular, nenhum cartão de papelaria podia dizer o que eu queria dizer ao meu pai. Em 2009 entendi melhor o que realmente significava o Dia dos Pais. Então fiz meu próprio cartão:

Papai,

Hoje tive de ir ao prédio do tribunal na St. Louis Street para cuidar de alguns negócios. Como você sabe, estacionar é sempre um problema no centro, mas encontrei uma vaga na esquina da America Street com a St. Charles que custava cinco dólares pelo dia inteiro. Parei ali e fui cuidar dos negócios.

Você sabe que depois de passar estes últimos anos pesquisando sobre o meu passado e descobrindo todos os detalhes complicados sobre como fui abandonado na North Boulevard, aquela parte da cidade se tornou uma das minhas preferidas. Acho que, no fundo do meu coração, preferia que Van tivesse de fato tentado me deixar na Primeira Igreja Presbiteriana que fica ali, mas eu sei e hoje aceito o que realmente aconteceu naquele dia frio de março. Tudo o que sei é que aquela parte da cidade, Beauregard Town, hoje é muito especial para mim. Na minha cabeça e no meu coração, é um lugar sagrado e santificado. Sempre que tenho oportunidade, tento passar por ali ou estacionar o carro e caminhar pelo velho prédio de apartamentos Lytle. Faço isso com certa frequência.
Tem algo naquele lugar que me atrai, uma volta às minhas origens.

Mas hoje algo de diferente aconteceu. Quando saí do estacionamento na America Street, virei à esquerda e passei por três quarteirões, virando novamente à esquerda na St. Joseph. Partindo para o norte, vi o pátio por onde Van deve ter me carregado para entrar pelos fundos do prédio. Parei ali por um instante só para pensar e fantasiar, ouvindo o que Deus estava tentando me dizer. Por muito tempo imaginei o que podia estar passando na cabeça de Van e em seu coração.

Será que ele me amava? Será que ligava para mim? Será que ele chorou? Ou se lamentou pelo que estava prestes a fazer? Guardei essas coisas no meu coração e na minha mente por bastante tempo. Ali sentado, chorando e ouvindo, encontrei a resposta. Não importava o que Van tinha feito ou como ele se sentia. Apenas uma coisa importa no que aconteceu aquele dia. O que importa foi o que Deus fez.

Passei quatro horas e meia sozinho. Mas agora eu vejo que nunca estive sozinho, pai. Hoje eu entendo que, no momento em que Van me deixou ali no chão e deu as costas para o filho que chorava, alguém muito especial estava olhando por mim. Estou certo de que ao escapar daquele prédio, esperando que ninguém o visse e descobrisse a crueldade em seu coração, Van pode ter olhado para trás ou até derramado uma lágrima. Isso eu não sei. Mas sei que Deus viu tudo. Sabia que aquele bebê estava sozinho, desprotegido, e então Ele me envolveu com Seu amor e me protegeu até a Sra. Bonnette chegar do trabalho.

Talvez Van não tenha derramado lágrima alguma, mas tenho certeza de que Deus o fez quando testemunhou as ações daquele pai que abandonava seu único filho. Acho que Deus fica inconsolável quando vê o mal. Acho que, ao ver Van saindo daquele prédio, o coração de Deus se encheu de energia para encontrar o pai perfeito para aquela criança. Acredito que durante aquelas horas Deus me acalmou e ficou ali do meu lado naqueles degraus frios e solitários, me consolando e traçando Seu plano para a minha vida.

Sei que ao tomar conta de mim naquele dia Deus decidiu que aquela criança deveria ser dada a alguém muito especial, alguém com o coração Dele. Deve ser por isso que Deus escolheu você a dedo para ser meu pai. Ele sabia que eu precisaria de um amor especial para curar as cicatrizes deixadas por meu pai biológico e só havia uma pessoa capaz de desempenhar esse papel.

Quero apenas que você saiba o quanto sou grato por Deus ter feito a escolha certa ao me dar a você. Eu te amo de todo o coração.

Feliz Dia dos Pais,

Gary

Meu pai não quis ler o cartão na frente de todos que se reuniram em sua casa naquela tarde de domingo, preferindo ir para o quarto. Alguns minutos depois, voltou com o rosto coberto de lágrimas. Falou que o cartão foi o melhor presente que recebeu na vida. Jogou os braços em mim num abraço apertado e me disse baixinho: — Eu te amo, Gary.

Nunca vou me esquecer daquele momento.

Três anos depois, em 16 de junho de 2012, na véspera do Dia dos Pais, minha mãe e meu pai se levantaram para sua rotina habitual. Leona preparou o café para Loyd e voltou para o quarto para se dedicar a suas orações diárias. Meu pai levou o café para a sala do computador, como a chamava, onde lia a Bíblia todas as manhãs.

Quando meu pai terminou de ler, ele colocou seus tênis surrados e o boné manchado de suor. — Querida, estou pronto — gritou para minha mãe, avisando que estava na hora de cuidarem do jardim.

Saindo pela porta dos fundos, que dava para o pátio com o novo pavimento de tijolo, meu pai olhou para o céu azul e ensolarado. Antes mesmo de fechar a porta, começou a cantar, agradecendo a Deus por aquele belo dia.

Ó Senhor, meu Deus
Quando eu, maravilhado
Considero todos
Os mundos que Suas mãos construíram.

Interrompendo, minha mãe fez o que fazia de vez em quando. Não conseguia se segurar. Ainda era muito cedo.

— Silêncio, Loyd. Não tão alto. Vai acordar a vizinhança inteira.

Meu pai apenas sorriu. — Bom, eles precisam ouvir mesmo — falou.

— Como o Senhor é grande! — cantou ainda mais alto, curvando-se para pegar um tijolo que prendia o encerado que colocara para proteger as flores da chuva forte que vinha caindo nos últimos dias. Ele parou com o tijolo na mão direita e olhou para o céu.

Naquele instante, Deus chamou meu pai de volta para casa.

Antes que o belo invólucro que era seu corpo caísse no chão, seu espírito já voava rumo ao paraíso enquanto sua voz ainda louvava seu Deus.

Não tenho dúvidas de que Deus o levou desse jeito, pois sabia o quanto meu pai odiava despedidas. Como recompensa por uma vida bem vivida, Loyd foi poupado de uma longa doença e de ter de dizer adeus à esposa e à família que tanto o amavam.

Quando escrevi seu obituário no Dia dos Pais, queria que as pessoas soubessem o homem maravilhoso que ele foi, engraçado, bondoso e carinhoso. Esqueci-me de mencionar que por muitos anos ele fora diácono na Igreja Batista de Istrouma. Aquele era um dos feitos dos quais mais se orgulhava. Tinha concentrado minha atenção em descrever o tipo de marido, pai e avô que foi e acabei me esquecendo de algo que era muito importante para ele. Estou certo de que isso arrancou um sorriso dele.

A Igreja Batista de Istrouma estava apinhada no dia do funeral. Centenas de pessoas cujas vidas foram tocadas por ele de alguma forma ou de outra lotavam os bancos ou esperavam em fila para dar o adeus final àquele grande homem.

Diante de toda aquela gente, contei com orgulho sua história de vida: como aquele homem simples fizera toda a diferença nas vidas de sua mulher, dos filhos e dos netos.

Nos dias que se seguiram ao funeral, não pude deixar de pensar na diferença entre meus dois pais: um que me abandonou e o outro que me criou como se fosse seu. Tentei imaginar como seria minha vida se fosse criado por Earl Van Best Jr. em vez de Harry Loyd Stewart. Sei que não seria o homem que sou hoje, o homem que Loyd me ensinou a ser por meio de suas palavras e ações.

Sim, meu pai biológico foi um estuprador de menores e um assassino em série, mas meu pai de verdade, o homem que me amava, que trabalhou duro para me dar uma boa vida, hoje está no céu, ainda olhando pelo filho que levara com tanto carinho para dentro de sua própria casa e de seu coração.

57

Doze anos se passaram desde que Judy me encontrou e devo dizer que aquele foi um dos dias mais significativos da minha vida. As feridas que causamos um ao outro ao longo dos anos estão sendo curadas e nos vemos sempre que possível. Hoje reconheço o quanto tudo isso deve ter sido difícil para ela. Entendo que era apenas uma menina quando nasci e não posso responsabilizá-la pelas ações de um terceiro. Não posso culpá-la por não querer se lembrar das coisas. Eu também não gostaria de recordar esse tipo de coisa. Cinco anos atrás, Judy deu início ao Grupo de Apoio à Reunião de Adotados de Tucson, que é sua maneira de se redimir orientando e aconselhando outros adotados. O trabalho que realiza por meio desse grupo ajudou a mudar a vida de muitas pessoas.

Em janeiro de 2010, Tania me telefonou para dizer que William falecera. Fiquei muito triste com a perda, pois tínhamos nos aproximado bastante. Sempre pude contar com sua sinceridade, mesmo quando os detalhes do que contava me convenciam ainda mais dos pecados de meu pai. Nos poucos anos em que o conheci, ele se tornou como um tio para mim: o tio Bill.

Pouco depois visitei Tania para lhe dar os pêsames. Lá, o assunto voltou para meu pai.

— Você sabe que eu não gostava dele — falou. — Nunca quis dizer isso na frente de Vsevé, mas seu pai apareceu do nada no final dos anos 1970 ou início dos anos 1980. Vsevé estava viajando a trabalho e eu não quis convidar Van para entrar, pois ele estava todo desarrumado. Até mesmo sujo, eu diria. De qualquer forma, tinha uma aparência terrível. Acho que queria dinheiro, mas seu orgulho não deixava que pedisse a mim. Até que finalmente o deixei entrar e ele começou a se vangloriar, como de costume, das coisas que tinha feito na vida. Depois sugeriu que eu deixasse Vsevé e fugisse com ele. Seu pai era um homem doente.

Harold Butler morreu em 21 de junho de 2012. Qualquer esperança que eu ainda tivesse de descobrir o que ele sabia sobre meu pai morreu com ele. Butler, como tantos outros, levou seus segredos para o túmulo.

Até hoje ainda não vi minha certidão de nascimento original. Depois de abrir um processo, a juíza Pamela Johnson ordenou que o Escritório de Estatísticas Vitais me fornecesse uma cópia. Quando fui buscá-la, a funcionária olhou para a decisão judicial e balançou a cabeça. — Não é assim que fazemos as coisas aqui na Luisiana. — Ignorando a ordem, ela se recusou a me dar o documento. Ainda estou lutando para consegui-lo.

No dia 19 de maio de 2011, enviei uma carta aos senadores estaduais da Luisiana, insistindo que apoiassem o Projeto de Lei 155 do Senado da Luisiana, que daria às pessoas adotadas acesso a suas certidões de nascimento originais. A lei não foi aprovada.

Numa última e desesperada tentativa, acrescentei o e-mail de Guenevere na mensagem. Acrescentei uma nota, simplesmente dizendo: — Ainda estou tentando.

Ela me respondeu no mesmo dia. Seu e-mail dizia:

— Olá. Você deve ter entendido algo errado: não damos a mínima para a sua certidão de nascimento, pois já deixamos claro que não queremos conhecê-lo ou ter qualquer tipo de contato com você. Gueny.

Apesar dessa decepção, sinto-me abençoado pela família que tenho. Vivi boa parte da vida atormentado por uma crise de identidade: minha incapacidade em lidar com o fato de não saber quem eu era. Assim como fez com Loyd, Deus sabia que seria preciso uma pessoa muito especial para conseguir me entender e me amar incondicionalmente. Por isso, ele me deu minha bela esposa, Kristy, em 2007. Com toda a paciência, ela me apoiou em meio a essa jornada para encontrar meu pai e a mim mesmo. Ela é o meu porto seguro e, junto ao restante da família, vamos ajudar Leona a passar por esse período difícil. Depois de sessenta anos de matrimônio, a perda de Loyd foi bastante dolorosa e ela não sabe mais como é viver sem ele. Sei que ela, como mulher de fé, aguarda pacientemente que Deus a reúna com o amor de sua vida.

Comecei a escrever um diário por volta da época em que Judy e eu nos conhecemos, na esperança de conseguir expressar meus sentimentos no papel para que um dia Zach pudesse contar a seus filhos a história do pai. Não sabia, então, que rumo tomaria a narrativa, mas documentei cada passo dessa jornada.

Ao longo dos anos, compartilhei a história sobre o Romance da Sorveteria e minhas descobertas sobre o passado de meu pai, incluindo a possibilidade de que fosse o Zodíaco, com meus amigos mais próximos. Eles pareciam fascinados com o que contei e sugeriram que eu escrevesse um livro. Mas não sou escritor: meu diário estava tomado de anotações feitas num período de dez anos de pesquisa e das emoções que senti nesse período. Comecei a procurar alguém que pudesse me ajudar. Uma vez que não podia contar com o DPSF para fazer meu exame de DNA, pensei que um livro contendo todas as provas que reuni pudesse desemperrar as rodas da justiça.

Numa manhã de março de 2012, eu estava no escritório de um amigo e parceiro de negócios, Earl Heard, editor da revista comercial *BIC*, contando um pouco dessa história e explicando que estava em busca de alguém que pudesse me ajudar a escrever um livro. Sabia que Earl publicara diversos livros e achei que ele pudesse me colocar na direção certa. Naquele momento, sua secretária o avisou que Susan Mustafa estava ao telefone. Earl abriu um enorme sorriso e disse: — Cara, aqui está a escritora para o seu livro. Só pode ser um sinal.

Quando conversei com Susan ao telefone, deu para perceber que ela achou minha história interessante, mas se mostrou um pouco cética quando cheguei à parte sobre o Zodíaco. — Eu precisaria ver as provas que você reuniu — falou, decidida. — Não estou disposta a colocar minha reputação em risco a não ser que acredite no que estou escrevendo.

Naquele fim de semana ela foi à praia em Biloxi, no Mississipi, e leu meu diário com todas as evidências que acumulei ao longo dos anos.

Quando voltou, encontramo-nos na Hebert's Coffeehouse, em Baton Rouge, e ela concordou em me ajudar com o livro. Disse que teria de encontrar uma maneira para que meu DNA fosse comparado ao do Zodíaco.

Susan ligou para George Schiro, perito forense no laboratório criminalístico de Acadiana, explicando o que queríamos fazer.

— É possível conseguir uma identificação definitiva com apenas quatro marcadores? — perguntou ela.

— Sim, mas será mais fácil se tivermos o DNA da mãe e do filho.

—Você pode traçar os perfis?

— Não — respondeu George. — Nosso trabalho tem de passar pela polícia.

George recomendou a Susan que falasse com o Dr. R.W. "Bo" Scales, diretor do Laboratório Biológico Scales, em Brandon, Mississipi. — Diga que é uma amiga minha — falou.

Susan telefonou para o Dr. Scales no dia seguinte e deixou uma mensagem dizendo que George a indicara. O doutor retornou a ligação na mesma tarde.

— Os amigos do George são meus amigos — proclamou Dr. Scales, com sua voz jovial.

— Não tenha assim tanta certeza — disse Susan. — Você ainda não ouviu meu pedido maluco.

— Faço isso há mais de vinte anos. Já ouvi de tudo — falou.

— Tudo bem, então. Preciso que você compare um perfil de DNA de uma mãe e de um filho para extrair o perfil do pai.

— Quantos anos tem a criança?

— Quarenta e nove — disse Susan, caindo no riso.

— E onde está o pai?

— Morto.

Dr. Scales começou a rir e sugeriu que recomeçassem a conversa.

— O negócio é o seguinte — disse Susan. — Preciso desse perfil para comparar com o de um assassino em série. A polícia tem apenas quatro dos marcadores do assassino como prova. O Departamento de Polícia de São Francisco pegou uma amostra do filho para fazer o exame de DNA há oito anos e até agora não recebemos o resultado. Queríamos traçar o perfil do pai para que nenhuma agência de polícia tenha de arcar com os custos. Teriam apenas de examiná-los e compará-los.

— Quem é o assassino em série?

— Hãã... o Zodíaco.

— É mesmo? — perguntou o doutor, incrédulo.

— Sim, é mesmo — respondeu Susan.

Dr. Scales explicou a Susan o processo para se obter o DNA e cuidou dos preparativos para que as amostras fossem submetidas. Numa questão de semanas, recolheram amostras minhas e de Judy, e o Dr. Scales gerou um perfil do DNA do meu pai.

Nesse meio-tempo, Susan começou a fazer sua própria pesquisa.

Enviou uma solicitação para obter a ficha criminal completa de Van, com datas, acusações e números dos casos, ao DPSF. Dez dias depois, recebeu uma carta no correio dizendo que todos os arquivos sobre Earl Van Best Jr. tinham sido destruídos.

Naquele mesmo mês, Susan começou a conversar sobre o livro com seu agente literário em Nova York, B.G. Dilworth. B.G., que não conhecia bem o caso do Zodíaco, começou a ler sobre o assunto na internet. Ele sabia por meio de Susan que eu encontrara o nome do meu pai na cifra dos 408 e ficou curioso em ver as outras cifras do Zodíaco que não tinham sido decodificadas. Pegou algumas imagens das cifras no computador e começou a estudar a esmo a cifra dos 340 em busca do nome do meu pai.

Começou procurando pelo nome Best. Encontrou um *B* ao contrário no meio da cifra e passou então a procurar por um *E* que o cercasse. Tinha um *E* debaixo do *B*, mas nenhum *S* embaixo. Era um beco sem saída. Encontrou outro *E* na coluna à esquerda, mas não era adjacente ao *B*. Analisando a coluna seguinte, encontrou um *S* e um *T* na que vinha em seguida. Percebeu que tinha encontrado o sobrenome de Van escrito ao contrário e se indagou se o nome completo estaria ali. Procurou na coluna da extrema direita e encontrou um *E*. Partindo da direita para a esquerda pela cifra, acabou encontrando o nome Earl Van Best Junior. Van colocara uma letra de seu nome em cada coluna.

Para ter certeza de que não se tratava de uma coincidência, B.G. usou o mesmo método para tentar encontrar o próprio nome. Mas não estava ali. Resolveu então procurar pelos nomes de amigos e parentes e depois por outros nomes comuns, como Jane Brown e Mary Smith. Não conseguiu achar nenhum nome e sobrenome na mesma sequência, muito menos um nome composto por quatro palavras.

Por mais de quarenta anos, a cifra dos 340 intrigou os melhores criptologistas do mundo. Olhando agora, parece bem simples — um jogo infantil de caça-palavras —, mas o principal motivo pelo qual B.G. conseguiu solucioná-la foi o fato de conhecer o nome do Zodíaco.

Susan me telefonou assim que soube da novidade. — B.G. encontrou o nome do seu pai na cifra dos 340 — disse ela, com a voz animada, para então me explicar o que aconteceu.

Corri para o computador e procurei pela cifra. Não tinha dado muita atenção a ela anteriormente. Encontrei o nome do meu pai na cifra dos 408 e aquilo, para mim, já era o suficiente. Com a cifra na tela, segui as instruções de Susan para achar o nome.

— Meu Deus! Está aqui! — falei, tentando absorver a grandeza do que estava vendo. O *B* ao contrário me chamou a atenção. Meu pai sempre insistiu que seu nome estava nas cifras. Concluí que era uma pista, sua maneira arrogante de dizer ao mundo que seu nome estava escrito ao contrário entre aqueles 340 caracteres.

— Só um minuto, quero imprimir. — Quando a folha saiu da impressora, peguei uma caneta e comecei a circular as letras. — É incrível — falei ao terminar.

— A probabilidade de o nome do seu pai aparecer em duas cifras diferentes deve ser mínima — disse Susan.

— Eu sei — respondi, afundando na poltrona sem tirar os olhos da folha. Seu nome na cifra dos 408 não era uma simples coincidência.

58

— Ei, Gary, você tem algo com a caligrafia do seu pai? — perguntou certo dia Susan. — Uma carta que ele escreveu para o seu avô ou alguma coisa do gênero? — Na ocasião, já fazia mais de um ano que vínhamos trabalhando no livro.

— Quem me dera — respondi.

Aquela pergunta me deixou intrigado, como se eu tivesse me esquecido de algo que devia lembrar. Uma sensação inquietante me acompanhou pelo resto do dia, até que decidi ir ao escritório e comecei a tirar caixas cheias de papéis, cartas e outras lembranças, espalhando tudo pela mesa e no chão. Horas depois, tirei um documento de uma das caixas. Era a certidão de casamento de Judy e Van.

— Van preencheu a papelada quando nos casamos e contratou testemunhas para assinar a certidão de modo que pudesse se casar comigo quando eu tinha quatorze anos — contou Judy. — Ele mentiu ao padre sobre a minha idade.

Não acreditei no que tinha encontrado: a caligrafia de meu pai em 1962.

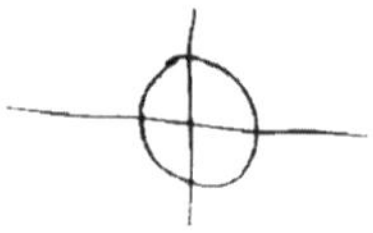

R O I N U J T S E B N A V L R A E

E A R L V A N B E S T J U N I O R

Meu coração quase parou enquanto eu olhava compenetrado para o documento. Eu estudara as cartas do Zodíaco o bastante para reconhecer imediatamente que a caligrafia do meu pai era bastante parecida com a do Zodíaco.

E tinha mais. Debaixo daqueles documentos, encontrei as licenças de casamento do meu pai com Edith Kos e Mary Annette Player. Todas com a sua assinatura.

Liguei para Susan para contar o que acabara de descobrir. — Precisamos achar um perito para comparar as caligrafias — falei.

Depois de algumas semanas pesquisando por peritos em exame forense de documentos, Susan e eu decidimos que Michael N. Wakshull, da Q9 Consultoria, autor de *Line by line: forensic document examination - A Strategy for Legal Professionals*, tinha a experiência e as credenciais necessárias para suprir nossas demandas.

Susan telefonou para ele. — Escrevo sobre crimes reais e estou pesquisando sobre um caso esquecido — disse ela depois de se apresentar. — Preciso de um especialista em caligrafia para comparar a caligrafia numa certidão de casamento de cinquenta e um anos com a de um assassino em série.

— Qual assassino? — perguntou Wakshull.

Ele ficou surpreso ao ouvir a resposta de Susan: — O Zodíaco.

Wakshull vive perto de Riverside, onde Cheri Jo Bates foi morta, e lembrava-se muito bem do caso do Zodíaco.

Ele ficou intrigado, mas se mostrou cauteloso.

— Tudo o que temos é uma certidão de casamento e três assinaturas em licenças de casamento. Será que é o bastante? — perguntou Susan.

— Não sei dizer. Estarei num seminário neste fim de semana — falou. — Posso ligar de volta na segunda-feira para falarmos sobre o caso? Envie as amostras por e-mail para que eu possa dar uma olhada, mas deixe-me dizer que é pouco provável que eu aceite o caso. Não vou colocar minha reputação em risco a não ser que tenha certeza.

Na segunda-feira seguinte, depois de examinar o material enviado por Susan, Wakshull telefonou e concordou em comparar a caligrafia de meu pai com a do Zodíaco.

Esperamos ansiosamente por quase dois meses pelo resultado.

Até que finalmente, no dia 9 de dezembro de 2012, recebemos nossa resposta.

Wakshull tinha elaborado um relatório completo de sessenta e quatro páginas, com análises e quadros comparativos, e sua conclusão foi que estava praticamente certo de que a pessoa que preenchera a certidão de casamento era a autora das cartas do Zodíaco. Ele explicou que não podia declarar que estava absolutamente certo, pois as regras de sua profissão o impediam de fazer tal afirmação sem o exame dos documentos originais. "Alta probabilidade" e "praticamente certo" eram os termos mais contundentes que podia aplicar para apresentar sua opinião profissional.

Senti um calafrio ao examinar os quadros elaborados. Wakshull sobrepôs a caligrafia do meu pai à caligrafia do Zodíaco e o resultado era assombroso.

Conseguira a última prova que me faltava — uma evidência forense que se sustentaria num tribunal.

Algumas semanas depois, Wakshull enviou outro quadro. Decidira sobrepor o rosto do meu pai em cima dos dois retratos falados do Zodíaco para ver o quanto eram semelhantes. O resultado era indiscutível.

Quando Susan finalmente contou a ele toda a minha história, Wakshull foi ainda mais além. Ele percebera que a assinatura nas cartas sobre Cheri Jo Bates — o *Z* com a linha do alto ondulada — parecia um *E* e um *V*. Ele comparou as letras *E* da assinatura de Van em suas licenças de casamento e viu que elas batiam com a linha ondulada.

Àquela altura ele já estava tão animado quanto nós.

— O senhor sabe que terá de defender suas descobertas — avisou Susan a Wakshull.

— Eu as defenderia num tribunal — respondeu ele, botando isso no papel.

Havia só mais um ponto que me incomodava. Pesquisando na internet, descobri as impressões do Zodíaco encontradas na cena do crime de Paul Stine e percebi que ele tinha uma cicatriz que atravessava seu dedo indicador direito. As impressões digitais de Van tiradas quando foi fichado por rapto de menor apresentavam a mesma cicatriz, só que corria na direção contrária. Foi então que me dei conta de que os peritos na cena do crime devem ter colocado um pedaço de papel sobre a impressão em sangue e depois passado para outro pedaço de papel, revertendo a digital.

Susan e eu começamos a procurar um especialista para comparar as impressões. Optamos pelo tenente Bob Garrett, um ex-detetive e investigador de cenas de crime, especialista na identificação de digitais, reconstrução de cenas de crime, investigação de cenas de crime e imagem digital. Ele concordou em dar uma olhada nas nossas amostras, mas disse que seria improvável conseguir uma identificação com uma digital em sangue.

Dias depois, ele informou a Susan que não podia comparar as impressões por causa do sangue numa delas.

— E quanto à cicatriz? — perguntou Susan.

— Uma cicatriz pode ser um ponto de partida. Mas não dá para identificar duas digitais a partir de uma cicatriz — respondeu Garrett.

Naquela mesma tarde, ele enviou um e-mail a Susan com um documento mostrando cinco impressões digitais: a impressão original em sangue do Zodíaco, a impressão em sangue revertida, a impressão em sangue com a cicatriz ressaltada, a impressão de Van e uma sobreposição da impressão em sangue com a de Van.

Susan me telefonou de imediato. — Abra seu e-mail. Você precisa ver isso.

As cicatrizes eram idênticas: o mesmo ângulo, o mesmo comprimento, a mesma largura.

Susan ligou de volta para Garrett. — Posso contar com a sua permissão para usar essa comparação no livro?

— Sim, contanto que você deixe claro que não pude fazer a identificação — respondeu.

Susan deu sua palavra.

Cinquenta e um anos.

Foi esse o tempo que levei para descobrir a verdade sobre a minha vida.

E ainda não encontrei todas as respostas.

Faz quase dez anos que recolheram minha amostra de DNA no Departamento de Polícia de São Francisco. Ninguém de lá jamais me telefonou com o resultado dos exames e a última vez que falei com o tenente Hennessey foi em 2006.

Não sei ao certo por que ele subitamente parou de se comunicar comigo e ainda acho isso inquietante. Tínhamos nos tornado amigos. Ele prometera "ir até o fim". Disse que daria uma "conclusão" a mim e à minha família, "de uma maneira ou de outra".

Eu acreditei nele.

E ainda acredito, mesmo com toda a prova ao contrário.

Ao longo dos anos, continuei refletindo sobre o que tinha acontecido. Será que fiz algo que o chateou ou que alguém no DPSF descobriu que ele solicitara uma comparação de DNA e colocou um fim naquilo tudo?

Enquanto dávamos os toques finais neste livro, alguém me perguntou se Hennessey sabia que eu o estava escrevendo. A questão me trouxe uma lembrança.

Não contara a ele. Na época, esse livro ainda estava nascendo. Meu plano era pedir seu consentimento quando obtivesse o resultado da comparação de DNA. Eu tinha me comprometido a não dizer a ninguém o que ele estava fazendo por mim e nunca foi minha intenção publicar um livro sem sua aprovação. Acho que mantive esse compromisso.

Mas na época — em 2006 — Judy e eu estávamos num momento muito bom de nossa relação, pela primeira vez em muito tempo. Eu finalmente entendera que seu forte instinto de autopreservação geralmente ia de encontro à minha necessidade de saber a verdade nua e crua e aceitei aquilo. Contei a ela que escreveria um livro de memórias sobre a minha experiência, que incluiria o Romance da Sorveteria e a jornada para descobrir minha real identidade. Ela se mostrou animada e disposta a ajudar. Sugeriu que escrevêssemos juntos uma história sobre adoção e reunião e explicou que tinha amigos no mundo literário que podiam trazê-la à vida.

Minha mãe não sabia que o livro contaria muito mais do que o aspecto da adoção e reunião de nossa história.

Confiando que Judy manteria o conteúdo em sigilo, enviei o manuscrito a ela.

Na época, o livro terminava comigo no escritório de Hennessey onde recolheram minha amostra para ser comparada ao perfil parcial do DNA do Zodíaco. Ali incluída estava a solicitação para o exame de DNA.

Depois de ler, Judy logo se mostrou desencantada com toda "essa coisa do livro", como a chamava, e respondeu ao meu manuscrito com um capítulo que começara a escrever para nosso livro sobre adoção e reunião.

Ali, ela contava sobre o orgulho que sentia por Rotea e o quanto ficou decepcionada quando Harold Butler e Earl Sanders não a ajudaram mais quando comecei a tentar encontrar meu pai. — Na verdade, conversei com os dois — escreveu ela — explicando que não tinha qualquer detalhe sobre o pai de Gary. Nem mesmo sabia seu nome completo, e precisávamos daquilo, além da data e do local de nascimento e do número do seguro social.

Continuava dizendo que Harold se recusara a compartilhar o conteúdo da pasta conosco. — Nós dois telefonamos e enviamos e-mails a Harold em diversas ocasiões, mas ele estava decidido a não revelar mais nada. Fiquei muito decepcionada ao ver meus amigos tomarem aquela decisão. Até que então, depois de muita raiva com a situação, cheguei à conclusão de que eles não estavam tentando proteger a mim ou a Gary. Provavelmente tentavam proteger a reputação de Rotea Gilford.

— Não tinha a menor ideia que Gary vinha conversando com o tenente responsável pela divisão de homicídios, John Hennessey — concluía.

Deve ter sido então que minha mãe percebeu que eu não desistiria — e que passara por Butler e Sanders para encontrar a verdade.

Pouco depois de receber essa carta, descobri sobre a transferência de Hennessey da divisão de homicídios para a de investigações especiais. Na época não desconfiei, pois ele me pedira para ter paciência e presumi que entraria em contato comigo quando tivesse o resultado.

Sete anos depois, ainda me pergunto por que ele nunca mais entrou em contato comigo, mas agora as dúvidas são outras.

Teria eu traído sua confiança sem querer ao revelar a minha mãe que Hennessey solicitara a comparação de DNA?

Teria minha mãe telefonado para seus amigos para avisar que Hennessey pedira um exame de DNA?

Por que o DNA fornecido ao DPSF não foi investigado por completo?

Os fatos são esses: Judy se casou com Van, o Zodíaco. Judy se casou com Rotea, o detetive da homicídios. Será que essa coincidência marcante tinha algo a ver com a reação de Butler e Sanders ao conteúdo da ficha de Van?

Será que a tentativa de Hennessey em me ajudar a encontrar a verdade sobre o meu pai foi reprimida? Ou simplesmente foi deixada de lado devido à enorme carga de trabalho do DPSF e ao longo histórico de pistas falsas sobre o Zodíaco?

Não sei dizer ao certo. O que sei é que nunca mais falei com meu amigo John Hennessey desde que enviei o manuscrito a Judy.

Durante anos, pesei os prós e contras da publicação deste livro, considerando o que poderia acontecer sob todos os ângulos. Um pensamento sempre me volta à mente: os familiares das vítimas do Zodíaco merecem saber quem cometeu aqueles terríveis crimes.

Conversei sobre o assunto com meu filho, Zach, e fui bem sincero em relação ao que poderia acontecer se as pessoas não acreditassem em mim. — Você pode ser ridicularizado — alertei-o. — Pode ser que alguns dos seus amigos digam maldades sobre seu pai e sua avó Judy. E aqueles que acreditarem em mim podem cair em cima de você por ser o neto de um assassino em série.

— Pai, você se preocupa demais. Vou ficar bem. Eu sei me cuidar. Faça o que tiver de fazer — disse ele, me abraçando. — Posso lidar com o que vier pela frente.

Nunca me senti tão orgulhoso do meu filho como naquele momento.

Judy, por outro lado, mostrou-se menos segura quando conversei com ela, mas garantiu que me apoiaria qualquer que fosse minha decisão. Vamos enfrentar as consequências juntos. Passamos por muita coisa e tenho certeza de que nossa relação vai sobreviver. Quando eu era mais novo e Loyd suspeitava que eu estava contando alguma mentira, ele costumava dizer: — A verdade vai te libertar. — Espero que seja o caso para nós dois. Ao longo deste livro, entreguei o assassino ao DPSF. Dei a eles os motivos, os meios, as oportunidades, um exame forense de caligrafia, cicatrizes idênticas e o nome do meu pai escondido nas cifras do Zodíaco. E tenho o perfil do DNA de meu pai esperando para ser comparado.

Vai ser interessante descobrir o que acontecerá.

Não tenho a menor dúvida de que Deus me trouxe a esse lugar. Acredito que era de Sua vontade que eu contasse esta história, sem deixar de fora nada do que descobri. Honrei essa responsabilidade dando tudo de mim e daquilo que Ele me fez. Sei que, aconteça o que acontecer, Ele há de olhar por nós e de nos proteger, assim como protegeu o bebê na escadaria com tanto carinho.

O Zodíaco me abandonou muito tempo atrás.

Talvez agora eu possa abandoná-lo.

Em memória de Sheryl Lynn Stewart
6 de dezembro de 1959 - 7 de janeiro de 1961

e

Harry Loyd Stewart
21 de dezembro de 1931 - 16 de junho de 2012

AGRADECIMENTOS

Muitas pessoas me ajudaram a dar forma ao meu destino e a descobrir sobre o meu passado e o de meus pais: os detetives Fournier e Jonau, que procuraram os pais do bebê abandonado; Mary Bonnette, que me encontrou; o tenente Hennessey, que acreditou em mim; William Lohmus, que passou a me amar e cujo conhecimento sobre meu pai parecia não ter fim; a família Best, que preencheu as lacunas e me recebeu de braços abertos; e Sergio, um estranho que esteve ao meu lado durante um dos momentos mais dolorosos que vivi. Faço um agradecimento especial a Michael Wakshull, Dr. Bo Scales, Lisa Hobbs Birnie, Max Davis e Judy Riffel. Sou eternamente grato a todos vocês.

Gostaria de agradecer a minha mãe e a meu pai, Loyd e Leona Stewart, por abrirem seus corações e sua casa para seus filhos adotivos: primeiro Sheryl, depois Cindy e então eu. Obrigado por nos tratarem como se fôssemos seus. Nunca duvidamos de que éramos amados de maneira tão completa e intensa quanto se viéssemos de vocês. Obrigado por me criarem segundo os princípios da Igreja Batista de Istrouma e me fazerem ir à missa mesmo quando eu não queria. Sua fé em Deus foi o melhor exemplo que um filho pode ter e me deu fé, coragem e força para encarar todos os desafios que surgiram em meu caminho enquanto seguia Seu plano para a minha vida.

Gostaria de agradecer a Judy Gilford pela dádiva da vida que ela me concedeu. Nossa jornada lado a lado não foi das mais fáceis, mas eu não a trocaria por nada.

A Susan Mustafa, que pegou a história complexa e retalhada da minha vida e, com seu brilhante talento literário, escreveu este livro. Obrigado.

Você agora é oficialmente a quarta e última filha adotada da Família Stewart. E ao meu agente, B.G. Dilworth, obrigado pelo trabalho árduo e pela dedicação a este projeto.

A Michael Signorelli: obrigado por acreditar em nós. A Jennifer Barth, da HarperCollins: obrigado pelas incontáveis horas trabalhando conosco para tirar deste livro todo seu potencial. Sua colaboração nos ajudou a transformar uma jornada incrível numa narrativa fascinante.

Gostaria também de agradecer às duas pessoas que mais amo no mundo: minha esposa e meu filho. Vocês acreditaram em mim quando eu mesmo não acreditava, quando questionei por que Deus estava levando tanto tempo para me revelar a verdade. Vocês levantaram meu ânimo e me encorajaram nas minhas descobertas, na minha dor e nas minhas decepções e celebraram os momentos em que estive mais feliz. Sem vocês, este livro não teria acontecido. À minha linda e preciosa Kristy e ao orgulho da minha vida, Zach, eu sou o que sou porque vocês acreditaram em mim. Amo vocês de todo o meu coração.

Por último, e mais importante, agradeço a Deus pela vida que me deu, por me salvar, resgatar e redimir de onde vim.

Sentirei sua falta para sempre, papai, até nos reencontrarmos!

— **GARY L. STEWART**

Quando li pela primeira vez o diário de Gary Stewart, que se tornou a base para este livro, não consegui acreditar no que meus olhos viam. Soube desde o início que este seria um projeto cheio de desafios: eram tantas histórias, tantos anos, um romance e o caso de um assassino em série, todos condensados numa narrativa que começa com um bebê abandonado numa escadaria. Ao pesquisar sobre a vida de Gary e conhecê-lo pessoalmente, fui ficando cada vez mais impressionada com o caráter desse homem, que perseverou na dolorosa jornada em busca de sua identidade. Obrigada, Gary, por me escolher para ser sua coautora. Todo escritor pede para encontrar aquela história que implora para ser contada. Para mim, essa história era a sua e me sinto honrada pela confiança que você depositou em mim.

Ao meu marido, Scott, obrigada pela paciência diante das muitas noites que passei diante do computador fazendo serão. Seu entendimento do que é necessário para se escrever um livro torna o que eu faço possível e suas opiniões quanto ao meu trabalho se tornaram inestimáveis para mim. Seu amor e sua amizade sempre transformam meu mundo num lugar alegre.

Fui abençoada nesta vida com inúmeras pessoas maravilhosas: minha mãe, "B-Bunny", cuja força e coragem me inspiram todos os dias. Minhas irmãs, Bridget e Cathy, que sempre têm uma palavra polissílaba à mão quando preciso de uma; meus filhos, Angel, Brandon, Gasper e Jonathon, que fazem meus dias valer a pena; e minha neta, Isabella StellaMaria, que vem derretendo meu coração desde o dia que nasceu.

Dr. Joseph Mirando, obrigada por ser meu mentor e meu amigo, e por ter sido tão rigoroso com sua caneta vermelha até que finalmente aprendi a escrever.

Judy e Bob, obrigada por me acolherem em sua maravilhosa família. Conhecer vocês dois foi um privilégio.

E à minha amiga maravilhosa, Sue Israel; ao meu empresário, Mike Kinnamon, da Music Central Management; ao meu agente, B.G. Dilworth — obrigada por tudo o que vocês fazem para que meus sonhos se tornem realidade.

– **SUSAN MUSTAFA**

CRONOGRAMA

14 de julho de 1934

Nasce Earl Van Best Jr. em Wilmore, Kentucky.

7 de setembro de 1949

Van entra para a Escola Média de Lowell, em São Francisco, onde conhece William Lohmus e Bill Bixby.

19 de agosto de 1957

Van se casa com Mary Annette Player.

4 de janeiro de 1959

Mary Annette dá entrada no divórcio, alegando extrema crueldade e tratamento desumano.

Outubro de 1961

Van, de 27 anos, conhece Judy Chandler, de 13.

5 de janeiro de 1962

Van e Judy se casam em Reno, Nevada, sem o consenso materno. No mês seguinte, a mãe de Judy faz o casamento ser anulado.

22 de fevereiro de 1962

Van é preso pelo estupro de uma jovem menor de 18 anos. É liberado perante fiança. Posteriormente, as acusações são retiradas.

12 de fevereiro de 1963

Earl Van Dorne Best, filho de Earl Van Best Jr. e Judy Chandler, nasce no Southern Baptist Hospital, em Nova Orleans.

15 de março de 1963

Van abandona o filho na escadaria de um prédio de apartamentos em Baton Rouge.

19 de abril de 1963

Judy e Van são presos em Nova Orleans. Judy é acusada de fuga e Van como fugitivo do Estado da Califórnia .

17 de maio de 1963

O estado da Luisiana concede a custódia de Earl Van Dorne Best a Loyd e Leona Stewart.

13 de agosto de 1963

Van é condenado a pena de um ano numa prisão estadual, suspensa, e a quatro anos de liberdade condicional pelo estupro de uma menor de dezoito anos.

23 de outubro de 1963

Van é preso sob acusação de fraude. É condenado a três anos numa prisão estadual. Em novembro, é acusado de outros dois casos de fraude e condenado a noventa dias no Hospital Estadual de Atascadero. Ao ser liberado de Atascadero, é levado a San Quentin.

21 de janeiro de 1964

Loyd e Leona adotam oficialmente Earl Van Dorne Best e seu nome é alterado legalmente para Gary Loyd Stewart.

12 de julho de 1965
Van recebe liberdade condicional.

6 de junho de 1966
Van se casa com Edith Kos.

30 de outubro de 1966
O Zodíaco mata Cheri Jo Bates em Riverside, Califórnia.

20 de dezembro de 1968
O Zodíaco mata Betty Lou Jensen e David Faraday na Lake Herman Road, próximo à estação de bombeamento de água de Benicia, na Califórnia.

4 de julho de 1969
O Zodíaco mata Darlene Ferrin e dispara contra Michael Mageau no Blue Rock Springs Park, em Vallejo, Califórnia.

27 de julho de 1969
Bobby Beausoleil, membro da Família Manson, mata o professor de música Gary Hinman depois de mantê-lo como refém em sua casa com a ajuda de Susan Atkins e Mary Brunner.

31 de julho de 1969
O Zodíaco envia a cifra dos 408 em três seções para o *Times-Herald* de Vallejo, o *San Francisco Examiner* e o *San Francisco Chronicle*.

9 de agosto de 1969
Charles "Tex" Watson, Patricia Krenwinkel e Susan Atkins, membros da Família Manson, matam Sharon Tate, Jay Sebring, Abigail Folger, Wojciech Frykowski e Steven Parent.

10 de agosto de 1969
Charles "Tex" Watson e Patricia Krenwinkel matam Leno e Rosemary LaBianca sob as ordens de Charles Manson.

27 de setembro de 1969

O Zodíaco mata Cecelia Shepard e fere Bryan Hartnell no lago Berryessa, no condado de Napa, na Califórnia.

11 de outubro de 1969

O Zodíaco mata o taxista Paul Stine em São Francisco.

8 de novembro de 1969

O Zodíaco envia a cifra dos 340 ao *San Francisco Chronicle*.

22 de março de 1970

O Zodíaco dá uma carona a Kathleen Johns e ao seu bebê no que Johns classificaria como tentativa de sequestro. Ela consegue escapar com seu bebê do veículo.

Abril de 1970

Judy Chandler conhece o detetive do DPSF Rotea Gilford.

20 de outubro de 1973

Richard e Quita Hague são mortos em São Francisco como as primeiras vítimas dos assassinatos Zebra, uma série de homicídios com motivação racial que só chega ao fim em abril de 1974.

Janeiro de 1974 a setembro de 1975

O Rabiscador Negro mata quatorze homossexuais em São Francisco. O criminoso nunca é capturado.

19 de junho de 1974

Rotea Gilford e Judy Chandler se casam.

18 de novembro de 1978

Em Jonestown, Guiana, 909 pessoas morrem num suicídio/assassinato coletivo orquestrado por Jim Jones, do Templo dos Povos.

27 de novembro de 1978

O prefeito de São Francisco, George Moscone, e o supervisor municipal Harvey Milk são assassinados dentro da prefeitura por Dan White.

28 de março de 1984

Earl Van Best Sr. morre e recebe um funeral militar no Cemitério Nacional de Arlington.

20 de maio de 1984

Van morre na Cidade do México.

13 de março de 1998

Rotea Gilford morre em São Francisco em decorrência de complicações causadas pelo diabetes.

1º de maio de 2002

Judy Gilford entra em contato com Leona Stewart à procura do filho.

1º de junho de 2002

Gary conhece a mãe.

6 de abril de 2004

Judy se encontra com Earl Sanders, o ex-chefe da polícia de São Francisco, para falar sobre a ficha criminal de Van. O caso do Zodíaco é encerrado oficialmente em São Francisco naquele mesmo dia.

16 de junho de 2012

Morre Loyd Stewart, pai adotivo de Gary.

9 de dezembro de 2012

O perito forense em documentação Michael N. Wakshull determina que a caligrafia na certidão de casamento de Van e Judy bate com a das cartas do Zodíaco.

BIBLIOGRAFIA E FONTES

LIVROS E ESTUDOS

AMBURN, Ellis. *Pearl: The obsessions and passions of Janis Joplin*. Grand Central Publishing, 1993.

American Bible Society. *The Holy Bible: King James Version*. American Bible Society, 1980.

AQUINO, Michael A. *The church of Satan*. Church of Satan, 2013.

BEST, Earl Van, Sr. *State and religion in Japan: A survey of the attitude of the Japanese State toward religion with emphasis upon the missionary movement in a totalitarian society*. Kennedy School of Missions, Hartford Seminary Foundation, abril de 1942.

BUGLIOSI, Vincent; GENTRY, Curt. *Helter Skelter: The true story of the Manson Murders*. W. W. Norton, 1994.

CARLSSON, Chris; ELLIOT, Lisa Ruth. *Ten years that shook the city: San Francisco 1968 to 1978*. City Lights Foundation Books, 2011.

CONNELL, Richard. *The most dangerous game: Richard Connell's original masterpiece*. CreateSpace Independent Publishing Platform, 2011.

DOUGLAS, John; OLSHAKER, Mark. *Mind hunter: inside the FBI's elite serial crime unit*. Pocket Books, 1996.

DOUGLAS, John; OLSHAKER Mark. *The cases that haunt us*. Pocket Books, 2001.

GRAYSMITH, Robert. *Zodiac*. Berkley, 2007. Primeira edição de 1986, publicada pela St. Martin's Press.

GRAYSMITH, Robert. *Zodiac unmasked: the identity of America's most elusive serial killer revealed*. Berkley, 2007.

GUINN, Jeff. *Manson: the life and times of Charles Manson*. Simon & Schuster, 2013.

HODGSON, Godfrey. *America in our time: from World War II to Nixon — What happened and why*. Vintage Books, 1976.

HOWARD, Clark. *Zebra: the true account of 179 days of terror in San Francisco*. Richard Marek Publishers, 1979.

KELLEHER, Michael D.; NUYS David Van. *This is the Zodiac speaking: into the mind of a serial killer*. Praeger, 2001.

KURLANSKY, Mark. *1968: the year that rocked the world*. Random House, 2005.

LAVEY, Anton. *The Satanic Bible*. Avon, 1976. Publicado pela primeira vez em 1969, pela Avon Books.

MURRAY, William. *Serial killers: notorious killers who lived among us*. Canary Press, 2007.

MAGEE, David. *Infinite riches, the adventures of a rare book dealer*. Paul S. Eriksson, Inc., 1973.

NEWTON, Michael. *The encyclopedia of serial killers: a study of the chilling criminal phenomenon, from "Angels of Death" to the "Zodiac" killer*. Checkmark Books, 2000.

OUR AMERICAN CENTURY E EDITORES DA TIME-LIFE BOOKS. *Turbulent years: The 60s*. Time Life Education, 1998.

PARKER, R. J. *Serial killer case files*. CreateSpace Independent Publishing Platform, 2013.

PERRY, Charles. *The Haight-Ashbury: a history*. Wenner, 2005.

Roland, Paul. *In the mind of murderers: the inside story of criminal profiling*. Chartwell Books, 2009.

SANDERS, Ed. *The Family*. Da Capo Press, 2002. Publicado pela primeira vez em 1971 por E.P. Dutton and Co.

SANDERS, Prentiss Earl; COHEN, Bennett. *The Zebra murders: a season of killing, racial madness and civil rights*. Arcade Publishing, 2006.

SCHECHTER, Harold. *The serial killer files: the who, what, where, how and why of the world's most terrifying murderers.* Ballantine Books, 2003.

SCHILLER, Lawrence. *The killing of Sharon Tate.* Signet, 1970.

SELVIN, Joel. *Summer of love: the inside story of LSD, rock & roll, free love and high times in the Wild West.* Cooper Square, 1999.

JORNAIS E PERIÓDICOS

Daily World (Opelousas, Luisiana)

"TWO PERSONS WERE KILLED in the headon collision Saturday Morning." ("DUAS PESSOAS MORTAS em colisão de frente da manhã de sábado"). 8 de janeiro de 1961.

Edwardsville (Illinois) Intelligencer

"Murderer Terrorizes Bay Area." ("Assassino aterroriza a Bay Area"). 16 de outubro de 1969.

Indiana Combat Veteran (Indianápolis)

"State Chaplain Best Succumbs to Death." ("Capelão estatal Best sucumbe à morte"). Volume XXXVII, número 3, maio/junho de 1984.

Los Angeles Times

"Zodiac Kills Fifth Victim." ("Zodíaco mata quinta vítima"). 16 de outubro de 1969.

"Zodiac's Trail, a Confusing Crime Pattern." ("A trilha do Zodíaco, um padrão criminal confuso"). 8 de maio de 1970.

"Zodiac Threatens to Kill Reporter for S.F. Newspaper." ("Zodíaco ameaça matar repórter de jornal de São Francisco"). 31 de outubro de 1970.

"Evidence Links Zodiac Killer to '66 Death of Riverside Coed." ("Prova liga assassino do Zodíaco à morte de aluna de Riverside em 1966"). 16 de novembro de 1970.

Morning Advocate (Baton Rouge, Luisiana)

"Tot Abandoned Here Is Put in Hospital for Observation." ("Bebê abandonado é levado a hospital para observação"). 18 de março de 1963.

Napa Register (Napa County, Califórnia)

"School Bus Is Target." ("Ônibus escolar é alvo"). 17 de outubro de 1969.

"'Zodiac' Jangles Nerves of Napa County People." ("Zodíaco mexe com os nervos do povo do condado de Napa"). 18 de outubro de 1969.

Oakland (Califórnia) Tribune

"TROUBLE, Jail Parts Child Bride, Husband, 28." ("ENCRENCA. Cadeia separa noiva adolescente e marido de 28"). 1º de agosto de 1962.

"Ailing Child Bride, Spouse Disappear." ("Esposa adolescente fica doente e marido desaparece"). 31 de agosto de 1962.

"Car Gives Clue in Child Bride Hunt, Bulletin Out for Arrest of Pair in 2nd Elopement." ("Carro é pista na caçada à noiva adolescente, alerta é dado para a detenção do casal em sua segunda fuga"). 1º de setembro de 1962.

Press Democrat (Santa Rosa, Califórnia)

"Masked Man Stabs Couple; Links to Vallejo Killings?" ("Mascarado esfaqueia casal; ligação com as mortes de Vallejo?"). 29 de setembro de 1969.

"Coed Stabbing Victim Dies." ("Morre aluna vítima de esfaqueamento"). 30 de setembro de 1969.

Press-Enterprise (Riverside, Califórnia)

"RCC Coed, 18, Slain on Campus." ("Aluna da RCC, 18 anos, assassinada no campus"). 31 de outubro de 1966.

"'Zodiac' may have killed Riverside Co-Ed, paper says." ("Zodíaco pode ter assassinado aluna de Riverside, diz jornal"). 16 de novembro de 1970.

"Detectives hope to find Zodiac's handwriting in City College records." ("Investigadores esperam encontrar caligrafia do Zodíaco nos registros da City College"). 24 de novembro de 1970.

Register-Guard (Eugene, Oregon)

"Murder Suspect Free Because Gays Silent." ("Suspeito de assassinatos é libertado devido a silêncio de gays"). 8 de julho de 1977.

Reno (Nevada) Evening Gazette

"Pretty Coed Slain, Watch Single Clue." ("Bela aluna é assassinada, descoberta única pista"). 1º de novembro de 1966.

San Francisco Chronicle

"He Found Love in Ice Cream Parlor." ("Ele encontrou o amor numa sorveteria"). 1º de agosto de 1962.

"Ice Cream Romance: Child Bride Gone Again." ("Romance da sorveteria: noiva adolescente foge outra vez"). 1º de setembro de 1962.

"Statewide Hunt for S.F. Child Bride." ("Caçada estadual por noiva adolescente de São Francisco"). 2 de setembro de 1962.

"Love on the Run: Ice Cream Romance's Bitter End." ("Amor em fuga: o triste fim do romance da sorveteria"). 20 de abril de 1963.

"S.F. Couple Held: Ice Cream Romance Ends on Bourbon Street." ("Casal de SF detido: romance da sorveteria termina na Bourbon Street"). 20 de abril de 1963.

"Ice Cream Parlor Lover: Senator's Letter to Judge Doesn't Help." ("Conquistador da sorveteria: carta de senador a juiz não ajuda"). 14 de agosto de 1963.

"Friends Quizzed in Slaying of Teen Pair Near Vallejo." ("Amigos interrogados sobre assassinato de casal adolescente próximo a Vallejo"). 22 de dezembro de 1968.

"Police Seeking Teens' Slayer." ("Polícia procura assassino de adolescentes"). 23 de dezembro de 1968.

"Woman Slain, Friend Shot." ("Mulher assassinada, amigo baleado"). 6 de julho de 1969.

"Coded Clue in Murders." ("Pista criptografada sobre assassinatos"). 2 de agosto de 1969.

"A 'Murder Code' Broken." ("Decifrado 'código assassino'"). 9 de agosto de 1969.

"Cabbie Slain in Presidio Heights." ("Taxista assassinado em Presidio Heights"). 12 de outubro de 1969.

"The Boastful 'Slayer': Letter Claims Writer Killed Cabbie, 4 Others." ("O 'assassino' fanfarrão: autor de carta afirma ter assassinado taxista e quatro outros"). 15 de outubro de 1969.

"Zodiac: Portrait of a Killer." ("Zodíaco: perfil de um assassino"). 18 de outubro de 1969.

"Fear Rides the Yellow Bus." ("O medo viaja no ônibus amarelo"). 21 de outubro de 1969.

"Dare by Brother of Slain Man." ("Irmão de homem assassinado desafia"). 23 de outubro de 1969.

"Zodiac Halloween Threat, Reporter Warned, Zodiac Threat on Halloween Card." ("Zodíaco ameaça no Dia das Bruxas, Repórter ameaçado, Zodíaco ameaça em cartão de Dia das Bruxas"). 31 de outubro de 1969.

" 'I've Killed Seven,' the Zodiac Claims." ("'Matei sete', afirma o Zodíaco"). 12 de novembro de 1969.

"Zodiac 'Legally Sane,' Cops Sure Clues Will Snag Him." ("Zodíaco 'legalmente são", polícia certa de que as provas levarão ao assassino"). 13 de novembro de 1969.

"Urgent Appeal by Belli to Zodiac." ("Belli faz apelo urgente ao Zodíaco"). 29 de dezembro de 1969.

"Zodiac Sends New Letter: Claims Ten." ("Zodíaco envia nova carta afirmando que matou dez"); 22 de abril de 1970.

"Gilbert and Sullivan Clue to Zodiac." ("Pista sobre o Zodíaco envolve Gilbert e Sullivan"). 12 de outubro de 1970.

"Police Confer on Zodiac Killings." ("Polícia confabula sobre os assassinatos do Zodíaco"). 19 de novembro de 1970.

"Zodiac Writes Again, 17 Dead." ("Zodíaco volta a escrever: 17 mortos"). 16 de março de 1971.

"Zodiac Mystery Letter, the First Since 1971." ("Carta misteriosa do Zodíaco é a primeira desde 1971"). 31 de janeiro de 1974.

"Zodiac Ends Silence: 'I Am Back With You.' " ("Zodíaco encerra silêncio: 'estou novamente com vocês'"). 26 de abril de 1978.

"Feinstein Says Toschi's Being 'Crucified.' " ("Feinstein diz que Toschi está sendo 'crucificado'"). 14 de julho de 1978.

"Latest Zodiac Letter a Fake, 3 Experts Say." ("Última carta do Zodíaco é falsa, dizem três especialistas"). 3 de agosto de 1978.

"Files Shut on Zodiac's Deadly Trail." ("Fechado caso sobre a trilha fatal do Zodíaco"). 7 de abril de 2004.

San Francisco Examiner

"Man with 'Child Bride' Arrested." ("Preso homem com 'noiva adolescente'"). 30 de julho de 1962.

"Their Idyll at End — Jailed Mate Sobs for Bride, 14." ("Idílio chega ao fim: prisioneiro chora por noiva de 14 anos"). 1° de agosto de 1962.

"Indictment in Child Bride Case: Girl, 14, Tells Story to Jury." ("Acusação no caso da noiva adolescente: garota de 14 anos conta sua estória ao júri"). 7 de agosto de 1962.

"Cops Halt Elopers' 3rd Flight." ("Policiais impedem terceira fuga de casal"). 20 de abril de 1963.
"Jail for Man Who Married Girl, 14." ("Homem que casou com garota de 14 é preso"). 14 de agosto de 1963.
"Vallejo Mass Murder Threat Fails." ("Fracassa ameaça de assassinato em massa em Vallejo"). 3 de agosto de 1969.
"Salinas Teacher Breaks Code on Vallejo Murders." ("Professor de Salinas decifra código sobre homicídios de Vallejo"). 10 de agosto de 1969.
"Zodiac Manhunt Centered in S.F." ("Caçada ao Zodíaco se concentra em São Francisco"). 23 de outubro de 1969.
"Rotea Gilford, Former Deputy Mayor, Dies at 70." ("Rotea Gilford, ex-vice--prefeito, morre aos 70 anos"). 16 de março de 1998.

San Francisco News-Call Bulletin

"Bride of 14 — With a Sundae Kind of Love." ("Noiva de 14 anos — com um amor do tipo que derrete"). 1º de agosto de 1962.
"Sundae Bride Hunted." ("Caça pela noiva da sorveteria"). 1º de setembro de 1962.

State Times (Baton Rouge, Luisiana)

"Seek Identity of Abandoned Child's Parents." ("Procura-se identidade dos pais da criança abandonada"). 16 de março de 1963.
"Teen-ager May Be Mother of Abandoned Tot." ("Mãe de bebê abandonado pode ser adolescente"). 19 de abril de 1963.

Tiger Times (Riverside Community College, Riverside, Califórnia)

"Police Still Lack Clues in Murder." ("Polícia ainda sem pistas sobre homicídio"). 4 de novembro de 1966.

Times-Herald (Vallejo, Califórnia)

"Investigators Lacking Clues in 2 Slayings." ("Investigadores sem pistas sobre assassinatos"). 22 de dezembro de 1968.
"Teenagers Slayer Still at Large." ("Assassino de adolescentes ainda à solta"). 30 de março de 1969.
"Police Still Hunt for Shooting Clues." ("Polícia ainda em busca de pistas sobre disparos"). 8 de julho de 1969.

Times-Picayune (Nova Orleans, Luisiana)

"Man Admits Abandoning Young Infant, Police Say." ("Homem admite ter abandonado bebê, diz a polícia"). 20 de abril de 1963.

Tucson (Arizona) Daily Citizen

"Ice Cream Romance Ends in Jail." ("Romance da sorveteria acaba em prisão"). 14 de agosto de 1962.

Vallejo (Califórnia) News-Chronicle

"Jealousy Motive Checked." ("Motivo de ciúme verificado"). 23 de dezembro de 1968.

"Appeal Is Made for Help." ("Feito apelo por ajuda"). 26 de dezembro de 1968.

CARTAS DO ZODÍACO

30 de abril de 1967: "Bates Had to Die." ("Bates teve que morrer"). Joseph Bates, Departamento de Polícia de Riverside, *Press-Enterprise* de Riverside.

31 de julho de 1969: cifra dos 408. *Times-Herald* de Vallejo, *San Francisco Examiner* e *San Francisco Chronicle*.

4 de agosto de 1969: "This is the Zodiac speaking." ("Aqui fala o Zodíaco"). *San Francisco Examiner*.

13 de outubro de 1969: carta sobre Paul Stiner. *San Francisco Chronicle*.

8 de novembro de 1969: cifra dos 340. *San Francisco Chronicle*.

9 de novembro de 1969: Zodíaco ameaça colocar bomba em ônibus. *San Francisco Chronicle*.

20 de dezembro de 1969: carta enviada a Melvin Belli.

20 de abril de 1970: cifra "My Name Is" ("Meu nome é"). *San Francisco Chronicle*.

28 de abril de 1970: cartão do dragão. *San Francisco Chronicle*.

26 de junho de 1970: cifra dos 32 caracteres. *San Francisco Chronicle*.

24 de julho de 1970: Kathleen Johns. *San Francisco Chronicle*.

26 de julho de 1970: versão do Zodíaco para "I've Got a Little List" ("Tenho uma listinha"), de Gilbert e Sullivan, tirada de *O Mikado*. *San Francisco Chronicle*.

27 de outubro de 1970: cartão de Dia das Bruxas enviado a Paul Avery. *San Francisco Chronicle*.

13 de março de 1971: Malvadões Azuis. *Los Angeles Times*.

29 de janeiro de 1974: "O exorcista". *San Francisco Chronicle*.

14 de fevereiro de 1974: Exército Simbionês de Libertação. *San Francisco Chronicle*.

8 de julho de 1974: Fantasma Vermelho. *San Francisco Chronicle*.

AGÊNCIAS GOVERNAMENTAIS

Agência Federal de Investigação (FBI)
Departamento de Bem-Estar Social de East Baton Rouge e Departamento de Obras Públicas, Baton Rouge, Luisiana
Departamento de Estado Americano, Washington, D.C.
Departamento de Saúde de Indiana, Condado de Hamilton, Noblesville
Divisão de Registros Criminais do Departamento de Polícia de Baton Rouge
Divisão de Registros de San Bernardino, Califórnia
Embaixada dos Estados Unidos na Cidade do México
Escritório de Registros da Corte Criminal do Departamento de Polícia de São Francisco
Escritório de Registros de San Jose, Califórnia
Escritório de Registros do Departamento de Polícia de Nova Orleans
Secretaria Paroquial de East Baton Rouge
Secretaria Regional de Wilmore, Kentucky
Secretaria Regional do Condado de Washoe, Reno, Nevada
Secretaria do Assessor de Registro do Município e Região, São Francisco

REGISTROS POLICIAIS

Agência Federal de Investigação (FBI)
Departamento de Justiça da Califórnia, Agência de Identificação e Investigação Criminal
Departamento de Polícia de Baton Rouge
Departamento de Polícia de Nova Orleans
Departamento de Polícia de Riverside - Riverside, Califórnia
Departamento de Polícia de São Francisco
Departamento de Polícia de Vallejo - Vallejo, Califórnia
Departamento do Xerife do Condado de Napa
Departamento do Xerife do Condado de Solano - Fairfield, Califórnia
Departamento do Xerife do Condado de Stanislaus - Modesto, Califórnia

BIBLIOTECAS

Biblioteca Central Norman F. Feldheym - San Bernardino, Califórnia
Biblioteca Paroquial de East Baton Rouge
Biblioteca Pública de Long Beach - Long Beach, Califórnia
Biblioteca Pública de Nova Orleans
Biblioteca Pública de São Francisco

SITES

https://diva.sfsu.edu
www.ancestry.com
www.dogpile.com
www.familysearch.org
www.horrycounty.org
www.latimes.com
www.newspaperarchive.com
www.pbs.org
www.rootsweb.com
www.sfchronicle.com
www.sfexaminer.com
www.sfgate.com
www.theadvocate.com
www.ussearch.com
www.youtube.com
www.zodiackiller.com
www.zodiackillerfacts.com

ÍNDICE

Os números de páginas em *itálico* se referem a ilustrações.

Este livro foi composto nas tipologias Bembo e
Courrier New e impresso em papel Lux Cream 70 g/m²
na gráfica Prol Gráfica.